古怪之道 向在荣

# Antigos caminhos queer

Uma exploração decolonial

© Zairong Xiang, 2018
© n-1 edições, 2024
ISBN 978-65-6119-011-4

Embora adote a maioria dos usos editoriais do âmbito brasileiro, a n-1 edições não segue necessariamente as convenções das instituições normativas, pois considera a edição um trabalho de criação que deve interagir com a pluralidade de linguagens e a especificidade de cada obra publicada.

COORDENAÇÃO EDITORIAL Peter Pál Pelbart e Ricardo Muniz Fernandes
DIREÇÃO DE ARTE Ricardo Muniz Fernandes
GESTÃO EDITORIAL Gabriel de Godoy
ASSISTÊNCIA EDITORIAL Inês Mendonça
TRADUÇÃO Paula Faro com a colaboração de Gil Vicente Lourenção
PREPARAÇÃO Flavio Taam
REVISÃO Gabriel Rath Kolyniak
EDIÇÃO EM LaTeX Paulo Henrique Pompermaier
ARTE DE CAPA *O nascimento de Vênus que se descobriu Marte*, de Thiá Sguoti
CRÉDITO DA ARTE Acervo Transespécie do Museu Transgênero de História e Arte/Ian Guimarães Habib
CAPA Isabel Lee

A reprodução parcial deste livro sem fins lucrativos, para uso privado ou coletivo, em qualquer meio impresso ou eletrônico, está autorizada, desde que citada a fonte. Se for necessária a reprodução na íntegra, solicita-se entrar em contato com os editores.

1ª edição | Abril, 2024

**n-1edicoes.org**

# ANTIGOS CAMINHOS QUEER

Uma exploração decolonial

**n-1 edições**

tradução Paula Faro com a colaboração de Gil Vicente Lourenção

**Zairong Xiang**

Apresentação, *por Christine Greiner*   **7**

Prefácio   **13**

# PARTE I: AS ÁGUAS   25

Abaixo de ou/e: relendo a feminilidade e a monstruosidade em *Enuma Elis*   **27**

As divinas águas *queer*   **65**

# PARTE 0: NULLA   103

*Creatio ex nihilo* questionada   **105**

# PARTE II: A TERRA   163

O estranho caso de Tlaltecuhtli   **165**

Coatlicue Mayor: outras maneiras de reler o mundo   **209**

Agradecimentos   **249**

Bibliografia   **251**

# Apresentação

*Um exercício para atravessar mares,*
*tempos e outridades*

CHRISTINE GREINER

A pesquisa do professor, curador e escritor Zairong Xiang tem sido pautada pelo que ele mesmo costuma chamar de práticas de ensino e curadoria com cosmologia e cosmopolitanismo. Partindo de uma complexa diversidade cultural, especificidades históricas e escrituras em inglês, espanhol, francês, chinês e nahuatl, a obra de Zairong apresenta um viés muitíssimo original. Se, à primeira vista, o seu ecletismo ex-cêntrico pode soar um pouco enigmático, lendo os seus textos e ouvindo suas palestras, tudo parece fazer sentido, especialmente em um país como o Brasil, onde a promiscuidade cultural tem sido sempre um ponto de partida inevitável.

O primeiro ensaio de Zairong, traduzido e publicado em português também pela n-1 edições (Caixa Pandemia das Bordas 2023), foi "Transdualismo em direção a uma corporificação material-discursiva". Neste ensaio, Zairong apresenta a proposta de um transdualismo de gênero ao invés das convencionais dicotomias, fazendo uma análise de um tratado de medicina tradicional chinesa a respeito do corpo e da sua relação com as quatro estações. De acordo com este estudo, haveria nove orifícios corporais conectados a cinco órgãos internos do corpo e ao hexagrama Tai do *Livro das Mutações*. Isso significa que a teoria yinyang teria acionado a gênese da compreensão médica e filosófica do corpo, assim como a linguagem pictórica que a representou. E tudo isso sem nunca ter partido de oposições, como aparece em muitas traduções.

O principal argumento de Zairong é que o colonialismo tem afetado as traduções de culturas não ocidentais antigas, na tentativa de fortalecer os seus próprios paradigmas. Por isso, essa noção de transdualismo tem sido um aspecto fundamental da sua obra e, ao que tudo indica, seguirá em movimento, uma vez que o seu próximo livro aprofundará as teorias de yinyang, o corpo no Daoismo e na medicina chinesa, propondo intervenções conceituais em torno de debates contemporâneos sobre gênero/sexualidade, as artes e o conhecimento sobre decolonização.

Para compreender o seu interesse por essas complexidades, é importante notar que Zairong atua em muitas áreas. Ensina literatura e arte na Universidade Duke Kunshan e foi cocurador da Guangzhou Image Triennial, *Ceremony (Burial of an Undead World)* na Haus der Kulturen der Welt (Berlim), e da 14ª Shanghai Biennial *Cosmos Cinema* (2023-2024), entre muitos outros projetos que podem ser consultados em seu site xiangzairong.com. Essas atividades, bastante diversas entre si, apostam sempre na relação indisciplinar de saberes, marcando um modo singular de pesquisar.

O livro *Antigos caminhos queer: uma exploração decolonial* foi escrito originalmente como uma tese de doutorado, desenvolvida com a bolsa Erasmus Mundus (EMJD) em *Cultural Studies in Literary Interzones*. Esta bolsa tem um perfil bastante particular, uma vez que financia uma espécie de pesquisa nômade e, no caso de Zairong, permitiu estágios em Bérgamo, Perpignan, Cidade do México e Tübingen. O seu objetivo foi, desde o inicio dos estudos, buscar um profundo "desaprendizado" para embaralhar, deliberadamente, as categorias filosóficas modernas – uma vez que essas funcionaram, desde o século XVI até o presente, como pilares das visões coloniais europeias, negligenciando completamente o conhecimento produzido pelas antigas culturas não ocidentais.

Para tentar, minimamente, apresentar e começar a estudar tais lacunas, Zairong fez uma pesquisa sobre "deusas" e outras figuras divinas nos mitos de criação babilônico e nahua, expondo os modos como essas entidades foram sempre generificadas como femininas. A feminização de figuras como Tiamat, Nahua, Tlaltecuhtli e Coatlicue representou uma forma de assegurar um sistema dualístico de gênero e sexualidade que, de fato, não fazia sentido nas fontes primárias da cultura na qual foram geradas. Acontece que sempre houve um problema de tradução e uma questão política assentada em categorias dadas *a priori* pelas epistemologias coloniais.

Zairong conheceu de perto este processo autoritário e dicotômico, uma vez que a sua educação começou pelos estudos na China e depois na Europa, sendo sempre marcado por um viés sinocêntrico e eurocêntrico. Por isso, reconhecer essas marcas e tentar desestabilizá-las tornou-se o seu principal exercício em todas as atividades que vem experimentando em seu nomadismo filosófico e artístico.

A importância de traduzir a sua pesquisa e publicá-la em português faz parte de uma estratégia editorial e política para ampliar o espectro de autores que vêm discutindo ações decoloniais, sobretudo através dos estudos das culturas não ocidentais, nas quais estamos também incluídos como brasileiros, tendo em vista nossos povos originários e as diásporas africanas, entre tantas outras que nos constituem.

Para quem se interessa por temas como linguagem, tradução, existências invisíveis e incategorizáveis, a pesquisa de Zairong trará *insights* que podem acionar novos rumos para as discussões. Como sabemos, mitologias e divindades, assim como outros espectros desconhecidos das culturas orientais, foram, durante séculos, relegados ao âmbito de um animismo esotérico insustentável academicamente. Nesse contexto, pouco ou nada foi estudado acerca da potência *queer* dessas manifestações. É neste sentido que a obra de Zairong, e particularmente o livro *Antigos caminhos queer*, promete operar como uma bússola reinventada para sinalizar trilhas de pesquisa e tornar visíveis alguns problemas de interpretação que impediram a emergência de modos transdualistas de percepção e conhecimento.

**獻給爸爸媽媽: 感謝你們教導我,與眾不同是珍貴且值得驕傲的品質,並抗拒世俗的壓力,遷就寵溺你們另類的兒子**

# Prefácio

> [...] o mar é-se como o aberto de um livro aberto e esse
> aberto é o livro que ao mar reverte e o mar converte
> pois de mar se trata do mar que bate sua nata de
> escuma se eu lhe disser que o mar começa você dirá
> que ele cessa se eu lhe disser que ele avança você dirá
> que ele cansa se eu lhe disser que ele fala você dirá que
> ele cala e tudo será o mar e nada será o mar [...]
>
> HAROLDO DE CAMPOS, *Galáxias*[1]

Quando, onde e como começaram a terra, o mar, o mundo, o universo, o cosmos e a galáxia? Os mitos de criação, em todo o mundo, têm suas próprias formas de explicar esse mistério inexplicável. Portanto, é inevitável que um livro sobre mitos de criação trate de seu próprio início.

Mas não há um começo único. A gênese já é sempre generativa; ela sempre terá sido muitas, uma pluralidade de gêneses. Todo começo já está enraizado em outras formas primordiais, de continuidade e (pré-)existência. *Antigos caminhos queer: uma exploração decolonial* também tem sua própria gênese bagunçada. Do mesmo modo que, quando alguém proclama: "Eu fiz tudo isso sozinho", é uma grande mentira. Até mesmo o Deus bíblico Elohim estava no plural quando se diz que "ele" criou o mundo. Este livro trata de mitos originários, mas também de desmascarar o mito de origem que está por trás de uma das ideias mais influentes sobre a criação: *creatio ex nihilo*, a criação a partir do nada.

---

1. Haroldo de Campos, *Galáxias*, São Paulo: Editora 34, 2011. Esse poema não tem início ou fim, e é apresentado em um formato interativo. Para uma versão em inglês que preserva esse formato, consultar Haroldo de Campos, *Galáxias*, tradução de Odile Cisneros com Suzanne Jill Levine, disponível online.

Não tenho certeza de quando, onde e como começou essa jornada inesperada pelas terras cercadas por rios (Mesopotâmia) e por águas (Cemanahuac, nome náuatle para a Mesoamérica).[2] Portanto, "começos". Recomeçaremos duas vezes, com a Parte I: As Águas e a Parte II: A Terra, com a Parte O: Nulla, ao meio.

Este livro não foi criado *ex nihilo*. Ele foi elucidado por povos colonizados que resistem à imposição e à eliminação colonial de diversas maneiras, animado por trabalhos acadêmicos que escavam, recontam e reinterpretam antigos mitos e povoado por seus protagonistas, as deusas. Existem deusas aquáticas, deusas terrestres, deusas celestes, deusas maliciosas, deusas benevolentes, deusas geradoras de vida, deusas destrutivas. Deusas que se recusam a ser feminizadas, às vezes assumindo o gênero masculino, outras vezes transcendendo tais binarismos; deusas que vestem a cabeça de um animal ou o corpo de uma serpente; deusas que, se olhássemos para elas bem de perto, iriam desafiar nossa razão por nos referirmos a elas como "deusas" em primeiro lugar. Coletivamente, essas são deusas que anunciam desde tempos imemoriais as possibilidades da abolição total do sistema de gênero dual e monótono da hétero-modernidade colonial.

As protagonistas do livro são Tiamat, cocriadora do céu e da terra em *Enuma Elis*, o épico babilônico da criação, e Coatlicue, a criadora nahua do sol, da lua e da miríade de estrelas. Esses não são seres individuais. Eles existem desde sempre, muito antes que uma ontologia essencialista pudesse fixar as coisas nos seus lugares e antes que o dualismo de gênero colonial/moderno pudesse reivindicar agressivamente sua universalidade, implantando a crença de que homem-mulher, deus-deusa, amigo-demônio são

---

2. Náuatle é a língua oficial do Império Asteca e também a língua franca do vale mexicano antes da *Conquista* espanhola. Eu mudei a morfologia da palavra de acordo com as regras linguísticas do náuatle, declinando o sufixo -*tl*, que normalmente é um marcador de substantivo, para torná-lo um adjetivo e um substantivo que designa um falante de náuatle. "Nahua (tl)" é um conceito mais inclusivo do que o mais comumente conhecido relacionado ao império "asteca".

dicotomias que sempre existiram, muito antes da invenção da *creatio ex nihilo*, pela qual alguém pode simular ser autogerado, ser "sem a mãe". Como seres divinos, essas velhas divindades estão literalmente emaranhadas com as estrelas e oceanos, céu e terra, para não mencionar formas supostamente pertencentes ao "sexo oposto" e a outras possíveis corporeidades.

Tiamat, a deusa primordial babilônica, é em primeiro lugar o mar de água salgada, misturada com Apsu, o mar de água doce, muitas vezes masculinizado, escondido sob as camadas etimológica e epistemológica da frase mais discutida da Bíblia judaico-cristã, encontrada no Gênesis 1:1-2: "Quando Deus começou a criar o céu e a terra, e a terra era então agitada e deserta, e escuridão sobre as profundezas [*tehom*], e o sopro de Deus pairava sobre as águas, Deus disse, 'Faça-se a luz.'"[3] Este *tehom*[4] misterioso espreitando atrás da luz ofuscante tem uma história mais profunda envolvendo outras divindades aquáticas na Mesopotâmia. Este é o tema da Parte I: As Águas. A água flui e circula. Tiamat irá falar, de um passado longínquo para as lutas *queer* contemporâneas, das batalhas de criação, com uma superpotência masculinista corporificada pelo hipócrita Marduk, para uma nova ou recentemente lembrada *tehomofilia* que fala na língua de uma futura apófase *queer*.[5]

Parte II: A Terra avança vários milhares de anos, levando-nos à terra cercada por água, Cemanahuac, para algo que não foi apagado com sucesso pela conquista europeia, algo que resiste à demarcação temporal de "antes" e "depois" da *Conquista da América*. Coatlicue, a deusa da terra que também é a mãe do sol (Huitzilopochtli), da lua (Coyolxauhqui) e das estrelas

---

3. Robert Alter, *Genesis: Translation and Commentary* (Londres: W.W. Norton & Company Inc., 1996).

4. *Tehom* é "o abismo" sobre cuja superfície o espírito de Deus estava se movendo antes de "ele" criar o céu e a terra.

5. *Tehomofilia* é uma palavra cunhada pela teóloga feminista Catherine Keller. Discutirei esse conceito com o trabalho de Keller na Parte I e na Parte 0. Ver Catherine Keller, *Face of the Deep: A Theology of Becoming* (Londres: Routledge, 2003).

(Centzonhuitznahuac), está representada e presente na/como a colossal estátua Coatlicue Mayor, que ainda está de pé no salão central do Museu Nacional de Antropologia do México, um templo, embora secular, com sua própria aura singular. Ela (? – e esse é um grande ponto de interrogação) está firmemente ligada à terra nahua que se estende muito além daquilo a que nós, sob a influência da ciência moderna, habitualmente nos referimos sob esse termo.

A estátua Coatlicue também tem um outro lado, para sempre escondido do observador não iniciado. Lá jaz Tlaltecuhtli, um maternal senhor da terra que gera vida e ao mesmo tempo traz a morte. Tlaltecuhtli é considerada uma deusa em muitas releituras modernas de "sua" história, ainda que leve o nome de um soberano, *tecuhtli*. Ela também ocasionalmente usa a face de Tlaloc, a divindade da chuva que cai de cima como a chuva fertilizante, cujo nome compartilha a mesma raiz terrena *tlal-* (de *tlalli*, "terra") como em Tlaltecuhtli. Ao mesmo tempo, Tlaltecuhtli costumava nadar no mar primordial, onde Quetzalcoatl (ou a serpente emplumada) e Tezcatlipoca (ou o espelho fumegante), divindades frequentemente identificadas com o masculino, destroem-na para criar uma nova era cósmica.

Assim como se atribui a Marduk o mesmo ato de criação por cortar Tiamat em dois no oceano primordial, seria o combate entre a dupla masculinizada Quetzalcoatl-Tezcatlipoca e a feminizada Tlaltecuhtli uma luta entre a ordem e o caos, o bem e o mal, deuses e monstros, aquilo que os estudos acadêmicos sobre mitologia chamariam de *Chaoskampf*? Ou esse mar, no alvorecer de uma nova criação do cosmos nahua, é um parente remoto ou até mesmo uma encarnação do velho mesopotâmico Tiamat? Tentaremos abordar essas questões excessivamente determinantes e aparentemente simples nos próximos capítulos.

Nos últimos anos, essas divindades me guiaram em minhas viagens por diferentes partes do mundo para aprender e tentar entender diferentes formas de ver e construir o mundo. Mas por que as mitologias babilônica e nahua? Não há uma razão unívoca para esse recorte, mas, ao mesmo tempo, as quatro divindades que encontraremos a seguir – Tiamat, Apsu, Coatlicue e Tlaltecuhtli – compartilham semelhanças extraordinárias quanto à sua história compartilhada da modernidade colonial ocidental, começando pela *Conquista*, ao mesmo tempo que recusam rigorosamente as grades categóricas da racionalidade moderna que isso trouxe, quer isso implique na categorização de gênero e sexualidade ou em alguma "ordem" geralmente mais hipócrita.

*Antigos caminhos queer* trata tanto da recepção desses seres divinos ancestrais, como eles foram vistos pelos olhos coloniais/modernos, quanto, mais importante e talvez também mais intrigante, da maneira como eles resistiram a esse olhar. Nessa resistência, gostaria de mostrar ao longo deste livro que existe algo que podemos aprender, algo que nos permite pensar de outra forma, pensar *percorrendo antigos caminhos*.

\*\*\*

O poder da história colonial é fortemente sentido na minha educação. Meus estudos na China e na Europa foram muito mais sinocêntricos e eurocêntricos do que eu gostaria de admitir. Minha apresentação "transcultural" ou "comparativa" foi primeiramente apenas uma afiliação narcisista com essas duas culturas e suas línguas. Este livro é, portanto, um esforço acadêmico para remediar essa limitação, uma tentativa de ampliar minha visão limitada do mundo fora das minhas primeira e segunda "casas".

Enquanto estudava os escritos nahua, José Rabasa cunhou o termo "em outros lugares" para "compreender espaços e temporalidades que definem um mundo que se mantém exterior à localização espaço-temporal de qualquer observador".[6] Eu sou o

---

6. José Rabasa, *Tell me the Story of How I conquered You: Elsewheres and Ethnosuicide in Colonial Mesoamerican World* (Austin: University of Texas Press, 2011), p. 1.

"em outro lugar" dos mitos, culturas e línguas mesopotâmicas e mesoamericanas tanto quanto eles o são para mim. Os dois constructos geográfico e cultural – a antiga Babilônia e as mitologias nahua – são distantes de mim em termos de disciplina, temporalidade e epistemologia. Rabasa aponta depois que, ao intuir o *outro lugar*, "perturba-se a garantia de que a invasão do Ocidente impôs uma história e mundo singulares".[7] Que a relação colonial, embora pretenda ser singular, não foi bem-sucedida. O meu lugar é talvez, a respeito disso, diferente do de Rabasa, que sugere que o seu projeto de aprendizado desde *o outro lugar* é "inevitavelmente fundado no pensamento ocidental".[8] Nem fundado exclusivamente no pensamento ocidental, nem falando de um outro lugar não ocidental, opto por uma "exploração decolonial". Por "decolonial" me refiro em primeiro lugar à necessidade de aprender a aprender a partir desses *outros lugares*. Essa formulação aparentemente redundante é necessária. Ela envolve, como veremos, um duplo processo de desaprender e reaprender.[9]

Falando do lugar de um chinês nativo treinado nas modernas línguas europeias, feminismos e teoria *queer*, vivencio e empatizo com o sofrimento de sujeitos e culturas não europeias danificados por um eurocentrismo agressivo, manifesto na forma de um colonialismo não apenas territorial, mas também epistêmico, este último menos visível do que o primeiro, embora amplamente dominante na academia, como uma forma de "epistemicídio", como se refere o sociólogo português Boaventura de Sousa Santos.[10]

A "exploração decolonial" aqui apresentada evoca uma crítica da história da recepção moderna das duas antigas mitologias e

---

7. Ibid., p. 207, nota 4.

8. Ibid.

9. Ver Madina Tlostanova e Walter Mignolo, *Learning to Unlearn: Decolonial Reflections from Eurasia and the Americas* (Columbus: Ohio State University Press, 2012), e Bulan Lahiri, "In Converstation: Speaking to Spivak", *The Hindu*, 5 fev. 2011, disponível online.

10. Boaventura de Sousa Santos, *Epistemologies of the South: Justice against epistemicide* (Nova York: Routledge, 2016).

culturas discutidas neste livro e, mais importante, um compromisso com aprender a aprender com eles. Para alguns, tal esforço pode gerar preocupações sobre o risco de "apropriar-se" e, portanto, "explorar" as chamadas culturas nativas. Eu responderia a isso citando uma analogia feita por Rabasa:

> [D]a "mesma forma" que a Europa continua a ser Europa depois da incorporação da Mesoamérica (chocolate, cacau, cochonilha, prata, ouro, mas também conceitos como o de "bom selvagem", canibalismo, ferocidade, Novo Mundo, América) em seu sistema de pensamento e vida cotidiana, a Mesoamérica continua sendo a Mesoamérica após a incorporação das formas de vida europeias. Os processos de apropriação, expropriação e ex-apropriação [sic] envolvem uma via de mão dupla.[11]

Enquanto isso, afirmo que nem a Europa nem a Mesoamérica, nem aliás a China, permaneceram as mesmas depois do colonialismo moderno global. A Mesoamérica não seria possível sem o conceito de "América", inventado depois da "descoberta" de Cristóvão Colombo de um continente que até então era conhecido por diferentes demarcações geográficas e cosmológicas. Para os nahuas, o mundo onde viviam é chamado Cemanahuac, que significa "o que é inteiramente cercado por água".[12] Os andinos, em seu próprio entendimento, viviam em Tawantinsuyu, não no sul, muito menos na América *Latina*.[13]

Hoje, habitamos um mundo que sobreviveu, mas é profundamente estruturado pelo trauma do colonialismo ocidental dos últimos seiscentos anos, começando pela *Conquista da América*. As mitologias babilônica e nahua, aparentemente não relacionadas, estão implicadas na produção de conhecimento e no escrutínio colonial/moderno da história global.

---

11. José Rabasa, *Tell Me the Story of How I Conquered You*, p. 11.
12. Miguel León-Portilla, *La filosofía náuatle: Estudiada en sus fuentes* (México DF: Universidad Nacional Autónoma de México, 1956), p. 69: *lo que enteramente está circundado por el agua.*
13. Ver Edmundo O'Gorman, *La invención de América: El universalismo de la cultura occidental* (México DF: Universidad Nacional Autónoma de México, 1958).

Se a crítica da visão de mundo eurocêntrica em geral e a colonialidade (heteronormativa) de gênero em particular são o primeiro passo para a descolonização do conhecimento, um compromisso sério com culturas locais e cosmologias é o segundo. Esses "primeiro" e "segundo" passos se cruzam e não devem ser entendidos como sequenciais, mas, como coloca sucintamente a feminista boliviana Silvia Rivera Cusicanqui, "não pode haver um discurso da descolonização, nem teoria de descolonização, sem uma prática descolonizadora".[14] Assim, este livro pretende tecer relações complexas entre aprender e desaprender, crítica e compromisso.

\* \* \*

Investigar as recepções acadêmicas coloniais/modernas de "deusas" e outras figuras divinas nos mitos de criação babilônico e nahua significa primeiro expor as formas pelas quais elas foram consistentemente generificadas (como femininas). A feminização das figuras babilônicas (co)criadoras Tiamat e Nahua e Tlaltecuhtli e Coatlicue é cúmplice de sua monstrificação de uma forma que não é sustentável e, em alguns casos, ativamente desencorajada pelos próprios textos. Essa cumplicidade nos diz menos sobre as mitologias do que sobre o sistema dualístico de gênero e sexualidade dentro do qual elas foram estudadas, sustentado por uma tendência consistente no pensamento colonial/moderno em insistir em diferenças categóricas intransponíveis.

*Antigos caminhos queer*, por sua vez, defende um profundo desaprendizado das categorias coloniais/modernas que funcionaram, desde o alvorecer do colonialismo europeu no século XVI até o presente, para manter na obscuridade as formas e teorias de

---

14. Silvia Rivera Cusicanqui, *Ch'ixinakax utxiwa: uma reflexão sobre práticas e discursos descolonizadores* (São Paulo: n-1 edições, 2021).

corporeidades e *queerness* das fontes mais antigas. Isto é feito simultaneamente por meio de um exercício decolonial de aprender-a-aprender com cosmologias não ocidentais e não modernas, o que nos ajuda a abordar um rico imaginário *queer* que foi quase perdido para o pensamento moderno.

Através de um compromisso com a experimentação metodológica com referências cruzadas de tradições críticas em inglês, espanhol, francês, chinês e náuatle, este livro parte da dependência excessiva de muito da teoria *queer* do pensamento europeu (pós-)moderno. Isto quer dizer que, muito mais do que tornar *queer* não ocidentais e não modernos, *Antigos caminhos queer* constitui um compromisso decolonial e transdisciplinar com antigas cosmologias e formas de pensar, que estão em processo de se revelarem como fontes teóricas da imaginação *queer* e para a imaginação *queer*.

Este livro, portanto, não prioriza "teorias" sobre "fontes primárias", mas procura tratar seus objetos de estudo como formas de saberes vivos, dinâmicos, a partir dos quais nós, como forasteiros habitando em *seu(s) outro(s) lugar(es)*, precisamos aprender a aprender. A estrutura do livro pretende apoiar o desenvolvimento de uma teoria que possa acomodar simultaneamente a fluidez e a imutabilidade desses mitos de criação. Esse "aprender-a-aprender" *queer*/decolonial envolve uma reestruturação minuciosa da própria forma como o pensamento é realizado. No lugar de uma progressão linear direta, o livro está organizado como uma forma de "espéculo", ou de acordo com o que eu chamo em outro lugar de transdualismo *yinyang* de "ou... e".[15]

Transdualismo *yinyang* é, em particular, a motivação para a estrutura em dois capítulos de cada uma das Partes I e II. Como o *yin* tem a tendência de descer e solidificar, enquanto o *yang* tem a tendência de ascender e vaporizar, o posicionamento físico

---

15. Zairong Xiang, *Transdualismo: Em direção a uma corporificação material-discursiva* (São Paulo: n-1 edições, 2023).

desses pares de capítulos sugere uma mistura dinâmica, generativa e erótica, com *yin* e *yang* se abraçando. Em cada uma das duas partes do capítulo, a primeira, o capítulo *yin*, trata de políticas concretas de figuras (femininas) específicas. O segundo, o capítulo *yang*, questiona a essencialização das identificações de gênero das divindades não valorizadas no primeiro capítulo por meio de uma minuciosa contextualização e de uma leitura atenta de e no interior de suas respectivas cosmologias. No entanto, os capítulos *yang* realizam uma leitura através da qual a *queerness* das divindades pode emergir. Não obstante, os capítulos *yang* não cancelam os capítulos anteriores *yin*; endossar a *queerness* de Tiamat-Apsu não requer sacrificar a maternidade e feminilidade de Tiamat. A interação entre os dois capítulos opostos mas complementares leva ao surgimento de novas teorias *queer* que não fixam a fluidez de gênero, tampouco abandonam a responsabilidade política. Eles estão misturados, mas não fundidos. Essa cooperação não leva à obliteração de suas respectivas características, dissolvendo-os em um cinza sintético. Em vez disso, eles se assemelham ao arco-íris, à radiante *queerness* da luz cujo conjunto leva a um "ou... e" mutuamente transformando o branco e preto, ilustrado pelo símbolo do *taiji*.[16] Esse *yinyang* convergente é intuído na fusão da(s) água(s) de Tiamat-Apsu que é/são ao mesmo tempo *um* e *muitos*, ecoando o princípio da dualidade nahua, *ometeotl*.

**Capítulo 1. A Raiva de Tiamat: Feminização e monstrificação dentro/fora de *Enuma Elis*** Este capítulo não dá valor à feminilidade da deusa babilônica Tiamat e se propõe a mostrar como Tiamat feminizada foi monstrificada em sua recepção moderna e no próprio épico *Enuma Elis*. Uma análise detalhada de vários episódios de raiva de Tiamat restabelece sua maternidade contra as

16. Ibid.

distorções impressionantes que ela sofreu na história da recepção. Sem associar maternidade com benevolência ou monstruosidade, o capítulo conclui que, em *Enuma Elis*, a maternidade e a monstruosidade de Tiamat não se opõem (como a crítica feminista sugeriria) nem se combinam (como gostaria a recepção misógina).

**Capítulo 2. Águas Divinas *Queer*** As divindades de água salgada e água doce, Tiamat e Apsu (frequentemente reduzidas ao casal heterossexual do "mito da fertilidade"), têm constantemente se misturado. Contextualizada na *longue durée* da personificação de seres aquáticos e suas transformações (generificadas), do *Namu* Sumério ao *tehom* Bíblico, a *queerness* sugerida nos textos antigos permaneceu abandonada na história da recepção. Este capítulo irá explorar a deificação *queer*, corporificada pelas antigas águas, para uma política *queer* contemporânea, urgentemente necessitada de uma teoria da porosidade e passividade que é impura, não identitária e não discriminada.

**Parte 0: Nulla** É uma longa parte, não interrompida por divisões de capítulos. Situada entre as duas partes que justapõem o livro, sobre a *Água* babilônica (Parte I) e a *Terra* nahua (Parte II), esta longa seção, deliberadamente nomeada *Nulla*, visa desmascarar o conceito teopolítico da *criação ex nihilo* (criação a partir do nada). Isto fornece uma análise da influência decisiva desse conceito sobre o colonialismo e a colonialidade e sua persistência na recepção acadêmica das mitologias e até da teoria *queer*. Este capítulo mostra o entrelaçamento da lógica colonial com a *criação ex nihilo*, que histórica e discursivamente ligam a aparente desconexão da Mesopotâmia com a Mesoamérica, dentro dos seus mitos da criação e fora, através de suas recepções.

**Capítulo 3. O estranho caso de Tlaltecuhtli** A Parte II vai da terra no meio dos rios (Mesopotâmia) para a terra "cercada por água", Cemanahuac. O primeiro capítulo desta parte examina a tradução coercitiva do nome nahua Tlaltecuhtli como "deusa da terra", que nega o significado semântico de *techuhtli*, nahuatl para "senhor", não "deusa". Através da discussão desse sistema *tlacuilolli* particular de escrita/pintura nahuatl, ao lado de um exame do debate sobre a gramatologia da escrita não alfabética, especialmente em termos da recepção ocidental da escrita chinesa, esse capítulo mostra que o termo nahua *tlacuilolli* que é congruente com a cosmo-filosofia nahua, permite uma "transgressão de gênero" de um senhor da terra maternal bastante *queer*: Tlaltecuhtli Tonantzin (Senhor da Terra, Nossa Mãe Benevolente).

**Capítulo 4. Coatlicue Mayor: Ou outros caminhos para reler o mundo** O último capítulo estuda o *tlacuilloli*, o sistema de escrita/pintura dos nahuas. Desenvolve uma decolonização do conceito de escrita e argumenta que *tlacuilolli* não se limita ao formato de livro. Ao se concentrar especificamente na estátua Coatlicue Mayor e sua ligação sincrônica com o Calendário Asteca por meio de uma releitura do princípio da dualidade *ometeotl* e da complexa temporalidade do nahua, este capítulo entende a estátua Coatlicue Mayor não apenas da perspectiva da cosmofilosofia escrita/pintada/esculpida nahua, mas como exemplo dessa própria cosmofilosofia e uma presença divina, em vez de uma representação artística de uma "deusa" alegadamente decapitada. Aprendendo com *tlacuilolli* como um sistema textual e visual que transmite *queerness* sem domesticá-la, este último capítulo conclui com uma reflexão sobre as estratégias decolonial *e queer* e a importância do *outro lugar* cosmo-filosófico nahua, corporificado na parte inferior da estátua Coatlicue Mayor, onde reside Tlaltecuhtli.

# PARTE I
# AS ÁGUAS

# Abaixo de ou/e: relendo a feminilidade e a monstruosidade em *Enuma Elis*

*Was aus Liebe getan wird, geschieht immer jenseits von Gut und Böse.*

FRIEDRICH NIETZSCHE, *Jenseits von Gut und Böse*[1]

É possível separar a água doce da água salgada depois de misturadas? Os Babilônios parecem ser ambíguos a respeito disso. Em seu mito de criação, grafado em escrita cuneiforme e conhecido como *Enuma Elis*,[2] o mundo se inaugura com duas águas que se misturam, a água salgada, Tiamat, e a água doce, Apsu:

> Quando o céu acima ainda não havia sido nomeado
> Nem a terra abaixo proferida por seu nome,
> Apsu, o primeiro, seu progenitor
> E criador, Tiamat, quem deu à luz a todos,
> Misturaram suas águas,
> [...]
> Então, deuses nasceram dentro deles

---

1. "O que é feito por amor sempre acontece além do bem e do mal". Friedrich Nietzsche, *Além do bem e do mal* (São Paulo: Companhia das Letras, 2005).

2. Salvo indicação contrária, todas as citações de *Enuma Elis* foram retiradas da tradução em inglês de Stephanie Dalley, *Myths from Mesopotamia: Creation, The Flood, Gilgamesh, and Others* (Oxford: Oxford University Press, 2008), p. 233-77. Como a pesquisa diz respeito principalmente às primeiras páginas do épico, não fornecerei o número de páginas pelo bem da clareza. Também consultei outras versões de traduções em inglês e francês. Quando houver discrepâncias na tradução de palavras-chave, farei referência às outras traduções. Não sou conhecedor da escrita cuneiforme nem da língua acádia, no qual foi escrito *Enuma Elis*. Já que estou interessado prioritariamente na sua recepção histórica moderna e não no seu aspecto arqueológico da versão "original" (um conceito também questionado), consultei tantas versões traduzidas e dicionários/enciclopédias quanto foi possível.

Embora o céu e a terra não sejam nomeados, as águas primordiais têm nome, Apsu e Tiamat. Se nos detivermos aqui e olharmos para suas raízes linguísticas, não é difícil descobrir que *apsu* quer dizer água/mar (doce), como *tiamat*.[3] No épico babilônio da criação, *Enuma Elis*, eles são "progenitores" e "criadores" da nova geração de deuses: "deuses nasceram dentro deles". Os deuses recém-nascidos "iriam se encontrar/E perturbar Tiamat / [... e] agitando o ventre de Tiamat".

Enquanto "Tiamat ficou muda perante eles / Por mais doloroso que fosse o comportamento deles para com ela, / Por mais desagradáveis que fossem seus modos, ela iria satisfazê-los", Apsu não aguenta mais o barulho: "Apsu fez sua voz ser ouvida / E falou com Tiamat em voz alta / [...] 'Eu abolirei seus modos e os dissiparei!'". Sabendo da intenção de assassinato de Apsu,

> Ela [Tiamat] ficou furiosa e gritou com seu amante;
> Ela gritou terrivelmente e estava fora de si de ira,
> Mas então reprimiu o mal em seu ventre.
> "Como poderíamos deixar aquilo que nós criamos morrer?
> Mesmo que seus modos sejam tão repugnantes, devemos aturar isso pacientemente".

Agora nós aprendemos que Apsu e Tiamat são amantes, referidos respectivamente como "ele" e "ela". Apsu certamente está desconcertado pela ira de Tiamat e relutante em agir. Ele vai falar com seu "vizir", Mummu, que "responde e aconselha Apsu / [...] Apsu está satisfeito com ele, seu rosto se ilumina / No mal que estava planejando para os deuses seus filhos. / (Vizir) Mummu o abraça, / Senta no seu colo e o beija apaixonadamente". Embora homens beijando uns aos outros tenha sido uma prática comum no Antigo Oriente Próximo, este encontro homoerótico pelo menos perturba o casal "heterossexual" Tiamat e Apsu.

---

3. David Toshio Tsumura, *The Earth and the Waters in Genesis 1 and 2: A linguistic Investigation* (Sheffield: Sheffield Academic Press, 1989), p. 60-62.

Mummu só aparece aqui na tradução de Daley, de onde citamos. Entretanto, em muitas outras traduções, Tiamat aparece primeiro como "Mummu-Tiamat".[4] Por exemplo, a versão das *Sete tábuas da criação* de 1921 do Museu Britânico tem suas primeiras linhas traduzidas como "Apsu, o mais velho dos seres, o progenitor, / 'Mummu' Tiamat, que engendra cada um e todos / eles".[5]

No mito de criação sumério, que está em uma relação ancestral com o babilônio (de certo modo como a herança da Grécia Antiga para Roma), temos o mar primordial, (o) *apsu*,[6] cuja personificação naquele mito ainda mais antigo é uma figura feminina, a deusa-mãe primordial Nammu, cujo "nome é comumente escrito com o sinal *engur*, que também é usado para escrever Apsu. Em tempos antigos ela personificava o [*apsu*] como a fonte da água, e, portanto, fertilidade na baixa Mesopotâmia".[7]

Na Parte I: As Águas, iremos dedicar dois capítulos para estudar as divindades das águas primordiais do épico da criação babilônico, *Enuma Elis*. Neste capítulo, iremos investigar Tiamat de perto, através de uma crítica das recepções a suas menções do século XIX até hoje, baseando-nos em estudos de mitologia e teologia feminista. Veremos como Tiamat, por meio de sua recepção acadêmica, se estabilizou como um monstro feminino reconhecido, alegadamente simbolizando o caos ameaçador da

---

4. Ver E. A. Wallis Budge, *The Babylonian Legends of the Creation and the Fight between Bel and the Dragon (As told by Assyrian Tablets from Nineveh)* (Londres: The British Museum, 1921); Philippe Talon, *The Standard Babylonian Creation Myth Enuma Elis* (Helsinki: Neo-Assyrian Text Corpus Project, 2005).

5. Budge, *The Babylonian Legends of the Creation and the Fight between Bel and the Dragon*, p. 32.

6. Como falamos anteriormente, *apsu* também quer dizer "água doce". Na mitologia suméria, o *apsu* (ou *abzu*) é personificado por Nammu, a deusa primordial, enquanto na mitologia babilônica o *apsu* se mistura com Apsu, a divindade. Para esclarecer isso, irei usar "o apsu" para me referir ao mar sumério e "Apsu" para me referir à personificação do mar primordial em *Enuma Elis*, para manter o trocadilho entre o *apsu* (mar) e Apsu o "pai" primordial. No caso de *Enuma Elis*, como iremos analisar no capítulo 2, Apsu, a divindade e "o apsu", o mar primordial que ele personifica, ambiguamente andam juntos, o que é em si mesmo um assunto interessante a ser explorado. Assim, ocasionalmente irei me referir ao Apsu babilônico como (o) Apsu, sugerindo que há um duplo significado com ou sem parêntesis.

7. Gwendolyn Leick, *A Dictionary of Ancient Near Eastern Mythology* (Londres: Routledge, 1991), p. 124.

ordem. Analisaremos então um assunto em particular a respeito de Tiamat, ou seja, suas monstruosidades, examinando o jogo complexo entre monstruosidade, feminilidade e maternidade, como foi construído dentro e fora do épico. A última parte deste capítulo complexificará ainda mais e negociará a questão da maternidade e monstruosidade por meio de uma releitura da batalha de Tiamat com Marduk em *Enuma Elis*, confrontando suas várias recepções.

Peço ao leitor que tenha em mente que toda a história da criação, muitas vezes rapidamente simplificada como a aclamada batalha contra o caos, acontece dentro de Tiamat (e Apsu). Simpatizante desta "interioridade" de Tiamat (-Apsu) e da narrativa do épico, proponho uma releitura feminista imanente, acima ou, mais precisamente, *abaixo* da lógica do ou/e,[8] a qual irá abrir caminho para descobrir ou recuperar a *queerness* destas antigas figuras divinas no capítulo subsequente.

## Tiamat não nasceu mulher: *Enuma Elis* e sua recepção moderna

*Enuma Elis*, conhecido também como o épico babilônico da criação, é um dos mitos de criação mais conhecidos na antiga Mesopotâmia. O épico se tornou extremamente importante com a ascensão da Babilônia como um estado dominante no segundo milênio AEC. Entretanto, as versões acessíveis do mito são as tábuas nas quais o épico foi escrito em escrita cuneiforme em um período posterior. Também sabemos que o épico era recitado todos os anos, no Festival de Ano Novo na Babilônia, em abril.[9]

---

8. Este capítulo tenta reler *Enuma Elis* de uma forma tal que não reproduza a lógica do ou/e. Escolhi abordar esta tentativa com uma frase desajeitada: "abaixo ou/e", para evitar a frase transcendental mais comum e óbvia (ou/e), "além de ou/e", que ainda opera em uma lógica de sucessão que "vai além".

9. Ver Takayoshi Oshima, "The Babylonian God Marduk", in *The Babylonian World*, org. Gwendolyn Leick, p. 348-60 (Nova York: Routledge, 2007).

O épico começa com o mundo primordial. Duas águas primordiais, Apsu, a água doce, o "marido", e Tiamat, a água salgada, a "mulher", se misturam, e de dentro deles nascem várias gerações de deuses. Especialistas em estudos da Mesopotâmia divergem sobre quantas "águas" existem no começo do épico, porque no épico original "Tiamat" está escrito como Mummu--Tiamat. Quem é Mummu? É um título adjacente ou uma terceira figura que personifica um tipo de água primordial? Não há uma resposta clara. Alexander Heidel considera que Mummu é "a névoa ou bruma personificada que, ascendendo das águas de Apsu e Tiamat e pairando sobre elas, [na] linguagem mitológica [...] poderia ser facilmente chamada de 'filho' das duas divindades primordiais".[10] É necessário ter em mente que o "vizir" de Apsu que aparece mais tarde e o aconselha também é chamado Mummu, o qual pode ou não ser o mesmo Mummu de Mummu-Tiamat.

## A narrativa de criação em *Enuma Elis*

A mistura das águas primordiais, personificadas como Apsu e Tiamat (e talvez também Mummu), dá à luz a várias gerações de deuses, a mais importante linhagem entre eles sendo a patrilinhagem Anshar-Anu-Ea (Ea mais tarde dá à luz a Marduk, o deus patrono de *Enuma Elis* e do estado babilônio). A narrativa diz que, inquietos, os deuses recém-nascidos produzem uma grande agitação que "chacoalha o ventre de Tiamat". O comportamento dos jovens deuses é particularmente irritante para Apsu, talvez porque, em grande medida, Apsu já se tornou parte de Tiamat depois que se misturaram. Apsu, encorajado por seu vizir Mummu, sugere para Tiamat matar os jovens deuses. Ele grita para Tiamat: "O comportamento deles se tornou muito penoso para mim. / Durante o dia não posso descansar, durante a noite não posso

10. Alexander Heidel, "The Meaning of *Mummu* in Akkadian Literature", *Journal of Near Eastern Studies* 7, n. 2 (1948), p. 98-105, aqui p. 104.

dormir. / Eu abolirei seus modos e os dissiparei!". Tiamat fica com raiva de Apsu e diz: "Como poderíamos deixar aquilo que nós criamos morrer? / Mesmo que seus modos sejam tão repugnantes, devemos aturar isso pacientemente".

Apsu está contrariado, e Mummu também "não concordou com o conselho de sua / mãe terra".[11] Assim, Mummu conforta Apsu, o abraça e o beija. O plano deles de infanticídio é ouvido por Ea, o mais inteligente entre os jovens deuses. Ele lança um feitiço sobre Apsu, fazendo-o dormir, "[tira] o manto de radiância [de Apsu] e o coloca sobre si mesmo", e finalmente mata Apsu e acorrenta seu vizir Mummu. Ea constrói sua residência e "silenciosamente descansa em seu aposento privado", o qual ele "nomeou [...] Apsu". A tradução das *Sete tábuas da criação* do Museu Britânico sugere que "Ea venceu ambos seus adversários [Apsu e Mummu] e dividiu Apsu em aposentos e colocou grilhões nele".[12] Aqui temos uma fusão entre Apsu, a divindade personificada, e "o Apsu", o oceano primordial. Este dispositivo retórico ou trocadilho também é encontrado na Gênesis entre *'adam* o ser humano, "Adão" o nome do primeiro humano criado, e o solo *'adamah*, do qual Deus criou o humano (humano/húmus).[13]

Marduk nasce de Ea e Damkina (uma deusa que encontramos aqui brevemente) em sua residência construída recentemente dentro (de) Apsu; "E, dentro de Apsu, Marduk foi criado; / Dentro do Apsu puro, Marduk nasceu". Com o nascimento de Marduk, Apsu como o "pai" primordial se torna obsoleto no épico. Marduk (referido também como "Bel" ou "Bel-Marduk") diz ter sido muito poderoso desde o início, e ele é chamado de "superior em

---

11. Isso pode ser um erro de tradução, já que em nenhum outro lugar Tiamat, a personificação do mar de água salgada, é representada como a mãe terra. Esse deslize pode levemente sugerir uma crença universal não verificada de que a terra é feminina, um tópico que será discutido longamente na Parte II: A Terra.

12. Budge, *The Babylonian Legends of the Creation and the Fight between Bel and the Dragon*, p. 34.

13. Scott B. Noegel, org., *Puns and Punditis: Word Play in the Hebrew Bible and Ancient Near Eastern Literature* (Bethesda: CDL Press, 2000), p. 8, n. 7.

todos os sentidos". O épico continua com uma descrição detalhada dos atributos de Marduk e como a enfermeira "o educou [e] encheu-o de grandiosidade". Da mesma forma que hoje em dia pais instruem seus filhos em como jogar com agressividade para se tornar homens, Anu, seu avô (isto é, o progenitor de Ea), enche-o armamentos: "Anu cria os quatro ventos e os dá à luz, / Coloca-os em suas [Marduk] mãos, 'Meu filho [sic], deixe-os brincar!'" Com o vento em suas mãos, Marduk "formou o pó e fez o redemoinho carregá-lo; / Ele fez uma onda de inundação e agitou Tiamat". Mais uma vez, Tiamat não reagiu, mas "suspirou dia / e noite". Desta vez, entretanto, são os outros deuses que não suportam o barulho de Marduk agitando o ventre de Tiamat.[14]

> "Porque eles mataram Apsu, o seu amante, e
> Você não ficou ao seu lado, mas sentou-se muda,
> Ele criou os quatro ventos temerosos
> Para agitar o seu ventre de propósito, e nós simplesmente
> não conseguimos dormir!
> Não estava o seu amante, Apsu, em seu coração?
> E (vizir) Mummu que foi capturado?
> Não é de se admirar que você senta sozinha!
> Você não é mãe? Você suspira inquietamente,
> Mas e nós, que não conseguimos descansar? Você não nos ama?
> [...]
> Remova o jugo de nós [sic], inquietos, e vamos dormir!
> [...]"

> Tiamat ouviu o discurso, e o discurso a agradou.

Essas palavras cruéis pareceram ser suficientes. Tiamat concordou em agir reunindo grandes armas e monstruosas cobras venenosas, junto com outros monstros como o grande-leão, o cachorro-louco, o homem-escorpião, o centauro e assim por diante. Ela

---

14. Semelhante a fusão de Apsu/(o) Apsu, "o ventre de Tiamat" de alguma forma sugere o espaço aquático no interior do qual todas as gerações de deuses ainda vivem. Voltaremos a esse "espaço *queer*" no próximo capítulo.

também fez uma figura até então nunca mencionada, Qingu, seu consorte e líder supremo da assembleia, dando a ele as "tábuas do destino". Ea, o pai de Marduk, está com medo porque sabe que o poder de Tiamat é maior que o seu, mas, no entanto, minimiza-o, mostrando que, desde tempos imemoriais, a misoginia tem servido retoricamente para restaurar a autoestima masculina:

> Ea foi, ele procurou a estratégia de Tiamat,
> Mas depois permaneceu em silêncio e retornou.
> Ele entrou na presença do soberano Anshar,
> Em súplica dirigiu-se a ele.
> "Meu pai, as ações de Tiamat foram demais para mim.
> [...]
> Sua força é poderosa, ela é completamente aterrorizante.
> [...]
> Eu temi seu poder, e retornei.
> Mas Pai, você não deve relaxar, você deve enviar outra pessoa para ela.
> Por mais forte que seja a força de uma mulher, não é igual a de um homem."

Anshar, o pai de Anu e o bisavô de Ea, pede ajuda ao seu tataraneto, Marduk. Marduk concorda em agir e travar uma guerra contra Tiamat sob a condição de que todos os deuses o adorem como o supremo. Ele "fez uma rede para cercar Tiamat dentro dela", e introduz ventos malignos que "avançam atrás dele [Marduk] para agitar dentro de / Tiamat". Em seguida ouvimos outro discurso de Marduk, dirigindo-se a Tiamat:

> Por que você é tão amigável na superfície
> Quando suas profundezas conspiram para reunir uma força de combate?
> Só porque os filhos foram ruidosos (e) desrespeitosos com seus pais?
> [...]
> Levante-se e você e eu faremos um único combate!

Marduk, astuciosamente, transforma o conflito entre ele e os outros deuses irritados, que procuram ajuda de Tiamat, em um conflito geracional entre os "filhos" homogeneizados e seus "pais" homogeneizados, acusando Tiamat, a mãe, de não proteger seus filhos. Marduk, portanto, abusa da indulgência anterior de Tiamat com os distúrbios impertinentes em seu ventre, da primeira vez pelos deuses recém-nascidos que irritaram Apsu e da segunda vez pelo próprio Marduk. Essas palavras finalmente conseguem antagonizar Tiamat: "Quando Tiamat ouviu isso, / Ele enlouqueceu perdendo a paciência. / Tiamat gritou incontroladamente". Inicia-se uma batalha cósmica entre Marduk e Tiamat. Ao final, Tiamat e seus aliados são destruídos por Marduk, que "cortou-a ao meio como um peixe para secar; / Metade dela ele colocou para cobrir o céu". Diz-se, portanto, que Marduk criou o mundo usando o corpo morto de Tiamat.

> Ele coloca sua cabeça, dirigida para cima [ ]
> Nascentes abertas: a água jorrou
> Dos olhos dela ele abriu o Eufrates e o Tigre,
> Fechou suas narinas, [ ]
> De seu úbere ele empilhou montanhas de contornos nítidos.[15]

Ele criou o santuário para os deuses sobre (o) Apsu e proclamou: "Eu por meio deste nomeio o lar de grandes deuses. Vamos fazer disso o centro da religião". Depois, ele criou os seres humanos do sangue de Qingu "que começou a guerra, / Ele que incitou Tiamat e reuniu um exército!".[16] O restante das tábuas trata das outras criações de Marduk, como a vegetação. O épico termina com uma declaração: "Em memória da canção de Marduk / Que derrotou Tiamat e tomou o reinado".

Como vimos, *Enuma Elis* é um mito de criação complexo que envolve conflitos geracionais e de gênero. Há vários quebra-cabeças,

---

15. Os colchetes, nesta citação em particular, são originais, indicando as partes que estão faltando nas tábuas. Ver Dalley, *Myths from Mesopotamia*, p. 257.

16. Esta é outra acusação infundada, porque Qingu não incita Tiamat para a guerra, mas é apenas um representante escolhido por ela para possuir as "tábuas do destino". A vítima é transformada em um criminoso. Voltaremos a isso no Capítulo 2, um tanto inesperadamente, com a acusação de homossexuais, as vítimas da AIDS, por espalhar a doença durante a epidemia de AIDS.

como o misterioso Mummu, o salto livre entre nomes próprios e conceitos, especialmente os de Apsu e Tiamat, o estranho espaço interior onde os deuses vivem. Os espaços aquáticos de Tiamat e Apsu parecem ser inseparáveis. Então, como pode Marduk matar Tiamat se ele está dentro dela para causar turbulências insuportáveis para os outros deuses e a própria Tiamat? E, podemos perguntar, onde está a fronteira entre Apsu e o Apsu, e (o) Apsu e Tiamat?

As investigações sobre *Enuma Elis* parecem ter duas grandes preocupações. Filólogos das antigas línguas mesopotâmicas tendem a se concentrar nas funções linguísticas e possíveis traduções de diferentes palavras e os trocadilhos que elas geram, como o significado de Mummu ou Marduk.[17] Mitólogos, por outro lado, leem o combate entre Marduk e Tiamat como uma cosmogonia, o chamado *Chaoskampf par excellence*. Nosso foco estará no segundo grupo de pesquisadores, com particular atenção às políticas de gênero das leituras que produziram a interpretação do *Chaoskampf* de *Enuma Elis* e sua dicotomia "ordem *versus* caos". Será nossa reivindicação o fato de que, em uma inspeção mais atenta, esta interpretação já não é mais convincente.

## A representação de Tiamat em estudos acadêmicos

As tábuas de *Enuma Elis* foram traduzidas pela primeira vez como *The Chaldean Account of Genesis* por George Smith (1876), e depois várias escavações foram feitas nos locais de Nínive, Assur e Quixe por arqueólogos britânicos, alemães e americanos no final do século XIX e início do século XX.[18] Desde sua descoberta, inúmeros

---

17. Ver Heidel, "The Meaning of *Mummu* in Akkadian Literature"; Victor Avigdor Hurowitz, "Alliterative Allusions, Rebus Writing, and Paronomastic Punishment: Some Aspects of Word Play in Akkadian Literature", in *Puns and Pundits: Word Play in the Hebrew Bible and Ancient Near Eastern Literature*, org. Scott B. Noegel (Bethesda: CDL Press, 2000), p. 63-113; Piotr Michalowski, "Presence at the Creation", in *Lingering over Words: Studies in Ancient Near Eastern Literature in Honor of Willim L. Moran*, org. P. Steinkeller (Atlanta: Scholars Press, 1990), p. 381-96.

18. O final do século XIX e início do século XX são momentos históricos interessantes, especialmente se levarmos em consideração o livro seminal de Edward Said *Orientalismo*

pesquisadores da arqueologia, estudos bíblicos, literatura, filosofia e história da ciência fascinam-se com o épico. Selecionaremos alguns estudos do final do século XIX até o nosso tempo, que, apesar das diferenças disciplinares, parecem ter concordado em uma coisa, ou seja, que Tiamat *é* um monstro perigoso do caos buscando se opor a Marduk, o justo representante da ordem.

Em 1893, George A. Barton publicou o artigo "Tiamat", que introduz a figura babilônica enquanto estabelece possíveis paralelos com a serpente bíblica Leviatã e outras figuras míticas na Mesopotâmia. Ele identifica Tiamat como "uma mulher dragão, rainha de um anfitrião hediondo, que é hostil com o deuses, e com quem Marduk briga, os conquista, corta o seu líder (ou seja, Tiamat) em dois, e de uma parte de seu corpo [Marduk] faz o céu, e com a outra a terra".[19] Ao final do artigo, Tiamat é acusada de ter "se oposto à criação, *resistido a Deus a cada passo, persuadindo* e *seduzindo* homens", e o autor acredita que ela/isto era "a personificação popular do horror, da arrogância e do mal".[20] A acusação de Barton, bastante infundada mas de todo modo apaixonada, parece ter tido desde então uma longa influência na recepção de *Enuma Elis*.

Um ano depois, o artigo "A Narrativa Babilônica da Criação" (1894), de W. Muss-Arnolt, compara *Enuma Elis* com o livro bíblico do Gênesis, afirmando na linguagem da teologia cristã: "Luz e escuridão, caos e ordem estão sempre lutando um contra o outro".[21] O autor acredita que a "vitória da luz e da ordem é descrita [...] na luta entre Bel-Merodach [Marduk], o princípio da luz, e Tiamat, o princípio da escuridão representado como um dragão,

---

(São Paulo: Companhia de Bolso, 2007) e outros trabalhos sobre a crise de gênero, sexualidade, ciência, e religião no período tardio da Inglaterra Vitoriana e no *fin-de-siècle* europeu, como Elaine Showalter, *Sexual Anarchy: Gender and Culture at the Fin de Siècle* (Londres: Bloomsbury, 1991). Iremos discutir isso no próximo capítulo e na Parte o.

19. George A. Barton, "Tiamat", *Journal of American Oriental Society* 15 (1893), p. 1-27, aqui p. 12.

20. Ibid., 2, ênfase do autor

21. W. Muss-Arnolt, "The Babylonian Account of Creation", *The Biblical World 3*, n. 1 (1894), p. 17-27, aqui p. 19.

a serpente cruel".[22] Depois de estabelecido um antagonismo dicotômico entre Tiamat e Marduk, o autor argumenta que "a vitória de Marduk sobre Tiamat [... é] a ordem sobre a anarquia".[23]

Alguns anos depois, Ross Murison analisou a figura da serpente na Bíblia comparando-a a grandes figuras mitológicas da serpente em outras culturas. Para sustentar sua reivindicação de que o "mal, portanto, sempre tomou uma forma definida, preferivelmente aquela da serpente", ele adiciona uma nota de rodapé descrevendo Tiamat como "um dragão com o aspecto mais hediondo".[24]

Em 1905, quando o artigo de Murison foi publicado, uma transcrição e tradução integral de *Enuma Elis* ainda não estava disponível. O estudo clássico de Leonard W. King traduziu as seguintes frases do épico de forma muito fragmentada: "(Assim) foram estabelecidos e [eram... os grandes deuses (?)]. / Mas T[iamat e Apsu] estavam (ainda) em confusão [...], / Eles estavam preocupados e [...] / Em desordem (?) ... [...]".[25] Várias linhas após a sugestão de Apsu para Tiamat matar os deuses, lemos claramente: "Quando Tiamat [ouviu] essas palavras, / Ela se enfureceu e gritou alto [...]. / [Ela] dolorosamente [...]".[26] Em *The Babylonian Legends of Creation: Fight between Bel and the Dragon*, livro publicado em 1921 pelo Museu Britânico, a frase que descreve a resistência de Tiamat à dor causada pelos deuses ainda não havia sido traduzida, tampouco estava disponível. A narrativa aparece da seguinte forma:

> Tiamat estava incomodada e ela... seu guardião.
> Seu ventre estava agitado até as suas profundezas

---

22. Ibid.

23. Ibid., p. 20.

24. Ross G. Murison, "The Serpent in the Old Testament", *The American Journal of Semitic Languages and Literatures 21*, n. 2 (1905): 115-30, aqui p. 128, nota 35.

25. Leonard William King, *The Seven Tablets of Creation* (Londres: Luzac and Co., 1902), p. 7-8. Todos os colchetes estão no original.

26. Ibid., p. 11.

[...]
Apsu (o abismo aquoso) não poderia diminuir sua rixa
E Tiamat se recompôs...[27]

No entanto, novamente a raiva de Tiamat contra o plano infanticida de Apsu estava clara: "Tiamat ao escutar isso / Ficou enlouquecida de ira e gritou com seu marido. / [...] até a doença. Ela se enfureceu sozinha".[28] O editor não esqueceu isso, mas nos lembra que "A ira de Tiamat foi causada por Apsu, que havia proposto assassinar os deuses, seus filhos. Ela não participou da primeira luta de Apsu e Mummu contra os deuses, e apenas se envolveu com hostilidades ativas para se vingar de Apsu".[29]

Agora nos voltaremos para estudos mais recentes de *Enuma Elis*. Por sua data de publicação, esperaríamos que traduções mais completas das tábuas babilônicas estivessem disponíveis. Thorkild Jacobsen, renomado historiador especialista em estudos assírios e sumérios, publicou um ensaio intitulado *"Enuma Elis* – 'The Babylonian Genesis'"*, incluso em *The Intellectual Adventure of Ancient Man* (1964),[30] no qual ele analisa a cosmogonia mesopotâmica e o épico babilônico da criação. Vislumbrando o épico da perspectiva da criação da ordem cósmica, ele resume a agitação dos deuses no ventre de Tiamat, o plano de Apsu para aboli-los, o assassinato de Apsu por Ea e o combate de Marduk e Tiamat, citando extensivamente a partir dos mitos originais.[31] Por todo o ensaio, porém, não encontramos nenhuma frase mencionando o momento em que Tiamat suporta a dor causada pelos deuses dentro de seu ventre e furiosamente recusa o plano de

27. Budge, *The Babylonian Legends of the Creation and the Fight between Bel and the Dragon*, p. 33. As omissões são originais, mostrando partes intraduzíveis ou partes muito danificadas das tábuas.

28. Ibid.

29. Murison, "The Serpent in the Old Testament", p. 33, nota 1.

30. A versão à qual o autor tem acesso e cita está inclusa em Milton K. Munitz, org., *Theories of the Universe: From Babylonian Myth to Modern Science* (Nova York: The Free Press, 1965), p. 8-20.

31. Ibid., p. 12-14.

Apsu de matá-los. A resistência de Tiamat é traduzida como "e Tiamat está silenciosa...", na versão do épico citada pelo autor.[32] As frases que registram a proteção maternal de Tiamat com as crianças da ira do pai também foram omitidas. Em suas citações extensivas do épico, um fragmento termina com: "[Apsu disse a Tiamat] irei anular, sim, irei destruir suas maneiras, / que a paz reine (novamente) e possamos dormir". A citação seguinte começa com as frases que na verdade aparecem muito mais tarde no épico, "Ele [Ea] de inteligência suprema, habilidoso, engenhoso, / Ea, que sabe tudo, viu através de seu plano". Rapidamente, as frases que descrevem a raiva de Tiamat por Apsu são omitidas.

Jacobsen, entretanto, parece ter notado a maternidade de Tiamat em seu trabalho posterior, *The Treasures of Darkness*. Ali, ele analisa brevemente o "tema do parricídio" em *Enuma Elis*, e reivindica que "enquanto o aspecto do parricídio é [...] mitigado ao fazer dos pais ancestrais remotos e colocá-los ambos como equivocados, parte deste efeito é contrariado [...] pela ênfase na maternidade de Tiamat".[33] Ele acredita que

> é [tão] estranho esse tratamento complacente do arqui-inimigo, Tiamat, que mal podemos escapar do sentimento de que o autor está aqui tomado por emoções conflitantes: amor, medo e um senso de culpa que requer atenuação.[34]

Embora encontre o tratamento complacente do assim chamado arqui-inimigo "estranho", a observação de Jacobsen sobre a maternidade de Tiamat fica surpreendentemente isolada na longa história da recepção do épico. Talvez por sua singularidade, o trabalho influente de Jacobsen parece não ter repercussão em outros

---

32. Nenhuma informação é dada no ensaio sobre qual versão de *Enuma Elis* o autor usa. Considerando que ele é um eminente especialista da língua acádia, é possível que a tradução do épico seja dele.

33. Thorkild Jacobsen, *The Treasures of Darkness* (New Haven: Yale University Press, 1976), p. 187.

34. Ibid.

estudiosos depois dele quando decidem precisamente ignorar a maternidade de Tiamat. Por exemplo, no exame detalhado das tradições mitológicas e da Bíblia pela assim chamada Escola Dinamarquesa de estudos bíblicos, *Myths in the Old Testament*,[35] o *Enuma Elis* é resumido de uma forma que ignora totalmente o "momentos maternais" de Tiamat:

> O poema nos fala dos deuses primordiais Tiamat, que representa o mar, e Apsu, a divindade da água doce. Juntos eles geram uma série de deuses, mas, quando mais tarde eles deturpam o repouso dos deuses mais velhos, Apsu decide aniquilá-los. Ea, um dos deuses jovens, em consequência disso, se opõe a Apsu, matando-o. Tiamat cria um exército macabro de seres demoníacos, com quem Kingu[36] (seu novo marido), como líder, introduz um reinado de terror. O caos governou entre os deuses, e o caos é, acima de tudo, Tiamat, representada pelas ameaçadoras e destrutivas águas. Ea, entretanto, dá à luz[37] a Marduk, que se atreve a enfrentar a batalha contra a deusa do caos, Tiamat.[38]

Dois exemplos mais recentes irão demonstrar o que já podemos chamar de "a monstrificação de Tiamat na academia", que sistematicamente apaga seus esforços em suportar as perturbações infantis e protegê-los do infanticídio paterno. Mostraremos que a longa história da recepção da essencialização de Tiamat como *o monstro* (ou arqui-inimigo) exerce influência até mesmo em alguns estudos que levam em consideração questões de gênero.

Em 1992, Rivkah Harris publicou um estudo baseado nos estudos de gênero sobre o conflito geracional nos mitos da Mesopotâmia. Ela reduz o panteão de *Enuma Elis* a "imagens do bom pai (Ea) e do mau pai/progenitor (Apsu), da boa mãe (Damkina)

---

35. Benedikt Otzen, Hans Gottlieb e Knud Jeppesen, *Myths in the Old Testament* (Londres: SCM Press, 1980).

36. Em algumas traduções, a transliteração "Kingu" é usada no lugar de "Qingu".

37. Marduk nasce, filho de Ea, o pai, e Damkina, a mãe. Entretanto este breve resumo ignora Damkina, que para Harris representa a "boa mãe" (chegaremos a este estudo em breve), contrabandeia "o parto" materno de Damkina, e cria literalmente uma patrilinearidade (Rivkah Harris, "The Conflict of Generations in Ancient Mesopotamian Myths", *Comparative Studies in Society and History* 34, n. 4 [1992], p. 621-35, aqui p. 631)

38. Otzen, Gottlieb e Jeppesen, *Myths in the Old Testament*, p. 13-14.

e da mãe má/progenitora (Tiamat)".[39] Embora Harris conheça a tradução de Dalley de 1989 e tenha escrito extensivamente sobre gênero na Mesopotâmia sob uma perspectiva feminista, isso não a impede de repetir a mesma ideia de que "a representação da velha Tiamat como agressiva e poderosa pode refletir pontos de vista na Mesopotâmia sobre as diferenças de gênero na personalidade de pessoas idosas".[40] Este argumento certamente não está errado. Tiamat é agressiva e poderosa, mas ela/isto não é apenas isso. Seu outro aspecto que é mais gentil e indulgente é, entretanto, novamente esquecido até mesmo por uma estudiosa feminista.

Victor A. Hurowitz, que examina os aspectos filológicos do Acadiano, aborda o assunto da representação de Tiamat. Ele segue a sugestão de Piotr Michalowski sobre a possibilidade de *mummu* em "Mummu-Tiamat" querer dizer "ruído", e traduz as primeiras frases do épico como "A ruidosa Tiamat, criador de seu barulho".[41] Hurowitz continua a argumentar, de forma bastante impressionante:

> Despercebido por Michalowski, este sentido oculto acrescenta uma ironia significativa e até um pouco de tragédia à história cômica, dado o papel decisivo de ruído no resto do mito. Tiamat e Apsu são perturbados pelas travessuras ruidosas de seus filhos e procuram destruí-los. Dar à própria Tiamat um nome que significa "barulho" implicaria que, tentando livrar-se do barulho, ela se odeia e está empenhada em se destruir. No mínimo, chamá-la de "criadora de seu barulho" faz dela, em vez de seus filhos, responsável por seu próprio sofrimento.[42]

Em poucas palavras, o plano de Apsu[43] se torna tanto dele quanto de Tiamat. Todo o cenário de emoções, indulgência e proteção de Tiamat é novamente apagado. Não sou capaz de localizar no épico

39. Harris, "The Conflict of Generations in Ancient Mesopotamian Myths", p. 631.
40. Ibid., p. 631, nota 55.
41. A tradução de Dalley, como citamos anteriormente, tem: "E o produtor Tiamat, que deu à luz todos eles".
42. Hurowitz, "Alliterative Allusions, Rebus Writing, and Paronomastic Punishment", p. 78.
43. Podemos até adicionar Mummu, o vizir, que é cúmplice de Apsu, em seu plano de infanticídio, e considerar o plano como o resultado homicida de uma homossocialidade erotizada.

o lugar onde é possível ler que Tiamat tentou "se livrar do ruído" e "tentou destruí-los (os deuses)". É irônico ver como nosso acadêmico do século xx usou o mesmo pretexto que Marduk, confundindo Tiamat e Apsu, e acusando Tiamat de rejeitar a compaixão maternal quando os filhos são "desrespeitosos com os pais" e de ter planejado infanticídio. É também difícil de entender como este épico, cheio de amor, ódio, sofrimento, violência e morte, pode ser interpretado como uma "história cômica". Além disso, Tiamat, a vítima de perturbações insuportáveis e massacre violento, é cruelmente acusada de ser "responsável por seu próprio sofrimento".

Gregory Mobley, em *The Return of the Chaos Monsters: And Other Backstories of the Bible*, de 2012, o exemplo mais recente que temos, também explicitamente pergunta, "[q]uem são os vilões em *Enuma Elis*? Há Tiamat, uma personificação feminina da água salgada, e a gangue de onze monstros".[44] O feitiço de Marduk contra Tiamat parece ter suportado a *longue durée* da recepção de *Enuma Elis*.

## Monstrificação/Feminização de Tiamat

Por mais de cem anos de estudos, variando entre arqueólogos, filólogos, estudiosos da Bíblia e até perspectivas feministas, apenas muito poucos parecem ter notado o aspecto maternal de Tiamat. Até mesmo aqueles que estão conscientes das questões de gênero, como Harris, tendem a considerar Tiamat na melhor das hipóteses como uma figura *femme fatale* demonizada facilmente encontrada em "mitologias patriarcais". Certamente, alguns autores não desviaram os olhos completamente da possibilidade de *não* ver Tiamat como o "vilão", como Budges e Jacobsen

---

44. Gregory Mobley, *The Return of the Chaos Monsters: And Other Backstories of the Bible* (Grand Rapids: Wm. B. Eerdmans Publishing Co., 2012), p. 18.

reivindicaram.[45] Mas quase todos concordam que Tiamat é feminina e representa o caos ou uma força destrutiva que se opõe à ordem ou a força criativa representada pelo masculino Marduk.

Após este breve levantamento da história da recepção de Tiamat nos estudos acadêmicos dos séculos XIX e XX, espero que tenha ficado claro que tais estudos são amplamente responsáveis pela monstrificação e essencialização de Tiamat como o caos feminino. Em outras palavras, Tiamat não nasce, mas *se torna* um monstro feminino. A relação entre monstruosidade e feminilidade é complexa e vale a pena explorar mais. Por "monstrificação de Tiamat", não sugiro que Tiamat é essencialmente "boa" e apenas se monstrifica mais tarde, tal como é argumentado por feministas que aderem à Espiritualidade New Age e ao Movimento da Deusa, ou seja, que a Tiamat feminina se monstrifica tanto no decorrer de *Enuma Elis* quanto em sua história da recepção.

O problema de imaginar um passado matriarcal (representado pela figura materna primordial, Tiamat) mais tarde substituído pelo patriarcado (representado pela vitória de Marduk sobre Tiamat) tem sido criticado por Carol Meyers da perspectiva da arqueologia bíblica e por Zainab Bahrani no contexto da história da arte.[46] A fragilidade de uma análise que considera a monstruosidade de Tiamat, em grande parte, como uma construção posterior ou uma distorção por meio da monstrificação, seja por cosmógrafos babilônios ou por estudiosos modernos, está em não conseguir ver a contingência da feminilidade, que é sempre uma construção, isto é, feminização. Feminização e monstrificação, neste sentido, não existem como um aditivo, mas em uma

---

45. Budge, *The Babylonian Legends of the Creation and the Fight between Bel and the Dragon*, p. 33, nota 1; Jacobsen, *The Treasures of Darkness*, p. 187.

46. Carol Meyers, "Contesting the Notion of Patriarchy: Anthropology and the Theorizing of Gender in Ancient Israel", in *A Question of sex? Gender and Difference in Hebrew Bible and Beyond*, org. Deborah W. Rooke (Sheffield: Sheffield Phoenix Press, 2007), p. 84-105; Zainab Bahrani, *Women of Babylon; Gender and Representation in Mesopotamia* (Londres: Routledge, 2001).

relação mutuamente construída. A questão da feminização e da monstrificação se torna ainda mais complexa quando "maternidade" e "maternalismo" são introduzidos ao mesmo tempo, o que torna qualquer dicotomia fácil totalmente insustentável. Para a lógica moderna/colonial de "ou/e" que estabelece a divisão entre "bem" e "mal", "luz" e "sombra", "nós" e "eles", o termo "maternalismo" parece estar sempre associado ao primeiro. Isto parece ser um dilema principal na recepção moderna de Tiamat.

### "Cortando Tiamat em dois": A monstrificação/ feminização de Tiamat ou o "Monstro mau" contra a "Mãe benevolente"

> Ele coloca sua cabeça, dirigida para cima [ ]
> Nascentes abertas: a água jorrou
> Dos olhos dela ele abriu o Eufrates e o Tigre,
> Fechou suas narinas, [ ]
> De seu úbere ele empilhou montanhas de contornos nítidos,
> Deu à luz a poços de água para drenar a água captada.
> Ele colocou a cauda dela sobre, amarrou-o tão rápido quanto o laço cósmico,
> E [ ] o Apsu sob seus pés.
> Ele colocou a coxa dela para fazer rápido o céu,
> Com metade dela ele fez um teto; ele fixou a terra.
> Ele [ ] o trabalho, fez o interior de Tiamat surgir,
> Espalhou sua rede, fez com que ela se estendesse completamente.
> Ele ... [ ] céu e terra.[47]

Este fragmento do épico reconta a criação do céu e da terra por Marduk após derrotar Tiamat. Também é uma das poucas instâncias em que podemos imaginar Tiamat como um ser semelhante a uma cobra/dragão através da representação de "sua" cauda. Temos uma designação feminina de Tiamat, que também teria um "úbere", um órgão claramente feminino. Este pretenso ato

---

47. Os colchetes estão no original.

heroico de Marduk é extremamente violento, embora frequentemente seja lido como "meramente" metafórico. A violência pura é muitas vezes mascarada como "heroica" ou como o ato "criador" de Marduk, e, portanto, inquestionavelmente bom. No épico assim como nos trabalhos acadêmicos, a violência de Marduk contra o caos altamente feminizado parece ser justificável, já que é alegadamente exercida para impor ordem. Isso novamente depende de uma lógica que nitidamente separa o bem e o mal, cosmos e caos, geração mais nova e geração mais velha, atividade e passividade, masculinidade e feminilidade, que pode ser ironicamente alegórica com o simples ato de Marduk de "cortar Tiamat em dois".

Pelo menos na fase inicial de *Enuma Elis*, Tiamat pode ser vista sem nenhuma ambiguidade como uma mãe cuidadosa e amorosa que se entrega a seus filhos e os protege da ira de Apsu, o "pai". Este momento é em grande parte, senão completamente ou com sucesso, apagado em trabalhos acadêmicos que ansiosamente representam Tiamat como um "enorme dragão de águas caóticas que resiste à ordem"[48] ou como um "dos vilões em *Enuma Elis*".[49] A história mostra seus momentos maternais três vezes. Vamos primeiro revisitar esses momentos, surpreendentemente distorcidos em estudos acadêmicos, sem a necessidade de sofisticada hermenêutica, e seguindo a "evidência textual" como é revelada pelo épico.

Antes de entrar no conflito irrevogável no final da Tábua I,[50] o épico nunca retrata Tiamat como monstruosa ou assustadora. Isso é verdade para os jovens deuses dentro do texto e dentro do corpo de Tiamat, que são destemidamente travessos e fazem barulho de inquietação. De fato, os deuses perturbam Tiamat e agitam seu ventre, mas ela silenciosamente aceita: "Por mais

---

48. Paul S. Evans, "Creation, Progress and Calling: Genesis 1-11 as Social Commentary", *McMaster Journal of Theology and Ministry* 13 (2011), p. 67-100, aqui p. 72.

49. Mobley, *The Return of the Chaos Monsters*, p. 18.

50. A versão que estou usando contém sete tábuas.

grave que seja o comportamento deles para com ela, / Por pior que sejam seus modos, ela iria tolerá-los". Aqui somos apresentados a uma mãe compassiva e indulgente em vez de uma "mãe ruim/progenitora".[51] Entretanto, ela também não é um útero metafórico gigante, sofrendo passivamente.[52] Quando Apsu, o pai impaciente, vai até Tiamat e conta a ela seu plano de infanticídio, ela se enfurece, protegendo ativamente seus filhos da violência paterna. De qualquer modo, por que ele precisaria pedir a permissão de Tiamat, se os poetas babilônios estavam realmente apenas promovendo o patriarcado através da criação de mitos? Esta é uma questão à parte, embora não seja um exagero se Apsu reclama para Tiamat: "Seus jeitos se tornaram muito dolorosos para mim, / Durante o dia não posso descansar, durante a noite não posso dormir", e revela seu plano de assassinato: "Vou abolir seu comportamento e irei dissipá-los!". Então Apsu sugere um benefício para Tiamat: "Deixe a paz prevalecer, para que possamos dormir". Como seria de esperar de uma mãe, Tiamat, depois de escutar seu plano,

> estava furiosa e gritou com seu amante;
> ela gritou assustadoramente e estava fora de si de raiva,
> [...]
> "Como poderíamos permitir que o que nós mesmos criamos perecesse?
> Mesmo que seu comportamento seja doloroso, nós
> devemos suportar pacientemente".

Esta poderia ser a primeira vez no épico em que podemos, apesar das intenções benevolentes, sentir um certo grau de "monstruosidade" devido a sua terrível ira, que até "reprimiu o mal em seu ventre". Este é também o segundo momento em que vemos o desempenho da maternidade de Tiamat. A terceira vez vem

---

51. Harris, "The Conflict of Generations in Ancient Mesopotamian Myths", p. 631.

52. Julia M. O'Brien, org., *The Oxford Encyclopedia of the Bible and Gender Studies* (Oxford: Oxford University Press, 2014), p. 70.

depois da morte de Apsu e antes do alvorecer do combate final contra Marduk. O épico narra que, depois de ouvir o plano de Apsu e Mummu, o deus Ea, "[s]uperior em entender, sábio e capaz", lança um feitiço para matar Apsu e capturar Mummu. Desta vez não temos nenhuma informação sobre Tiamat. Ela parece impiedosamente indiferente à morte de seu amante Apsu, que no início do épico já se misturou com ela, ou seja, tornou-se parte de Tiamat. Segue-se o nascimento de Marduk: "E dentro de Apsu, Marduk foi criado; / Dentro do puro Apsu, Marduk nasceu". Neste momento, Apsu já foi despersonificado e mais uma vez se tornou o oceano de água doce, o que também de alguma forma feminiza Apsu e faz dele/isto um espaço semelhante a um útero. O épico passa várias linhas dizendo-nos quão superior é este deus recém--nascido. "Quatro eram seus olhos, quatro eram seus ouvidos; [...] / Mais alto entre os deuses, sua forma era notável". O culto masculino de exaltar o poder com manifestações concretas está no seu pior nesta representação. Como qualquer rapaz macho, especialmente sendo encorajado por seu avô indulgente, que lhe dá os ventos armados para brincar, Marduk é obrigado a fazer algo impertinente: "Ele fez a onda de inundação e agitou Tiamat. / Tiamat estava atormentada, e agitou-se dia e noite". Novamente Tiamat é condescendente com as transgressões do neto mais novo. Desta vez, são alguns dos deuses filhos que não podem suportar a inquietação deste irmão mais novo ou sobrinho:

> Eles conspiraram o mal em seus corações, e
> Se dirigiram a Tiamat sua mãe, dizendo,
> "Porque eles mataram Apsu seu amante e
> você sentou-se muda,
> Ele criou os quatro, terríveis ventos
> Para agitar o seu ventre de propósito, e simplesmente não
> conseguimos dormir!
> Não estava Apsu, seu amante, em seu coração?
> E (vizir) Mummu que foi capturado? Não é de admirar que você

senta sozinha!
Você não é mãe? Você se agita
Mas e nós, que não podemos descansar? Você não nos ama?"
[...]
Tiamat escutou, e o discurso a agradou.
"Vamos agir agora, (?) como você aconselhou!"

Tiamat está satisfeita com este apelo, que é semelhante a aquele que Apsu fez para eles antes e que, naquele caso, os enfureceu. Ela está tão satisfeita, de fato, que ela decide lutar contra o bando de Marduk pelo mesmo motivo que Apsu lhe deu, "não posso descansar". Enquanto ela havia rejeitado o plano de Apsu, o pai, anteriormente, agora ela está "satisfeita" para agir por seus filhos, apesar dos insultos e zombaria dos deuses mais jovens. Se até então poderíamos ter tido apenas uma vaga sensação da monstruosidade na fúria de Tiamat para com Apsu, é apenas agora que podemos de fato associar a monstruosidade com a ação de Tiamat, pois "ela deu à luz gigantes / cobras, / com dentes afiados e presas impiedosas (?) / Ela encheu seus corpos com veneno no lugar de sangue"; "Quem olhar para eles entrará em colapso completamente / terror!". Mas, devemos assim simplesmente aceitar a conclusão de que Tiamat é um monstro? Devemos ignorar o fato de que este "completo terror" destina-se a proteger seus filhos inocentes da intimidação das gangues perturbadoras lideradas por Marduk, aquele com quatro grandes orelhas e olhos? Devemos então consentir com a pura monstruosidade de Marduk só porque o épico pretende elevá-lo como o herói, representativo da ordem, mesmo ao ponto de glorificar sua batalha com Tiamat como "modelo para todos os confrontos épicos subsequentes entre monstro e herói"?[53]

Mais lamentável ainda é o fato de que se a primeira indulgência maternal foi ignorada, a segunda insurgência motivada por um desejo maternal de proteger os filhos ameaçados de Tiamat

---

53. Mobley, *The Return of the Chaos Monsters*, p. 18.

tem sido consistentemente deturpada como sua vingança pessoal pelo assassinato de seu amante Apsu. Por exemplo, Black e Green resumem a "revolta" de Tiamat como: "Quando Ea matou Apsu, Tiamat determinada a se vingar criou onze monstros".[54] A ameaça de Tiamat à ordem é apenas banida por meio da "luta heroica" de Marduk. Jacobsen, mesmo tendo argumentado corretamente que "quando ela [Tiamat] é finalmente despertada para a ação fatal, é pelo apelo aos seus instintos de proteção maternal – não pela falta de paciência ou indulgência de sua parte",[55] representa o conflito da seguinte forma:

> [S]eus [dos jovens deuses] pais estavam, em seus olhos, agindo injustamente em relação a eles quando Apsu tentou destruí-los; e agora ela, sua mãe, os odeia e está empenhada em atacá-los, como está bem claro por ela estar aqui no meio de um exército totalmente armado por ela.[56]

Esta oposição binária toma a forma de um conflito geracional. Os jovens deuses, aqueles que se opõem tanto a Marduk como ao bando de Marduk, estão juntos, agrupados, em oposição aos "deuses mais velhos", que são Apsu, aquele que realmente procura aniquilar os jovens deuses, e Tiamat, aquela que só age contra Marduk, não um "eles" indiferenciado. As discrepâncias internas tanto das gerações mais novas quanto das mais velhas são reduzidas pelo bem de uma dicotomia de "ordem/jovem contra caos/velho". A narrativa é mais enganadoramente resumida na introdução ao *Enuma Elis* de Takayoshi Oshima:

> Entretanto Ea, da quarta geração de Apsu e Tiamat, sabe do *seu* plano [para exterminá-los] e mata Apsu por meio de feitiçaria [...]. Depois de ter sido acusada de permitir friamente a morte de Apsu, Tiamat decide travar uma guerra contra seus filhos.[57]

54. Jeremy Black and Anthony Green, *Gods, Demons and Symbols of Ancient Mesopotamia: An Illustrated Dictionary* (Londres: British Museum Press, 1992), p. 177.
55. Jacobsen, *The Treasures of Darkness*, p. 187.
56. Ibid., p. 178.
57. Oshima, "The Babylonian God Marduk", p. 352.

Esses breves resumos interpretam inequivocamente a luta de Tiamat-Marduk como uma entre dois grupos antagônicos, Tiamat contra seus netos e, alegoricamente, mulher contra homem, caos contra a ordem. No entanto, alguns trabalhos feministas, notavelmente aqueles do "Movimento da Deusa" ou da Espiritualidade New Age, não parecem seguir este raciocínio dicotômico. Eles acreditam em uma deusa-mãe primordial e encontram seu porto seguro no Antigo Oriente Próximo, que acredita-se ser o lar de um passado matriarcal reprimido pelo patriarcado. Nessa concepção, Tiamat é vista, sem dúvida alguma, como a mais eminente deusa mãe matriarcal, e *Enuma Elis* é consequentemente lida como uma história do patriarcado derrotando o matriarcado ou o culto à deusa,[58] certamente um documento cultural, "que é [...] ao mesmo tempo bárbaro".[59] À luz deste argumento, Tiamat é frequentemente representada essencialmente como uma mãe amorosa, enquanto seu aspecto mais maligno acredita-se ser um resultado da distorção patriarcal (monstrificação).

Esse tipo de interpretação é igualmente problemático. A interpretação do culto à deusa divide arbitrariamente (ou, podemos dizer, corta violentamente) Tiamat em duas características supostamente incompatíveis: por um lado, uma mãe benevolente, e, por outro, um monstro mau. Assim como Marduk criou o mundo esquartejando o corpo de Tiamat para formar o céu e a

---

58. Tais pontos de vista podem ser encontrados em blogs de "culto à deusa", tais como: "Goddess Tiamat", *Journey into the Goddess*, 30 jul. 2012; "Tiamat: Lady of Primeval Chaos, the Great Mother of the Gods of Babylon", *Gateways to Babylon*; and Warlok Asylum, "The Worship of Tiamat in Ancient History", *Warlock Asylum International News*, 17 set. 2010, todos disponíveis online. Para trabalhos acadêmicos na mesma linha, veja, por exemplo: Bettina Liebowitz Knapp, *Women in Myth* (Nova York: State University of New York, 1997); Ruby Rohrlich, "State Formation in Sumer and the Subjugation of Women", *Feminist Studies 6*, n. 1 (1980), p. 76-102; e Marti Kheel, "From Heroic to Holistic Ethics: The Ecofeminist Challenge", in *Ecofeminism: Women, Animals, Nature*, org. Greta Gaard (Filadélfia: Temple University Press, 1993), p. 243-71. Para uma introdução geral sobre o intimamente relacionado "ecofeminismo", veja o trabalho fundador de Susan Griffin, *Women and Nature: The Roaring inside Her* (Nova York: Harper & Row, 1978).

59. Walter Benjamin, "Theses on the Philosophy of History", in *Illuminations: Essays and Reflections*, trad. Harry Zohn, org. Hannah Arendt (Nova York: Schocken Books, 1969), p. 253-64, aqui p. 256.

terra, a "boa mãe" genuína do início do mito se transforma "em um tipo de personalidade negativa e destrutiva durante o transcorrer do mito [que] sinaliza uma mudança cultural e psicológica brusca de [sic] uma tendência quase matriarcal para patriarcal na Babilônia".[60] Este argumento antipatriarcal involuntariamente reinscreve a própria lógica dicotômica falogocêntrica[61] através de uma aceitação descuidada de um tipo de "mãe ideal" original, que apenas se entrega e resiste ao sofrimento. Qualquer coisa contrária a essa expectativa está condenada a ser interpretada como uma monstruosidade feminina representando o caos ou como uma vítima monstrificada pela conspiração patriarcal.

O que foi sacrificado neste relato é a complexidade da maternidade de Tiamat, que envolve amor e monstruosidade.[62] Mais perigoso ainda é o fato de que a profunda lógica falogocêntrica hegemônica que subscreve a dicotomia hierárquica de gênero é deixada inquestionável. Se Braidotti está certa em apontar que a "misoginia do discurso não é uma exceção irracional, mas um sistema firmemente construído que reivindica a diferença como

---

60. Knapp, *Women in Myth*, p. 21.

61. Para uma discussão sobre "falogocentrismo", uma combinação de logocentrismo e falocentrismo, ver Parte 0 e Parte II neste volume.

62. Como este trabalho tem a intenção de se aproximar do "interior" do antigo texto, intencionalmente não se envolve intrinsecamente com os trabalhos estimulantes dos "estudos de monstros". Entretanto esse volume compartilha com a visão crítica deste excitante campo, especialmente aqueles com energias críticas do feminismo, teoria *queer*, e estudos raciais críticos. Leitores interessados em monstros e monstruosidade, vejam Jeffrey Jerome Cohen, org., *Monster Theory: Reading Culture* (Minneapolis: University of Minnesota Press, 1996) e, mais recentemente, Asa Simon Mittman e Peter J. Dandle (orgs.), *The Ashgate Research Companion to Monsters and the Monstrous* (Londres: Routledge, 2012); monstros e o monstruoso têm sido, pelo menos no Ocidente, intrinsecamente ligados com aquilo que a cultura branca masculina dominante considera "outro": mulheres, *queer*, pessoas racializadas, e a classe operária, ver Julia Kristeva, *Pouvoirs de l'horreur: Essai sur l'abjection* (Paris: Seuil, 1980); Jack (depois Judith) Halberstam, *Skin Shows: Gothic Horror and the Technology of Monsters* (Durham: Duke University Press, 1995); e Christina Sharp, *Monstrous Intimacies: Making Post-Slavery Subjects* (Durham: Duke University Press, 2010). Sobre a questão intimamente relacionada da monstruosidade com a maternidade, visto pelas lentes da psicanálise, ver Sabrina Spielrein, "Destruction as the Cause of Coming into Being", *Journal of Analytical Pshychology* 39, n. 2 (1994), p. 155-86, entre outros.

pejorativa para construir a positividade da norma",[63] a representação misógina de Tiamat como pura monstruosidade resulta de uma necessidade, na própria lógica da diferença, de exaltar a positividade de Marduk, que é construído nesse processo como a norma/ordem em oposição à diferença estigmatizada da monstruosidade/caos. Assim a feminização corre junto com a monstrificação. Na mesma análise, que intencionalmente combina "Mães, Monstros, e Máquinas", Braidotti aponta sucintamente que

> o ódio pelo feminino constitui a economia falogocêntrica induzindo em ambos os sexos o desejo de alcançar a ordem, por meio de um padrão único para ambos. Enquanto a lei do Um estiver em operação, também estará a difamação do feminino, e, com isso, das mulheres.[64]

Sem esclarecer o mecanismo interno do falogocentrismo ou "patriarcado", simplesmente reverter suas polaridades continuará tornando-a vítima desta lógica prejudicial. Voltando a nossa metáfora anterior, a estratégia inversa da crítica do culto à deusa à "monstrificação patriarcal" de Tiamat igualmente a dividiu em duas partes incompatíveis, Tiamat como a deusa-mãe amorosa "original" ou "autêntica" e a Tiamat que se torna o monstro letal por causa de uma "distorção misógina". A respeito deste assunto, os textos antigos deixam uma ambiguidade imensa que não pode ser facilmente categorizada como "falogocêntrica" ou "patriarcal", embora Marduk pareça lutar com sua arma-pênis.[65] A ambiguidade ou *queerness* de Tiamat, que será discutida no próximo capítulo, é alcançada precisamente por meio da mistura entre maternalismo e monstruosidade, espaço aquoso e personificação corporificada. Se tomarmos o "texto" como um todo orgânico, instável e "caótico" ao invés de um texto separável (ou "ordenado")

---

63. Rosi Braidotti, *Nomadic Subjects: Embodiment and Sexual Difference in Contemporary Feminist Theory* (Nova York: Columbia University Press, 1994), p. 80.

64. Ibid., p. 81.

65. Ver Ilona Zsolnay, org., *Being a Man: Negotiating Ancient Constructs of Masculinity* (Londres; Nova York: Routledge, 2017).

em um início quase-matriarcal e um final patriarcal, poderíamos então ler o épico contra seu esquema falogocêntrico sem fortalecer a ereção da positividade de Marduk (em nome da ordem do caos) ou da Mãe Tiamat (em nome do matriarcado antes do patriarcado). O texto agitado pode ser, mais além, lido como se parecesse o corpo aquoso de Tiamat, que já é sempre misturado com Apsu, dentro do qual Marduk nasce e é erigido como o poder supremo.[66] Afinal, como podemos separar a água doce "pai" e a água salgada "mãe", se eles formam um todo desde o início?

Antes de discutirmos no próximo capítulo o que chamo de Tiamat-Apsu *queer* (substituindo o "/" por "-"), é necessário dedicar uma última parte à discussão da questão complexa da maternidade e da monstruosidade. Monstruosidade e maternalismo são incompatíveis? Ou podem duas características alegadamente incompatíveis existirem em um sujeito? Precisamos realmente nos decidir entre a "boa mãe" e o "monstro ruim", ou encontrar uma razão pela qual os dois estão juntos em uma entidade?

## Maternidade e monstruosidade: A complexidade irredutível

*Enuma Elis* serviu à ideologia altamente sexista do Estado babilônico, um argumento sustentado pelo épico, por exemplo em declarações abertamente misóginas como: "Por mais forte que seja a força de uma mulher, não é igual a de um homem", ou "Meu filho, (você não percebe isso) é a Tiamat, do sexo feminino, que irá avançar contra você / com seus braços?". Ruby Rohrlich argumenta que a formação do Estado mesopotâmico, primeiro na Suméria e depois na Babilônia, "era uma interação complexa

---

66. E no capítulo 2 irei avançar a discussão do "instável" e "caótico" no texto babilônico como um pretexto para o Gênesis bíblico e os esforços teológicos pós-bíblicos de limpá-lo de seu início monoteísta caótico e de sua religiosa origem "pagã", em oposição a doutrina da *creatio ex nihilo* fundamental não apenas para a teologia Cristã ortodoxa mas também para a lógica colonial.

entre os processos da estratificação de classe, militarismo, patriarcado e consolidação política".[67] Seguindo este argumento, o suave tom colonial de *Enuma Elis* é revelado especialmente quando Marduk, divindade padroeira do Estado babilônico, demanda o reconhecimento e sua legitimação e supremacia sobre todas as *outras* divindades e é confirmado em suas reivindicações:

> E deixe-me [Marduk], minhas próprias palavras, consertar o destino em vez de você.
> Tudo o que eu criar nunca deverá ser alterado
> [...]
> "Que a sua expressão seja lei, que sua palavra nunca seja falsificada.
> Nenhum dos deuses transgredirá os seus limites.
> Que o legado, necessário para o santuário dos deuses
> Onde quer que eles tenham templos, seja estabelecido para o seu lugar".

Oshima argumenta que "à medida que o poder político da Babilônia crescia, o mesmo acontecia com a posição do seu deus nacional, Marduk, que também foi gradualmente elevado dentro do sistema religioso politeísta da Babilônia".[68] O significado político da petição de Marduk pela supremacia em conformidade com uma lógica patriarcal, que literalmente suprime o que é considerado ao mesmo tempo feminino e caótico, não pode ser mais claro. Mas poderíamos ou deveríamos assumir que tal política falogocêntrica é completada com sucesso no épico? Deveríamos fundir o pronunciamento volitivo da supremacia de Marduk, que na verdade deveria ser renovada anualmente durante o Festival de Ano Novo por reiteração e repetição, com a narrativa indicativa do épico sobre como as coisas realmente eram?

Mesmo que – apesar de sua necessidade de renovação, o que implica uma falha em potencial ou uma ameaça constante – devêssemos aceitar a misoginia de *Enuma Elis*, a teoria que vê a

---

67. Rohrlich, "State Formation in Sumer and the Subjugation of Women", p. 98.
68. Oshima, "The Babylonian God Marduk", p. 348.

monstruosidade de Tiamat como meramente uma monstrificação/distorção patriarcal ainda é comprada por um preço, ou seja, privar Tiamat de sua própria agência e sua própria decisão de ser maligna. Dividir Tiamat em o "monstro mau" que mata ou a "boa mãe" que protege, duas entidades supostamente incompatíveis, é o resultado da lógica categórica moderna colonial, incapaz de compreender a coexistência de duas características supostamente opostas.

Em um contexto diferente, Richard Rory afirma que "não se encontra ninguém que diga que duas opiniões incompatíveis em um tópico importante são igualmente boas".[69] A incompatibilidade alegada de "maternidade" e "monstruosidade" não permite que sejam "igualmente boas" em uma figura, Tiamat. Ela/isto tem que ser ou um monstro letal ou uma mãe amorosa. Os misóginos escolhem aceitar o primeiro, enquanto os "adoradores de Tiamat" ficam com o último. Esta lógica do "e/ou" requer que os pesquisadores ou ignorem univocamente a Tiamat benevolente, reiterando sua monstruosidade, ou procurem a razão pela qual a mãe essencialmente boa é mais tarde monstrificada. Se as primeiras leituras são explicitamente sexistas, os últimos contra-argumentos, uma vez examinados de perto, também parecem reproduzir a mesma lógica dicotômica, típica do patriarcado que procuram nominalmente se opor.

Nós vimos os esforços contínuos para interpretar a batalha entre Tiamat e Marduk como a batalha entre o caos e a ordem e a vitória de Marduk como a derrota do caos, uma interpretação que pode ser rastreada aos primeiros estudos modernos do épico. O primeiro esforço feminista de ler o épico como uma reflexão textual da mudança histórica entre o (quase-)matriarcado para o patriarcado é projetado para neutralizar a naturalização do patriarcado que se apresenta como inevitável. Esta "estratégia epistemológica

69. Richard Rorty, *Consequences of Pragmatism* (Minneapolis: University of Minnesota Press, 1982), p. 166.

colonizadora que iria subordinar diferentes configurações de dominação sob a rubrica de uma noção transcultural de patriarcado"[70] é contestada na arqueologia. Estudando representações artísticas na antiga Babilônia, Bahrani argumenta em *Women of Babylon* que "o matriarcado pré-histórico é uma construção mítica, parte integrante da mesma narrativa patriarcal que deseja derrubar".[71]

O que é mais lamentável é que as leituras a favor ou em oposição a Marduk infelizmente aderiram à mesma lógica dicotômica, colaborando com um *falogocêntrismo* que está *longe* de ser instalado com sucesso no épico. A repetição do relato de criação do épico tanto na Babilônia quanto através de trabalhos acadêmicos, que confundem volição com realidade, tem performativamente "atribuído e instalado" o "patriarcado" que a primeira declaração antecipa e ao qual mais tarde a crítica feminista tenta se opor.

Entretanto, a "divisão" de Tiamat em *Enuma Elis* e na história da recepção nunca é e nunca poderá ser concluída. O "monstro" sempre retorna.[72] Por essa mesma razão, os reis da Babilônia consideraram necessário reiterar e renovar Marduk como a supremacia da Babilônia todos os anos. Porque até mesmo a Bíblia, que é muitas vezes vista reivindicando uma supremacia absoluta de Yahweh em sua linearidade da criação à revelação, teria que enfrentar uma "ameaça" recorrente do dragão do mar, seja no nome de Leviatã ou Satanás, uma forma de *l'éternel retour*:

> Ele segurou o dragão, aquela serpente antiga, que é o Diabo e Satanás,
> e amarrou-o por mil anos; e lançou-o no abismo,[73] e calou-o, e colocou

---

70. Judith Butler, *Problemas de gênero: feminismo e subversão da identidade* (Rio de Janeiro: Civilização Brasileira, 2018).

71. Bahrani, *Women of Babylon*, p. 17.

72. Ver Jon D. Levenson, *Creation and the Persistence of Evil* (San Francisco: Harper & Row Publishers, 1988); Jeffrey J. Cohen, "Monster Culture (Seven Theses)", em *Monster Theory: Reading Culture*, org. Jeffrey J. Cohen (Minneapolis: University of Minnesota Press, 1996), p. 3-25; Mobley, *The Return of the Chaos Monsters*.

73. Aqui, o "abismo", etimologicamente e semanticamente nos relembra o *tehom* primordial antes da criação de Deus na Gênesis 1.

um selo sobre ele, para que ele não enganasse mais as nações até que os mil anos terminassem. Mas depois dessas coisas é necessário que ele seja solto por um pouco de tempo. (Revelação 20:1-3)

Além da alegada distorção patriarcal de Tiamat, vamos ler de perto este momento particular após o qual ela/isto entra em batalha contra Marduk, e reexaminar as características aparentemente incompatíveis de Tiamat. Talvez, nesta etapa, deva enfatizar que esta leitura tenta ir *abaixo de* em vez de acima das leituras anteriores, que vejo estarem capturadas na lógica do "ou/e". "Abaixo" contorna a conotação transcendental e supersessionista do "acima", e mais importante, sugere uma adesão ao espaço *queer* (e Apsu) que está lá. Lemos: "Dentro do puro Apsu, Marduk nasceu". Ele começa a fazer barulho dentro do ventre de Tiamat como fizeram os outros deuses antes. Isto quer dizer, enquanto ele "nasce dentro de Apsu", ele também se mantém dentro do corpo aquoso de Tiamat, o que não deveria ser surpreendente, porque, como temos exposto repetidamente, as águas de Apsu e Tiamat foram misturadas em uma desde o início. Se seguirmos estas águas primordialmente misturadas na medida em que elas estão eternamente presentes, os esforços para separá--las e destruir sua unidade, seja pelos fortes ventos de Marduk ou pela categorização moderna/colonial, estão fadados a falhar.

Mas agora vamos deixar essa questão por um momento e continuar nosso relato. A turbulência de Marduk dentro de Tiamat irrita os outros deuses. Isso nos deixa imaginando *onde* estes deuses estão efetivamente, mas, estranhamente, Jacobsen se pergunta sobre *a razão* do incômodo deles, sugerindo que "este[s] deuses questionadores (aqueles contra Marduk) eram um grupo de divindades que por alguma razão estavam do lado de Tiamat".[74] A quem mais uma criança poderia recorrer, senão à mãe, especialmente se o pai estiver morto?

74. Jacobsen, *The Treasures of Darkness*, p. 173.

Os filhos, perturbados, de maneira egoísta acusam sua mãe de trair seu "amante" e friamente zombam dela: "não é de admirar que você senta sozinha". Porém, "Tiamat ouviu, e a fala agradou-a". É esta a reação que deveríamos esperar de um "dragão feminino, rainha de um anfitrião hediondo, que é hostil com os deuses"?[75] Os jovens deuses claramente sabem que não estão enfrentando um monstro maligno, mas uma mãe indulgente que não ficaria com raiva como fez com uma queixa semelhante de Apsu. Ela está tão satisfeita de ouvir sua petulância infantil que concorda com sua petição para punir o intimidador Marduk. Se tivermos em mente a inseparabilidade de Apsu e Tiamat, a raiva de Tiamat contra Apsu teria uma reviravolta inesperada. Poderíamos perguntar se esta raiva é direcionada a aquilo que Julia Kristeva chama de *étranger à nous-mêmes*.[76] Até mesmo para Marduk e seu pai Ea, é uma surpresa que a mãe Tiamat deva preparar uma guerra contra eles:

> Ea ouviu aquela notícia,
> E ficou estupefato e sentou-se em silêncio.
> Quando ele ponderou e sua fúria diminuiu,
> Ele foi para Anshar, seu pai;
> [...]
> E começou a repetir para ele tudo o que Tiamat havia planejado.
> "Pai, Tiamat que nos deu à luz está nos rejeitando!
> Ela convocou uma assembleia e está enraivecida fora do controle.
> Os deuses se voltaram para ela, todos eles,
> Até mesmo aqueles que você gerou passaram para o lado dela,
> [...]"

Na versão francesa, "Tiamat que nos deu à luz" é traduzido explicitamente como "Tiamat, nossa mãe".[77] Finalmente, a batalha é relatada aos tataravós de Ea: "Lahmu e Lahamu ouviram e

---

75. Barton, "Tiamat", p. 12.
76. Julia Kristeva, *Étrangers à nous-mêmes* (Paris: Librairie Arthème Fayard, 1988).
77. Talon, *The Standard Babylonian Creation Myth Enûma Eliš*, p. 83: "Tiamat, notre mère".

gritaram em voz alta. / Todos os Igigi gemeram terrivelmente".[78] Eles perguntaram: "O que fizemos de tão errado que ela tomou esta decisão contra nós?".[79] Pela mesma razão, Ea está confuso e permanece em silêncio. O bando de Marduk também considera Tiamat sua mãe, e por esse mesmo motivo eles ficam chocados e entristecidos ao saber que a mãe que uma vez tolerou o seu barulho e os salvou da ira de Apsu agora "reunia batalhões contra os deuses / sua prole [e] fazia ainda mais mal para a posteridade que Apsu". Até mesmo Marduk declara: "Simplesmente porque os filhos foram barulhentos (e) / desrespeitosos com seus pais, / Deveria você, quem lhes deu à luz, rejeitar / compaixão", ou como diz a versão francesa, novamente de forma mais explícita: "As crianças fizeram barulho (isto é verdade), eles intimidaram seus pais / mas você, *sua mãe*, você abandonou toda a compaixão!".[80]

Dentro do corpo de Tiamat, dentro do épico, ambos os grupos assumem a maternidade de Tiamat. Todos eles lembram Tiamat, "você não é mãe?" e "deveria você, que deu à luz todos [*leur mère à tous*], rejeitar a compaixão?". Os jovens deuses, tanto aqueles que estão ao lado dela quanto aqueles que finalmente lutam contra ela, em nenhum sentido a veem como um monstro/caos primordial ameaçador. O trocadilho "mãe",[81] ou seja, mãe como outro, o qual só funciona na língua inglesa, é, portanto, na melhor das hipóteses apenas parcialmente verdadeiro em *Enuma Elis*.

Afinal, Tiamat não pretende "matar" todos os seus filhos, mas tenta eliminar a parte perturbadora para salvar os inocentes. Os

---

78. "Lahmu e Lahamu" são os primeiros a nascerem de Apsu e Tiamat, isto quer dizer, os tataravós de Ea, pai de Marduk. "Igigi" são os deuses em geral.

79. Talon, *The Standard Babylonian Creation Myth Enûma Eliš*, p. 90: *Qu'avons-nous fait de mal pour qu'elle ait pris à notre égard une telle décision?* Todas as traduções da língua inglesa para fontes em outras línguas, salvo indicação, são do autor.

80. Ibid., p. 93, ênfase do autor. *Les enfants ont crié (c'est vrai), ils ont malmené leurs pères / mais toi, leur mère à tous, tu as rejeté toute pitié!*

81. No texto original o autor usa um trocadilho em inglês, *(m)other*, que, como ele mesmo coloca mais adiante, só é possível em inglês. Optamos por manter a tradução "mãe" para melhor compreensão do contexto. Mas vale lembrar que aqui o trocadilho implica no sentido de mãe como outro (*other*). [N. T.]

estudos que identificam Tiamat como essencialmente monstruosa assumiram a lógica materna[82] para que os "momentos maternais" benevolentes antes da batalha entre Tiamat e Marduk fossem aceitos como contradições internas para serem esquecidos. Se a natureza essencial da feminilidade é vista como monstruosa (e o monstruoso, como feminino), buscando se opor à ordem, supostamente representada e restaurada por Marduk, então os momentos benevolentes do início do épico só podem ser vistos como um engano temporário. Alternativamente, esses momentos benevolentes são lidos como sua identidade "real", só mais tarde distorcidos no épico. Na análise de Bettina Knapp, "Tiamat [...] não é retratada como uma força monstruosa no início do mito, ela é difamada por mitólogos, filósofos, críticos e literatos depois que ela assume uma posição de confronto".[83]

Marduk parece já ter definido as regras do jogo para os mitólogos (e até certo ponto, também para algumas intérpretes feministas). Ouça o que ele tem a dizer para Tiamat, sobre esta "discrepância" em Tiamat, "antes" e "depois": "Enquanto você mostrou boa vontade antes / agora seu coração está conspirando para montar um ataque".[84] O problema daquelas interpretações misóginas não é talvez o fato de que eles intencionalmente monstrificaram Tiamat em uma espécie de conspiração patriarcal. Uma teoria da feminilidade essencialmente monstruosa que ameaça a ordem masculina não precisa de *Enuma Elis* para apoiar a sua reivindicação. Neste cenário, qualquer evidência contrária à representação monstruosa de Tiamat teria sido apagada como irrelevante ou simplesmente esquecida. Maternidade e monstruosidade não se opõem na natureza (como a crítica feminista gostaria), tampouco correm juntas (como o relato misógino gostaria).

---

82. Aqui o autor volta a usar o trocadilho *(m)other*. [N. T.]

83. Knapp, *Women in Myth*, p. 21.

84. Talon, *The Standard Babylonian Creation Myth Enûma Eliš*, p. 93: *alors qu'avant tu manifestais de bons sentiments, / maintenant ton cœur complote-t-il de lancer l'assaut?*

\*\*\*

Neste capítulo, revisitamos a narrativa complexa de *Enuma Elis*, especialmente sua ambiguidade a respeito da figura da "mãe", Tiamat, e sua relação com seu amante, Apsu, e os jovens deuses, seus filhos. Como mostrei, a recepção moderna do épico amplamente simplificou e essencializou Tiamat. Na verdade, parece que a figura complexa que é ao mesmo tempo a água salgada primordial misturada com a água doce e a personificação da mãe primordial "que deu todos à luz" foi consolidada na academia como o monstro. Os momentos benevolentes "maternais" de Tiamat ou foram ignorados por aqueles que ansiosamente a associam com o caos, ou simplificados demais como sua "verdadeira identidade", notavelmente pelas feministas da deusa que sustentam que a representação maligna de Tiamat é o resultado de distorções misóginas. No fim, nenhuma das interpretações é satisfatória. Ao assumir a separabilidade das características supostamente incompatíveis de Tiamat, ambas as críticas, antifeminista e feminista, continuaram a violência de Marduk de dividir Tiamat em dois. No entanto, a divisão de Tiamat *dentro* do épico é dificilmente bem-sucedida, se seguirmos de perto a narrativa de que *tudo* acontece dentro de Tiamat(-Apsu), e se situarmos o épico em seu ritual de renovação no Festival de Ano Novo. O outro tipo de divisão de Tiamat, em sua recepção acadêmica, tampouco está completa; a dicotomia "boa/materna"-"má/monstruosa" imposta sobre Tiamat é principalmente sustentada pela lógica categórica da modernidade/colonialidade, ao invés de o próprio épico.

Por último, mas não menos importante, se "dividi" a água misturada Tiamat-Apsu em dois, para que estejam separados com uma barra ao invés de estarem ligados por um hífen, fiz isso conscientemente. A(s) água(s) misturada(s) de Tiamat e Apsu é/são ao mesmo tempo separadas e unidas, porém inundando todo o épico abundantemente, *abaixo* da lógica do "e/ou". Isto não deve ser confundido com a mistura indiferenciada das duas águas separadas. Estudos que confundem Tiamat com Apsu frequentemente fazem isso ao preço de acusá-la com a mesma crueldade infanticida de Apsu. O desafio que Tiamat-Apsu nos apresenta é como mover-se abaixo não apenas da lógica da exclusividade "e/ou" que as críticas anteriores procuram derrubar ou reverter, mas também abaixo da lamacenta solução rápida "ambos... e". *Enuma Elis*, distinto das diferenças intransponíveis da lógica moderna/colonial, nos oferece ricas intuições para repensar além de ambos "e/ou" e "ambos... e" e *abaixo* do "além" transcendental.

Aderindo ao interior luxuriante da mistura de Tiamat-Apsu, a fusão das águas primordiais de *Enuma Elis*, vamos dar um passo adiante no próximo capítulo e habitar na inseparabilidade de Tiamat-Apsu, para investigar o que esta mistura implica e discutir as divinas águas *queer* de Apsu-Tiamat(-Mummu).

# As divinas águas *queer*

有物混成先天地生。寂兮寥兮独立不改，
周行而不殆，可以为天地母。
-- 道德经 -- 第二十五章 老子[1]

Os nossos deuses são *queer*, porque eles
são o que queremos que eles sejam.

MARCELLA ALTHAUS-REID, *Indecent
Theology*[2]

O romance chinês 四游记 (*Jornada ao Oeste*) de Wu Chen'en da Dinastia Ming (séc. XIV-XVII EC) começa com uma bagunça celestial criada por um macaco impertinente mas poderoso, o "Grande Sábio" Rei Macaco, que se revolta contra os deuses. O Buda Tathāgata (如来) captura-o, mas aposta com ele que, se ele conseguir voar para fora da mão direita do Buda com um único salto mortal, ele não será punido pela revolta. O Rei Macaco consegue alcançar 36 mil milhas com um único salto mortal, e pensa consigo mesmo que o Buda deve ser um idiota, pois sua mão tem menos de um pé de largura! Ele dá o salto, pensa que já está no fim do céu e assim deixa uma inscrição como prova. Ele escreve: "齊天大聖到此一游" ("O grande sábio que é igual ao céu

---

1. "Algo caótico e confuso é formado antes do céu e da terra, tão tranquilo e tão frágil porém independente e imutável. Circula e nunca acaba. Pode ser considerada a mãe de todos". Daodejing, capítulo 25.
2. Marcella Althaus-Reid, *Indecent Theology: Theological Perversions in Sex, Gender and Politics* (Londres: Routlegde, 2000), p. 67.

esteve aqui"), em um dos cinco pilares gigantes diante do qual ele também urina. Ele volta e o Buda diz a ele: "Você nunca saiu da palma da minha mão!". O Grande Sábio recusa-se a acreditar nele, olha para a mão direita do Buda e vê sua inscrição no dedo do meio do Buda, onde também se sente o cheiro da fedorenta urina de macaco. O nome Tathāgata (如来), que significa "aquele que alcançou a plena realização da talidade (Tathā-ta) [... e que] não vem de lugar nenhum [...] nem vai a lugar algum",[3] já deveria ter avisado o Rei Macaco da onipresença do Buda. Ela/e está além do tempo e do espaço, e certamente além do gênero.

Se o corpo do Buda metaforicamente representa o cosmos além dos limites do espaço e do tempo concebíveis, o relato da revolta do Rei Macaco e seu subsequente fracasso em escapar da palma do Buda é uma alegoria da ordem natural onipresente. Esta harmonia máxima ou ordem é apenas temporariamente interrompida pelo caos fedorento que tenta em vão conquistá-la. *Jornada ao Oeste* oferece um entendimento que é aparentemente o oposto do *Enuma Elis* babilônico. O Rei Macaco é aquele que tenta induzir o caos através da "cultura", incluindo a escrita, sobre a natureza harmoniosa e ordenada, enquanto Marduk, também representando a cultura, é aquele que traz a ordem subjugando Tiamat/natureza, que, como resultado desta ordem imposta, torna-se conhecida como o caos que deve ser domesticado. O texto chinês vê a natureza representada pelo Buda como uma "ordem como tal". 自然, a palavra em Chinês para "natureza", coincide filosoficamente com a ideia do nome sânscrito do Buda Tathāgata. O texto babilônico *parece* sugerir o contrário; que a "natureza" representada como Tiamat (e Apsu) é caótica e, portanto, deve ser organizada por uma ordem "justa" representada por Marduk, que, aliando-se à "cultura", conquista-a não apenas com um feitiço, mas também com armamento.

---

3. K. Krishna Murthy, *A Dictionary of Buddhist Terms and Terminologies* (Nova Delhi: Sundeep Prakashan, 1999), p. 41.

Esta comparação rápida dos dois textos instaura uma dicotomia entre caos e ordem, cultura e natureza, como se fossem entidades a-históricas, separáveis e autossuficientes. Colocando as duas histórias culturalmente diversas juntas, podemos ver, pelo menos, como diferentes culturas entendem esses pares supostamente dualistas de maneiras diferentes e até contraditórias. No entanto, nem a narrativa chinesa nem o *Enuma Elis* babilônico, ao que parece, assumiram uma separação dualista, cuja sustentação da lógica de oposição binária pode ser estendida para natureza/cultura, passividade/atividade e feminilidade/masculinidade na modernidade. O Rei Macaco, o "Grande Sábio" do gênero masculino, e também Marduk do gênero masculino representam uma injeção temporária (vista como caos ou ordem) na "natureza como tal" ou 自然 (visto como ordem ou caos). Expressando isso na linguagem da teoria da complexidade, como coloca Edgar Morin, "desordem [...] é a dispersão generalizada e a ordem [...] é uma restrição arbitrária imposta sobre a diversidade".[4] Em ambos os textos, o chinês e o babilônico, entretanto, a assim chamada ordem e desordem são conceitos intercambiáveis. O que está em jogo é como a voz dominante promove a "dispersão generalizada" e/ou a "arbitrariedade imposta".

Enquanto o Buda Tathāgata é do gênero masculino, dada a figura histórica do fundador do budismo, Sidarta Gautama, mas, em última análise, transcendental em termos de gênero, Tiamat é do gênero feminino, dada a personificação maternal do mar primordial no épico da criação babilônico, mas em última análise é instável e não categorizável. Pesquisadores do antigo Oriente Próximo nos lembram que "o sexo de um deus não é atribuído com base em sua genitália, nem o gênero de um deus é atribuído baseado na genitália dele ou dela.".[5] Este capítulo examinará

---

4. Edgar Morin, *Introdução ao pensamento complexo* (Porto Alegre: Sulina, 2015).

5. Julia M. O'Brien, org., *The Oxford Encyclopedia of the Bible and Gender Studies* (Oxford: Oxford University Press, 2014), p. 70.

vários momentos nessa vasta e complexa variedade de culturas e histórias muito diversa, instável e muitas vezes confusa do gênero (e des-gênero) das figuras divinas primordiais associadas à água, de Nammu, a deusa-mãe oceânica Suméria, e da babilônica Tiamat-Apsu ao "profundo" *tehom* bíblico.

Enquanto os sumérios personificam seu oceano primordial "o Apsu" com uma figura de deusa-mãe Nammu, Tiamat de *Enuma Elis* assume o gênero masculino na Tábua II quando ela se prepara para a guerra com Marduk: "Tiamat agregou suas criaturas / E coletou um batalhão contra os deuses / seus filhos". No Gênesis bíblico pós-babilônico, o profundo *tehom* primordial, mesmo que morfologicamente parecido com "Tiamat", é semanticamente relacionado a "Apsu".[6] Em vez de tentar resolver as confusões das fontes mitológicas flutuantes, iremos vagar para frente e para trás com Tiamat-Apsu de *Enuma Elis* e investigar a *queerness* deste espaço aquoso misturado, resistente e de gênero indistinto. Como da palma inescapável de Tathāgata, a Tiamat "caótica" e *queer* parece assombrar constantemente a supremacia autonomeada e a integridade de Marduk. Veremos como estas divinas águas *queer* podem vazar em nosso tempo e nutrir nossa imaginação para diferentes, senão "novas", formas de pensar, corporificando e praticando *queerness*.

---

6. David Toshio Tsumura, *The Earth and the Waters in Genesis 1 and 2: A Linguistic Investigation* (Sheffield: Sheffield Academic Press, 1989), p. 62.

# Águas primordiais

Antes do "início", lá no fundo, sempre há outros mundos. *Enuma Elis*, neste caso, não reivindicou ser um início absoluto. Antes de *Enuma Elis*, os sumérios tinham sua mitologia. Samuel Kramer afirma que "a origem suméria de *Enuma Elis* é óbvia e certa".[7] Nammu, "escrito com o ideograma para 'mar', é descrito como 'a mãe que deu à luz o céu e a terra'".[8] No mito *Enki e Ninmah*, Enki, o deus supremo, nasce de Nammu no *abzu*, o mar primordial e a própria Nammu. Mudando um pouco seu nome, Enki, mais tarde, em *Enuma Elis* se torna Ea, ouve por acaso o plano infanticida de Apsu e Mummu e consegue matá-los. Ea então constrói sua "morada" no *apsu* depois de matar Apsu, a personificação de *apsu/abzu*.[9] Similar ao Enki sumério, o filho de Ea, Marduk, o suposto deus herói, nasce e permanece no *apsu*. No *Código de Hamurabi*, que marca o poder supremo da Babilônia na região, temos uma espécie de sincronização do panteão mesopotâmico com a elevação de Marduk à posição de seu deus patrono:

> Quando o augusto deus Anu, rei das divindades Anunnaku, e o deus Enlil, senhor do céu e da terra, que determina o destino do solo, atribuiu o poder supremo sobre todos para o deus Marduk, o primogênito do deus Ea, exaltou-o entre as divindades Igigu, nomeou a cidade da Babilônia com o nome do augusto e tornou-o supremo dentro das regiões do mundo, e estabeleceu para ele dentro do seu reinado eterno cuja fundação está estabelecida como o céu e a terra.[10]

7. Samuel Noah Kramer, "The Babylonian Genesis: The Story of Creation by Alexander Heidel", *Journal of American Oriental Society* 63, n. 1 (1943), p. 69-73, aqui p. 70, nota 3. Em uma análise de um dos maiores estudos e traduções clássicas de *Enuma Elis* de Alexander Heidel, Kramer assinala que o único problema com o estudo de Heidel é que ele não estudou a mitologia suméria adequadamente.

8. Samuel Noah Kramer, *Sumerian Mythology: A study of Spiritual and Literary Achievement in the Third Millennium b.C.* (Filadélfia: University of Pennsylvania Press, 1972), p. 39.

9. *Abzu* é a pronúncia suméria, enquanto *apsu* é a acádia.

10. Martha T. Roth, *Law Collections from Mesopotamia and Asia Minor* (Atlanta: Scholar Press, 1995), p. 76. "Anunnaki (Kramer faz a transliteração como "Annunaki") quer dizer "o atendente dos deuses": ver Kramer, *Sumerian Mythologies*. "Igigu", transliterado como "Igigi", quer dizer "deuses" em Stephanie Dalley, *Myths from Mesopotamia: Creation, The*

Em *Enuma Elis*, Tiamat ocupa um papel similar ao de Namu, a saber, a criadora primordial de todos. Este papel é rapidamente equilibrado com o criador de gênero masculino, Apsu, no início do épico, e Tiamat é violentamente massacrada pelo "herói" Marduk, após o que o épico passa a creditar Marduk como o "criador do céu e da terra". Em seu estudo feminista sobre a relação entre a subjugação da mulher e o estado de formação na Suméria, Rudy Rohrlich explica estas mudanças assim: "[C]om a institucionalização da família patriarcal, a estratificação econômica, o militarismo e a consolidação do Estado nas mãos de uma elite masculina, a supremacia masculina permeou todos os estratos sociais".[11] Analogamente, Tkva Frymer-Kensky assinala, em *In the Wake of Goddess*, que, "entre as mudanças na religião, uma tendência que se torna muito clara é o contínuo obscurecimento e marginalização da deusa" na sociedade suméria e em toda a região mesopotâmica.[12]

Como uma evidência, Rohrlich evoca a deusa Nammu, cuja criação suprema do céu, da terra e da humanidade foi transformada nos "esforços combinados de Nammu; da deusa Ninmah [...]; e do deus da água Enki".[13] De forma similar, a divindade An, conhecida como o primogênito de Nanmu, foi inicialmente "vista como feminina e chamada céu nublado",[14] enquanto em outras tradições era "tanto masculina como feminina [... distinguindo] o deus An (em Acádio: Anum) da deusa An (em Acádio: Antum) com quem ele era casado".[15] Rohrlich ainda destaca que, em um ponto mais tarde na história, Nammu, cujo epíteto *ama-tu-an-ki*

---

*Flood, Gilgamesh, and Others* (Oxford: Oxford University Press, 2008) e as versões inglesa e francesa de *Enuma Elis* de Talon (Philippe Talon, *The Standard Babylonian Creation Myth Enuma Elis*).

11. Ruby Rohrlich, "State Formation in Sumer and the Subjugation of Women", *Feminist Studies 6*, n. 1 (1980), p. 76-102, aqui p. 84.

12. Tkva Frymer-Kensky, *In the Wake of the Goddesses: Women, Culture and the Biblical Transformation of Pagan Myth* (Nova York: The Free Press, 1992), p. 70.

13. Ibid., p. 85.

14. Jacobsen, *The Treasures of Darkness*, p. 137.

15. Ibid., p. 95.

na verdade significa "a mãe que deu a luz ao céu e a terra",[16] é descrita meramente como a consorte de An.[17] O mais alarmante é a derrapagem de Frymer-Kensky ao definir Nammu, a mãe de Enki, "o protótipo sumério" da posterior Tiamat de *Enuma Elis*, como a "amante da profundeza aquosa".[18]

Apesar da utilidade política feminista de obras como as de Rohrlich e Frymer-Kensky, o que é deixado severamente inquestionável é a "naturalidade" aparentemente direta dos gêneros das divindades. Embora a "apresentação visual ou a descrição textual de um deus ocorra depois que o sexo foi acordado por uma cultura, se algum sexo foi decidido", somos informados, "como essas designações são atribuídas é obscuro e foge a qualquer raciocínio simples".[19] Se insistirmos nessa obscuridade por um segundo e sobre o fato que todas as divindades envolvidas estão relacionadas às águas primordiais, as quais são literalmente líquidas e fluidas, podemos considerar a ideia de um sistema de gênero instável em jogo nessas mitologias e divindades relacionadas.

Os sumérios personificaram o oceano primordial (água doce), o Apsu/abzu, como uma deusa, Nammu, "a mãe, ancestral, que deu à luz a todos os deuses".[20] Em sua análise anterior, mencionada acima, do livro de Heidel de 1943, Kramer brevemente resume a diferença de gênero nos mitos sumérios e babilônios:

> Sumérios e babilônios, ambos, conceberam o mar primitivo, em si mesmo, provavelmente eterno e não criado, como a origem primária do universo. Em *Enuma Elis*, entretanto, o mar primitivo é concebido como consistindo em dois princípios, o masculino Apsû (Apsû é uma palavra suméria emprestada) e o feminino Tiâmat (Tiâmat é uma palavra

---

16. Kramer, *Sumerian Mythology*, p. 114, nota 41.
17. Rohrlich, "State Formation in Sumer and the Subjugation of Women", p. 86.
18. Frymer-Kensky, *In the Wake of the Goddesses*, p. 71.
19. O'Brien, *The Oxford Encyclopedia of the Bible and Gender Studies*, p. 70.
20. Kramer, *Sumerian Mythology*, p. 114, nota 41.

de origem semítica). Essa dicotomia não é reconhecível no material mitológico Sumério existente e não é irracional concluir, portanto, que a introdução de Tiamat é uma inovação semítica.[21]

Thorkild Jacobsen contesta a associação feita por Kramer de Nammu-Apsu com o mar, argumentando que o "sinal com o qual o nome dela é escrito não quer [...] dizer 'mar' [... mas] denota – se lido como *engur* – principalmente o corpo de água doce [...] abaixo da terra". Por isso, ele propõe interpretar Nammu-Apsu-engur como "a 'profundeza aquosa' dos pântanos mesopotâmicos".[22] Ele corrobora ainda mais este julgamento ao apontar que até mesmo o uso ocasional de *engur* ou *abzu* (*apsu*) para conotar o mar era muito improvável: já que o mar era "quase um fator insignificante" na vida na Mesopotâmia, seria muito estranho se eles decidissem escolhê-lo para adoração como uma manifestação divina.[23] Por outro lado, a distinção entre uma profundeza de água doce e de água salgada "nem sempre foi tão precisa como as pessoas modernas esperavam", afirma Tsumura, e "não há evidência para distinguir a água doce da amarga [... e] no mar Sumério [...] era concebido como um único corpo de água".[24]

Esse "único corpo de água" sumério pode não ser reconhecível no início de *Enuma Elish*, onde se diz que Apsu personifica a água doce "profunda", e Tiamat, o "oceano" de água salgada. Além do mais, o épico *Atra-Hasis*, escrito em língua acádia, "conhecido por vários fragmentos do período Antigo e Neobabilônico, bem como por tabuletas neo-assírias",[25] retratam Enki/Ea como possuindo a " 'a tranca, a barra do mar' [... que] pode ter mantido Tiam(a)t(um) para fora, isto é, parar suas águas de se misturarem

---

21. Kramer, "A Gênesis Babilônica", p. 72.

22. Thorkild Jacobsen, "Sumerian Mythology: A Review Article", *Journal of Near Eastern Studies* 5, n. 2 (1946), p. 128-52, aqui p. 139.

23. Ibid., p. 140, nota 21.

24. Tsumura, *The Earth and the Waters in Genesis* 1 e 2, p. 61.

25. Leick, *A Dictionary of Ancient Near Eastern Mythology*, p. 64.

com as águas de Apsu".[26] Essa hipótese, entretanto, não se sustenta. Como vimos no primeiro capítulo, Tiamat e Apsu foram misturados desde o início e todos os deuses habitam o seu espaço aquático compartilhado, que é ocasionalmente referido como "o Apsu" e ocasionalmente apenas como "Tiamat". Diz-se que Marduk deixou escapar os grandes rios Tigre e Eufrates dos olhos de Tiamat depois de derrotá-la, sugerindo que o "mar de água salgada" Tiamat é também neste ponto a "água doce subterrânea" antes associada com Apsu. Isso não é surpresa, visto que Apsu e Tiamat se tornaram um.

Se nos limitarmos à mistura Tiamat-Apsu, seria igualmente problemático pensar nos dois (pelo menos em *Enuma Elis*) como uma "dicotomia", como sugeriu Kramer em sua análise das diferenças entre os gêneros sumério e babilônico do(s) mar(es) primordial/primordiais.[27] Uma dicotomia, traduzida em uma hierarquia essencializada de diferenças sexuais, é uma invenção moderna/colonial. Como vimos no capítulo anterior, a contínua monstrificação da história da recepção de Tiamat é simultaneamente construída com a feminização de Tiamat, um resultado do imaginário misógino imbuído de uma economia falocêntrica que torna negativo o lado feminino na história moderna/colonial. Uma identificação firmemente feminizada e monstrificada da flutuante e fluida *Tiam(a)t(um)* (Tiamat, a personificação da mãe de todos, e *tiamtum*, a palavra acadiana para mar) não está presente no texto original, que ocasionalmente se refere a "ela" como "ele". Quanto "dela" é Tiamat depois de ter se misturado com o ele-água-Apsu desde o início, é melhor pararmos de calcular.

---

26. Ibid., p. 60. De acordo com Tsumura, *A Terra e as Águas na Gênesis 1 e 2*, p. 61, *tiamtum* ou *tâmtum* "podem referir-se tanto a água salgada quanto água doce".

27. Kramer, "The Babylonian Genesis", p. 72.

Além do mais, como nos lembra Jacobsen, "Os sumérios não diferenciam sêmen de água: a mesma palavra representa ambos".[28] É muito instigante, para dizer o mínimo, que o corpo sêmen-como-água tenha sido personificado principalmente como uma deusa. Não apenas isso, mas Enki, o deus que produz o sêmen poderoso, também poderia se engravidar.[29] Fora do mundo fantástico dos mitos, também temos Nammu, o nome de uma deusa, usado como o nome do rei sumério mais importante, Ur--Nammu, que aparentemente não parecia ter medo de ser "emasculado" ao adotar o nome de uma deusa. O grande oceano de sêmen personificado como uma deusa certamente move a história da criação de Nammu além do clichê empobrecido do chamado mito da fertilidade, que muitas vezes não é mais do que apenas um fácil autoconsolo heteronormativo quando confrontado com algo tão *queer* quanto uma deusa-sêmen.

É tempo de abandonarmos ou desaprendermos a própria lógica heteronormativa e gênero-essencialista que iguala diretamente uma deusa com o feminino ou a mulher, ou vê na "transformação sexual" de An e Apsu uma metamorfose ontológica entre identidades supostamente fixas: do feminino para mulher e homem e então para masculino. Se levamos a sério o que as feministas e os teóricos *queer* nos lembram há décadas, a saber, que gênero (e o sexo, por falar nisso) é socialmente construído, precisamos realmente acreditar que ele também é historicamente contingente, culturalmente variante e textualmente ambíguo. É, afinal, absurdo pensar em divindades mitológicas, especialmente as aquosas, com o vocabulário de "sexos", um vocabulário aparentemente objetivo contestado a partir de perspectivas históricas e biológicas.[30]

---

28. Thorkild Jacobsen, *The Treasures of Darkness* (New Haven: Yale University Press, 1976), p. 111.

29. Frymer-Kensky, *In the Wake of the Goddesses*, p. 49.

30. Ver Thomas Laqueur, *Making Sex: Body and Gender from the Greeks to Freud* (Cambridge: Harvard University Press, 1990) e Anne Fausto-Sterling, "The Five Sexes: Why Male and Female Are Not Enough", *The Sciences* (mar./abr. 1993), p. 20-25.

A conjunção Nammu-Tiamat-Apsu em/como águas primordiais não implicou, no entanto, a sua indefinição em uma malha indiferenciada e sem gênero. Divindades desses mitos da criação não são exemplares de ambiguidade de gênero ou *gênero-queerness*. Divindades individuais altamente identificáveis, "Tiamat", "Apsu" ou "Nammu", existem por direito próprio e para seu próprio bem. O mundo mesopotâmico de mares e sêmen não se rende à política de identidade ou ao niilismo político, e precisamente por causa disso parece implicar uma estranheza capaz

> tanto de ocupar tais locais [posições de sujeito] quanto de submetê-los a uma contestação democratizante na qual as condições excludentes de sua produção são perpetuamente retrabalhadas (mesmo que nunca possam ser totalmente superadas) na direção de um quadro de coalizão mais complexo.[31]

Esta previsão de *queerness* – lembro àqueles que associam o que é *queer* à academia pós-estruturalista dos EUA ou a um certo tipo de "estilo de vida" na era "pós-Stonewall" que David Eng chama sucintamente de "liberalismo *queer*"[32] – é feita para nós a partir das águas profundas dos antigos mitos e história.

Enquanto as águas primordiais da Mesopotâmia podem ser reconhecidamente generificadas, muitas vezes através de representações antropomórficas, suas confluências no profundo, *tehom*, do Gênesis bíblico parecem não ter gênero ou até mesmo serem invisíveis, como resultado dos esforços combinados de teólogos e filósofos que tentam reduzi-lo a um nada não criado.

---

31. Judith Butler, *Corpos que importam: o limite discursivo do sexo* (São Paulo: n-1 edições, 2019).
32. David L.Eng, *The Feeling of Kinship: Queer Liberalism and the Racialization of Intimacy* (Durham: Duke University Press, 2010).

## O Profundo

Diz-se que o Gênesis 1 dá testemunho da *creatio ex nihilo* da ortodoxia cristã:

> In principio creavit Deus caelum et terram, terra autem erat inanis et vacua et tenebrae super faciem abyssi et spiritus Dei ferebatur super aquas. (Gn 1:1-2)

Apesar de gerações de esforços teológicos e filosóficos que o transformaram no texto mais representativo do *creatio ex nihilo*, o próprio texto do Gênesis resiste continuamente à doutrina *ex nihilo*. O texto deixa muitos vestígios "antes" e "dentro" da criação de Deus que resistem a essa ortodoxia. O "abismo" profundo (*tehom*, em hebraico), vibrante e dissidente, nunca se rendeu a esta doutrina expurgatória. "Sua" existência ribombante *antes/dentro* da criação insiste. O gigante espaço aquático do abismo profundo vaza e constantemente assombra os esforços teológicos de ignorar, apagar e matar a ela/isto.

O texto do Gênesis coloca um artigo antes de *tehom*, o que potencialmente o torna um nome adequado. Mas, em hebraico, *tehom* é um substantivo feminino, o que pode sugerir a conexão dela/disto com alguma divindade feminina anterior na região.[33] Catherine Keller rastreia o *tehom* bíblico a *Enuma Elis*: "O rosto do profundo foi primeiro – tanto quanto podemos lembrar – o de uma mulher. Tiamat, 'a água salgada, caos primevo' deita-se em contentamento com Apsu".[34] A profundeza primordial, de fato, vai ainda mais longe, mais ampla e mais profunda do que *Enuma Elis*. O filólogo David T. Tsumura, trabalhando em idiomas antigos do Oriente Próximo, afirma: "Os *tiamtum* ou tâmtum

---

33. John Day, *God's Conflict with the Dragon and the Sea* (Cambridge: University of Cambridge Oriental Publications, 1985), p. 50 e Catherine Keller, *Face of the Deep: A Theology of Becoming* (Londres: Routledge, 2003), p. 239, nota 4.

34. Catherine Keller, *Face of the Deep: A Theology of Becoming* (Londres: Routlegde, 2003), p. 28.

acádio, *tihamat* em árabe [...] junto com o [...] ugarítico [*thm(t)*] e hebraico indicam que todas essas formas são reflexos de um termo semítico, *\*tiham-*".[35]

"O mar primevo [...] concebido pelos sumérios como eterno e não criado"[36] viaja para frente e para trás, da Suméria e Babilônia para a Bíblia. Nammu era toda a mãe geradora de vida primordial, personificação de *abzu/apsu*, a água doce que está na memória mais profunda da "água profunda". Muitas discussões foram dedicadas a se foram os babilônios ou os canaanitas que influenciaram a escrita do Gênesis. Em *God's Conflict with the Dragon and the Sea*, John Day afirma que, "no que diz respeito a formação mitológica do tehom, isso não é nada babilônico, mas sim canaanita", embora ele não negue o fato de que "tanto *tehom* quanto Tiamat são derivados de uma raiz semítica comum".[37] Ele apenas contesta a teoria "do empréstimo direto" do Tiamat acádio para o *tehom* hebraico.

As influências dos mitos da região na Bíblia problematicamente chamadas de Antigo Oriente Próximo não podem ser exageradas.[38] Assim como o *tehom* indelével frente ao chamado Deus do *ex nihilo*, isso não pode ser apagado. Dados os intercâmbios frequentes entre os grupos cultural e linguisticamente diversos porém conectados nesta região, especialmente o exílio dos israelitas durante a "Captura Babilônica" quando parte do Gênesis foi escrita,[39] qualquer distinção entre o empréstimo "direto" ou "indireto" não é relevante para a nossa discussão.

---

35. Tsumura, *The Earth and the Waters in Genesis 1 and 2*, p. 51-53. Aqui Tsumura aponta que *-t* é o final feminino para a palavra Ugarítica *thm* (oceano).

36. Kramer, *Sumerian Mythology*, p. 73.

37. Day, *God's Conflict with the Dragon and the Sea*, p. 50-51.

38. Por "problemático" quero dizer que o conceito de "(Antigo) Oriente Próximo", como "As Américas" ou "O Oriente", não é uma denominação geográfica livre de valor e constativa. A proximidade do "Oriente Próximo" ou a distância do "Extremo Oriente" marca a Europa como o ponto zero de observação.

39. Barry L. Bandstra, *Reading the Old Testament: An Introduction to the Hebrew Bible* (Belmont: Wadsworth Publishing Company, 1995).

A rejeição de um empréstimo direto, ou, digamos, honesto, é desnecessária mas certamente não é um esforço ingênuo para tentar compartimentar cuidadosamente um oceano flutuante de palavras-mundos[40] misturadas.

O *tehom* hebraico e o ugarítico *thm(t)* são "correspondentes semânticos mais próximos de *apsu* do que de *tiamtum*, embora sejam morfologicamente correspondentes ao último".[41] Isto é, *tehom* se torna um semantema "masculino" (ou seja, gênero) com a morfologia "feminina" (ou seja, corpo). Os corpos aquosos, como corpos trans, não são, portanto, uma mutação cirúrgica ou de alfaiataria, ou a "transgressão" de um sexo/gênero fechado em si para o supostamente oposto outro.[42]

As águas claras da misoginia bíblica, de acordo com a *creatio ex nihilo* fálica, se tornam embaçadas através de seu próprio léxico. Assim como a história da recepção moderna monstrificou Tiamat ao juntar-se aos governantes babilônicos em reiterar o monopoder masculino de Marduk em nome da ordem, a ortodoxia cristã propaga a doutrina do *creatio ex nihilo* e condena qualquer interpretação do Gênesis que não esteja de acordo com a heresia heteronormativa. Entretanto "o hábito de produzir hereges como marcadores de limites externos para a identidade ortodoxa também expõe uma evasão repressiva da evidente complexidade cristã".[43]

A ortodoxia autoritária e autodenominada tenta em vão impor uma doutrina monocromática e sem vida ao multicolorido e vibrante ato de criação. Dificilmente bem-sucedido, o uso da versão do Gênesis para condenar qualquer *outra* interpretação, seja

---

40. No texto original o autor utiliza o trocadilho *wor(l)ds*. Optamos por traduzir por palavras--mundos por ser um trocadilho que funciona em inglês, mas não é possível de se fazer o mesmo em português. [N. T.]

41. O *tiamtum* acádio, de onde deriva Tiamat, "tem um campo semântico mais amplo do que seu termo cognato semítico ocidental" (Kramer, *Sumerian Mythology*, p. 73).

42. Susan Stryker e Stephen Whittle, orgs., *The Transgender Studies Reader* (Londres: Routlegde, 2006).

43. Catherine Keller e Laurel C. Schneider, orgs., *Polydoxy: Theology of Multiplicity and Relation* (Nova York: Routlegde, 2011), p. 2.

como "paganismo" fora do monoteísmo cristão ou blasfêmia, é protestado pelo texto do próprio Gênesis. Um texto feito de uma multiplicidade de *fontes*[44] (já um conceito aquoso) pode ser *relido de outra forma*. Continuo a aprender a aprender de textos não modernos para entender como eles resistiram à lógica de segregação hierárquica e categórica moderna, muito antes da "teoria *queer*" ter sido cunhada em 1980. É também neste sentido, como um compromisso com a ética *queer*, que rejeito a narrativa *ex nihilo* de uma única "origem da teoria *queer*" e consequentemente sua canonização não solicitada.

*Bereshit, bara elohim* (Gen 1:1), a frase mais comentada do Antigo Testamento, produz inúmeras interpretações. A multiplicidade de sentidos possíveis do "início do início" já está em desacordo com qualquer tentativa de coagi-lo em *uma* doutrina bem fechada (ou a doutrina da unidade). O que nos diz o texto em hebraico? Atendo-se ao texto original, por falar nisso, apenas contradiz a promessa decolonial e *queer* do pluralismo, se qualquer um finge que o texto original tem ou só pode ter um significado, uma leitura e uma verdade; ou mais perigosamente, se alguém acredita que se pode fazer qualquer coisa, apesar do original (cantando a ortodoxia da morte de Deus, do autor e assim por diante, mesmo que estes fossem *originalmente* libertadores).

Essa primeira frase do Gênesis tem duas interpretações drasticamente diferentes refletidas na redação e sintaxe das versões traduzidas.[45] Diferentes versões traduziram Gênesis 1:1-2 como segue:

---

44. Os dois relatos da Gênesis com os quais estamos lidando, Gênesis 1 e Gênesis 2, são feitos de várias fontes, a saber, a "Fonte Eloísta", "Fonte Javista", e "Fonte Sacerdotal" que "surgiu desse contexto [...] no período do exílio Babilonico (587-538 A.E.C)" (Barry L. Bandstra, *Reading of the Old Testament: An Introduction to the Hebrew Bible* [Belmont: Wadsworth Publishing Company, 1995], p. 31).

45. Escolhi duas versões em inglês: a versão do Rei James e a tradução de Robert Alter; uma versão em Chinês: a versão *Studium Biblicum* (高斯本); uma versão em francês: a *Bíblia de Jerusalém*; e uma em espanhol: a *Biblia Latinoamericana*. Estão todas traduzidas da língua original (hebraico no Velho Testamento e grego no Novo Testamento) e representam grandes populações de língua.

Quando Deus começou a criar o céu e a terra, a terra era sem forma e vazia; trevas cobriam a face do abismo, e o Espírito de Deus se movia sobre a face das águas. (Tradução de Robert Alter)[46]

No princípio criou Deus o céu e a terra. E a terra era sem forma e vazia; e havia trevas sobre a face do abismo. E o Espírito de Deus se movia sobre a face das águas. (Versão do Rei James)[47]

在起初天主创造了天地。 大地还是混沌空虚， 深渊上还 是一团黑暗，天主的神在水面上运行。 (思高本, *Studium Biblicum*)[48]

Au commencement, Dieu créa le ciel et la terre. La terre était informe et vide: il y avait des ténèbres à la surface de l'abîme, et l'esprit de Dieu se mouvait au-dessus des eaux. (*La Bible de Jérusalem*)[49]

En el principio, cuando Dios creó los cielos y la tierra, todo era confusión y no había nada en la tierra. Las tinieblas cubrían los abismos mientras el espíritu de Dios aleteaba sobre la superficie de las aguas. (*La Biblia Latinoamericana*)[50]

Essas várias versões da Bíblia em diferentes idiomas modernos são todas traduzidas dos textos originais em hebraico com referência a versões em latim e grego. Apesar da especificidade linguística dessas línguas modernas, divido aproximadamente essas traduções em dois grupos principais relativos a Gênesis 1:1. O primeiro grupo é, seguindo as primeiras palavras da Bíblia Vulgata latina, chamado *in principio*. Pertencem a esse grupo a

---

46. Para a tradução em inglês, usei a versão acompanhada de muitos comentários úteis de Robert Alter, *Genesis: Translation and Commentary* (Londres: W.W. Norton & Company Inc., 1996). Este trabalho se concentra exclusivamente no Gênesis e também é uma tradução que pretende corrigir "algo seriamente errado com [...] as traduções em inglês conhecidas [...] da Bíblia Hebraica" e prover uma nova versão "em uma língua que transmite alguma precisão das nuances semânticas e a orquestração vivaz dos efeitos literários do hebraico" (IX).

47. Disponível online.

48. Esta versão é usada pelos católicos chineses, traduzido de várias fontes primárias nas versões e manuscritos do hebraico, grego e latim. Outra versão influente em chinês é a versão da União Chinesa (和合本), usada principalmente por protestantes, traduzida do inglês e não do hebraico e do grego.

49. A tradução francesa do hebraico por estudiosos bíblicos.

50. A versão em espanhol traduzida por estudiosos bíblicos e amplamente usada em países hispanofalantes.

versão do Rei James, a versão chinesa *Studium Biblicum* e a *Bíblia de Jerusalém* francesa. A interpretação sintática dessas versões traduzidas se assemelha à Vulgata: *in principio creavit Deus caelum et terram*. O leitor é informado de que "no princípio", 在太初, *au commencement* (*in principio*), foi Deus quem criou (*creavit Deus*) o céu e a terra. Este grupo abre a Bíblia com uma frase completa que descreve a criação de Deus em conformidade com a doutrina de *creatio ex nihilo*, torna o hebraico *bereshit bara elohim* como "algum amplo ato criativo no primeiro dia".[51] No entanto ele contradiz o seguinte relato de criação da Gênesis, no qual "o céu foi criado no segundo dia para restringir a água celestial (1: 7-8) e a Terra no terceiro dia (1: 9-10)".[52]

O segundo grupo é o que eu chamaria de *enuma elis*, a frase acadiana que marca o início do épico babilônico da criação, que significa "quando no alto", uma cláusula temporal em termos gramaticais mais próximos da *bereshit* hebraica (também o título hebraico do livro de Gênesis). *Bereshit bara elohim* é entendido aqui como uma cláusula temporal, que destaca a conexão entre *Enuma Elis* e o Gênesis, e, portanto, o "começo caótico do cristianismo".[53] Mais importante, sugere uma opinião teológica totalmente diferente do ato de criação comparado com o grupo *in principio*. Na versão de Robert Alter e na *Biblia Latinoamericana*, a primeira frase é traduzida como uma cláusula temporal: "En el principio, *cuando* Dios creó los cielos y la tierra". No comentário rabínico do rabino medieval Rashi, a frase é traduzida como "no início da criação de Deus",[54] ecoando a mesma interpretação

---

51. Jon D. Levenson, *Creation and the Persistence of Evil* (San Francisco: Harper & Row Publishers, 1988), p. 5.

52. Ibid.

53. Bauman, *Theology, Creation, and Environmental Ethics*, p. 30.

54. Para um comentário completo, ver "The Complete Jewish Bible with Rashi Commentary", *Chabad*, disponível online.

teológica. Como essa interpretação se torna diferente do grupo *in principio* em termos de entendimento teológico do ato de criação e como é relevante para a nossa discussão?

Em seu estudo clássico das narrativas homérica e bíblicas, Eric Auerbach argumenta que "o narrador Bíblico era obrigado a escrever exatamente o que sua crença na verdade da tradição [...] exigia dele. [...] O que ele produzia [...] era orientado para a verdade".[55] Em outras palavras, os autores do Gênesis não provam e nem devem provar que Deus criou o mundo. Que Deus criou o mundo (*in principio* ou não, do nada ou não) não precisa de especificações, narração ou, talvez mais improvável, explicações no texto. Em vez disso, é preciso aceitar o ato da criação como um fato determinado, uma vez informado pela voz autoritária do narrador bíblico que fala por Deus. A tarefa do narrador é reivindicar essa verdade através de uma estratégia narrativa que apaga qualquer sugestão da necessidade de provar o fato. Ou seja, essa afirmação à verdade absoluta não deve confiar em uma "realidade" narrada, mas somente pode ser alcançada através do que Auerbach reconhece como um gesto tirânico: "Ai do homem que não acreditava!".[56]

Nesse sentido, não temos certeza, nem precisamos nos importar, se Deus criou tudo do nada absoluto. O assunto desta criação, anunciado ao mundo por meio de um gesto tirânico, é naturalmente esperado que seja um tirano que controlaria o homem feito à sua semelhança. Don Cupitt aponta:

> Tanto a visão clássica centrada em Deus e quanto as visões modernas centradas no homem procuraram unificar o mundo, concentrando-se em torno de um Centro, concebidas em cada caso como um centro de entendimento, poder, controle e autoafirmação. Mas precisamente esse desejo de ver o mundo totalmente compreendido e controlado por um ego autoafirmativo é o que devemos desistir. É um sonho sexista de

55. Eric Auerbach, *Mimesis: The Representation of Reality in Western Literature* (Princeton: Princeton University Press, 2003), p. 14.

56. Ibid.

domínio: a natureza como uma mulher de fantasia, completamente subserviente, responsiva ao menor desejo de alguém [...]. Estou dizendo que nossa prática de vida precisa ser liberta do antigo ideal sexista-político de um ego forte, poder onipotente, limites fixos e controle total.[57]

No entanto, se nos aproximarmos do texto original, das palavras hebraicas nítidas e complexas, e ouvir o que *bara elohim* tem a dizer, podemos nos surpreender ao descobrir que *elohim*, a forma plural de Eloh (Deus), é seguida por *bara*, um verbo em terceira pessoa do singular. A frase gramaticalmente errônea e ilegal *bara elohim* ocupa a primeira frase do proclamado início absoluto de todos os começos, irritando cruelmente aqueles esforços, geração após geração, para suprimi-lo/la/los em uma doutrina fechada, finita e morta do falo. A regra gramatical de concordância sujeito-predicado exerce uma influência trivial na vibrante força criativa. Já em tempos arcaicos, e sempre dentro da narrativa tirânica, encontramos uma justaposição *camp* que seria ecoada pelo jovem provocador *queer* Arthur Rimbaud no século xix: *je est un autre*. Como observou Catherine Keller, "séculos antes da desconstrução do 'sujeito', o hiper-sujeito ocidental, o sujeito dos sujeitos, silenciosamente fora".[58]

A pluralidade de Elohim permanece ineficaz e torna o Deus bíblico, pelo menos em seu relato eloísta, o "um" que não é um. "Deus 'ele próprio' não tem certeza se é plural ou singular".[59] Muitos sugerem que essa aparente discrepância no texto sagrado do monoteísmo deve ser entendida como uma expressão que sugere o "plural de majestade" ou "plenitude da força".[60] Monoteístas mais rigorosos que insistem na singularidade de Elohim, apesar

---

57. Don Cupitt, *Creation Out of Nothing* (Londres: SCM Press, 1990), p. 200-201.
58. Keller, *Face of the Deep*, p. 178.
59. Danna Nolan Fewell e David M. Gunn, *Gender, Power & Promise: The Subject of the Bible's First Story* (Nashville: Abingdon, 1993), p. 23.
60. J.H. Hertz, org., *The Pentateuch and Haftorahs: Hebrew Text with English Translation and Commentary* (Londres: Soncino Press, 1988), p. 2.

da indecisão dissidente do texto original, no entanto, acham aceitável que o múltiplo venha do um, tanto que se sentem obrigados a multiplicar a majestade do Deus Único em uma plural Trindade.

Keller reconcilia a discrepância entre *elohim* e o monoteísmo, sujeito e predicado, cunhando um conceito que preserva a brincadeira do texto original: a singularidade plural da criação.[61] *Elohim*, como o "ser singular plural",[62] move(m)-se para criar *'adam*, o humano. E *elohim* disse: "Vamos fazer um humano à nossa imagem, à nossa semelhança" (Gen 1:26); "masculino e feminino, Ele os criou" (1:27). O texto original é incerto novamente: com *elohim vaiyomer*, o *elohim* singular plural enuncia através de uma voz singular (*vaiyomer* ["disse"] é a terceira pessoa do singular) um convite coletivo: *na'aseh* (*vamos* fazer). O verbo plural *na'aseh* não é uma expressão de realeza, pois "o 'plural majestático' não fazia parte do vocabulário de reis ou deuses individuais no antigo Oriente Próximo".[63]

O texto bíblico parece confuso apenas para uma mente que é treinada para compartimentar estritamente tudo, até mesmo seres divinos, e seguir dogmaticamente a propriedade gramatical. *Elohim* é/são plurissingular(es). "A própria autodefinição borrada e escorregadia de Deus sugere que as coisas [...] podem de fato ser tão inerentemente indetermináveis quanto a identidade que [as] cria".[64] *Elohim* pode até parecer "feminino", embora o gênero gramatical de -*im* aqui seja masculino plural. A "feminilidade" que sugiro não é no sentido essencial de uma "toda mãe primordial", mas na graça e criatividade de "este sexo que não é um"[65] de Luce Irigaray. Apenas um masculino-feminino "Ele" poderia ter criado a *eles* à "Sua" semelhança (Gênesis 1:27).[66]

61. Keller, *Face of the Deep*, p. 172.
62. Jean-Luc Nancy, *Être singulier pluriel* (Paris: Galilée, 1996).
63. Levenson, *Creation and the Persistence of Evil*, p. 158, nota 14.
64. Fewell and Gunn, *Gender, Power & Promise*, p. 23.
65. Luce Irigaray, "Ce sexe qui n'en est pas un", *Les Cahiers du grif* 5, n. 1 (1974), p. 54-58, aqui p. 55-58.
66. Em outro lugar, escrevi sobre a criação *queerness* de *'adam*. Ver: "*'adam* Is Not

Quando o *elohim* plurissingular começou a criação do céu e da terra, seu sopro (*ruah*) pairava sobre as águas do profundo *tehom*, que era coberto pela escuridão. O "verbo ligado ao sopro de Deus (*ruah*) [*merachefet* ...] pode ter uma conotação de parto ou nutrição, assim como um movimento rápido para frente e para trás".[67] Hornsby e Stone ponderam sobre a *queerness* e o caos no contexto da Gênesis, vinculam-na a *Enuma Elis*, e sugerem que o profundo é "o indefinido, o caos" como Tiamat, "o símbolo do profundo e da desordem, [...] de [cujo] eviscerado, corpo dividido, vêm a terra e o céu".[68] Lendo contra a essência da oposição binária em que a heterossexualidade está alinhada com a ordem e a *queerness* com o caos, os autores de *Bible Trouble* estão prontos para concluir: "É da *queerness* que toda a criação vem".[69] A cena pré-*fiat lux* no Gênesis 1: 1-2 é lida como um estado instável, caótico e inútil de "não criação" ou apagado como o nada desprezível, ironicamente preparado para a *creatio ex nihilo*. No entanto, esse momento de justaposição poética, gramática transgressiva e rugida vibração ecoa a ética indeterminada, múltipla e inclusiva da *queerness*. Vamos suspender a *lux* por um segundo e nos aventurar (de volta) à câmara escura cósmica.

Temporal (*bereshit*), plural (*elohim*), aquoso (*tehom*), aéreo (*ruah*) e ritmicamente se movendo para frente e para trás (*merachefet*, como explica Alter explica; *tohu vabohu*, como explica Keller), as palavras de abertura do Gênesis soam reparadoras: não discriminantes, relacionais, eróticas e cheias de vida. A escuridão (*choshek*), talvez imediatamente sendo vítima de todas as conotações negativas imagináveis dentro e além da

---

Man: Queer Body before Genesis 2:22 (and After)", em *Unsettling Science and Religion: Contributions and Questions from Queer Studies*, orgs., Whitney Bauman e Lisa Stenmark (Lanham: Lexington Books, 2018), p. 183-97.

67. Alter, *Genesis*, p. 3, nota 2.

68. Teresa J. Hornsby e Ken Stone, *Bible Trouble: Queer Reading at the Boundaries of Biblical Scholarship* (Atlanta: Society of Biblical Literature, 2011), p. xi.

69. Ibid.

heteronormatividade cristã, estavam com *elohim* desde o início e em muitas outras instâncias:[70] "Ele [*elohim*] fez das trevas seu lugar secreto" (Ps 18:11). A escuridão (*choshek* ou não) é particularmente querida para *queers*. Através de uma leitura das memórias de Samuel R. Delany, *The Motion of Light in Water*,[71] José Muñoz amarra sua teorização do futuro *queer*, isto é, à esperança, à noite fraternal e carnal de pegação no fim da Christopher Street, perto do rio Hudson, em Nova York, "sob a cobertura de uma escuridão protetora".[72] A escuridão estava sobre a profundidade e o sopro de Deus pairava sobre as águas (Gn 1: 2).

As noites escuras compactam o tempo linear (passado – presente – futuro) na temporalidade *queer*. O ponto do (tempo) *queer* "pode ser o de seguir as possibilidades sociais realmente existentes [... e] ser banhado à luz evanescente de tudo o que foi declarado inútil".[73] O futuro *queer* encontra acomodação no passado. A Terra, "sem forma e vazia" (*tohu vabuhu*), declarada inútil e negativa na defesa habitual de *creatio ex nihilo*, reside com as águas profundas (*tehom*) e é protegida pela escuridão suave (*choshek*). *Tohu Vabuhu* recupera a dignidade neste momento de inclusão *queer*, por mais trivial e problemática, como a *prima materia*.[74] Para o *queer* Delany, os "inúmeros atos sexuais silenciosos" declarados sem forma e vazio, até satânicos e ameaçadores ao bem público, são "'tranquilizadores' e muito 'humanos'", já que "os homens nesse espaço cuidavam uns dos outros, não apenas oferecendo carne, mas também cuidando do eu que abrange um vasto cuidado com os outros – um delicado e amoroso 'ser para outros'".[75]

70. Gen 15:12-13, Ex 14:20-21.
71. Samuel R. Delany, *The Motion of Light in Water: Sex and Science Fiction Writing in the East Village* (Minneapolis: University of Minneapolis Press, 2004).
72. José Esteban Muñoz, *Cruising Utopia: The Then and There of Queer Futurity* (Nova York: New York University Press, 2009), p. 52.
73. Elizabeth Freeman, *Time Binds: Queer Temporality, Queer Histories* (Durham: Duke University Press, 2010), p. xiii.
74. Keller, *Face of the Deep*, p. 184.
75. Muñoz, Cruising Utopia, p. 51.

A mesma intensidade de emaranhamento é encontrada no filme de Pedro Almodóvar *Entre Tinieblas* (Maus hábitos), de 1988 (*tinieblas*, a palavra em espanhol usada para traduzir *choshek*). Lá, o amor impossível de uma freira católica viciada em drogas por uma cantora é declarado através de sua dublagem da canção "Encadenado" (Acorrentado) por Lucho Gatica: "Amado, já que nosso [amor] é um castigo / que está na alma até a morte / minha sorte precisa da sua sorte / e você precisa mais de mim".[76] Entre (*entre*) a obscuridade (*tinieblas*) do convento, as freiras excêntricas *queer* criam um carnaval contínuo no qual "identidades individuais se dissolvem e as oposições sociais se quebram" em um texto aberto capaz de capturar essa "inter-relação infinita de interpretação".[77]

O que é ameaçadoramente sentido em todas as etapas dos esforços teológico-políticos para apagar a *prima materia* como caos da criação, a fim de garantir uma *creatio ex nihilo* colonialista, é a profundeza, *tehom*, um profundo medo que está além dos medos da escuridão e *tohu vabuhu* ao todo. Voltarei agora às palavras-mundos[78] primordiais misturadas: *tehom*, o *abzu*, Apsu, Tiamat e Nammu. Suas histórias podem revelar significados drasticamente diferentes e visionários, uma vez que os clichês da ordem "arquetípica" dos mitos da criação conquistando o caos, supostamente representados na Bíblia, forem varridos com a ajuda do léxico original do hebraico.

---

76. *Cariño como el nuestro es un castigo / Que se lleva en el alma hasta la muerte / Mi suerte necesita de tu suerte / Y tu me necesitas mucho más.*

77. Mark C. Taylor, *Erring: A Postmodern A/Theology* (Chicago: University of Chicago Press, 1984), p. 15-16.

78. Ver nota 139. [N. T.]

## Águas primordiais *queer*

O conto de Kafka "Beim Bau der Chinesischen Mauer" ("A Grande Muralha da China") pode ser lido como um "comentário sobre o tema da diferenciação".[79] Esta "construção da Grande Muralha da China" como "todo processo ideológico de criar a noção de 'você e eu' pesquisando e produzindo alteridade"[80] se dissolve para que *queers* participem das pegações, protegidos pela escuridão noturna, *entre tinieblas*. Kafka pode não saber que em um dos "quatro maiores contos populares" da China, uma mulher privada de seus direitos, Meng Jiangnü, derruba a muralha. Depois de saber que seu marido recém-casado, forçado a construir a Grande Muralha, se encontra morto no local da construção, Meng chora tanto que uma parte da muralha desaba. A mulher de luto não se importa com as razões do Império para construir a muralha, supostamente para separar o bem e o mal às custas da vida comum em nome de proteger sua pátria dos nômades. Ela apoia os monstruosos "bárbaros" como a ordem ameaçadora de *tohu vabuhu*. A "produção de alteridade", de você e de mim, ela e ele, nós e eles precisa ser repensada desde sua perspectiva, a daquela privada de direitos, o "ilegal" e o *queer*, que não têm escolha a não ser (com) o chamado "caos", para chorar a suposta "ordem" em colapso.

Bem no início do *Enuma Elis*, Apsu e Tiamat "misturam suas águas". Sabemos que eles se tornam um porque "deuses nasceram dentro deles". Mas também sabemos que Apsu é o "pai" e Tiamat a "mãe". O épico revela essas identidades parentais através de Mummu, o "vizir". Após a raiva de Tiamat contra o plano de infanticídio de Apsu, Mummu "não concorda com o conselho de sua mãe terrestre. / [e fala com Apsu], 'Ó pai, acabe com os (seus) comportamentos problemáticos'". O "um" aquoso

---

79. Dorothee Kimmich, "Interzones: Spaces of a Fuzzy Cultural Logic", em *Charting the Interzone*, p. 42-49 (EMJD Interzones Official Website, 2010), p. 48.

80. Ibid., p. 47.

misturado entre Tiamat e Apsu provavelmente será esquecido, à medida que avançamos para ler mais conflitos baseados em personagens individuais que conversam, se beijam ou matam uns aos outros. Se a discussão anterior pretende multiplicar a unidade do Deus bíblico e do relato do Gênesis, a fim de contaminar a ortodoxia monolítica e monoteísta, esta parte toma uma direção oposta, reunindo os seres divinos aparentemente separados em uma unidade *queer*. Esta unidade, no entanto, será discutida nesta parte como "a rede aberta de possibilidades, lacunas, sobreposições, dissonâncias e ressonâncias, lapsos e excessos de significado quando os elementos constituintes do gênero de alguém, ou da sexualidade de alguém, não são feitos (ou não podem ser feitos) para significar monoliticamente".[81]

O conflito entre o casal primordial após a rejeição irada de Tiamat ao plano de infanticídio de Apsu é seguido no épico por um encontro interessante entre Mummu e Apsu, ambos de gênero masculino:

> (Vizir) Mummu respondeu e aconselhou Apsu;
> [...]
> Apsu ficou satisfeito com ele [Mummu], seu rosto se iluminou
> [...]
> (Vizir) Mummu o abraçou,
> Sentei em seu colo e o beijei com entusiasmo.

A versão francesa de Talon tem os versos acima citados como: "Então Apsu agarrou-se ao pescoço de Mummu",[82] e Mummu retribuiu o beijo. Este momento bastante homoerótico raramente foi comentado. Mummu aparece prontamente no épico como uma figura problemática. Antes do encontro Apsu-Mummu, na primeira estrofe do épico, *mummu* já está lá, escrito junto com Tiamat, transliterado como *mu-um-mu tia-amat mu-al-li-da-at*

---

81. Eve Kosofsky Sedgwick, *Tendencies* (Londres: Routledge, 1994), p. 8.
82. Talon, *The Standard Babylonian Creation Myth Enūma Eliš*, p. 80: *Apsu lança alors le cou de Mummu*.

*gim-ri-šú-un.*[83] Em *As sete tábuas da criação*, Wallis Budge traduz isso como " 'Mummu' Tiâmat, que descobriu cada uma delas",[84] tornando *mummu* um epíteto de Tiamat. Leonard W. King, no entanto, traduz *mummu* como independente de Tiamat, tanto como o "filho" de Tiamat-Apsu quanto como o "caos". Ele também afirma que *mummu* também é o nome de Marduk. Para sair desta confusão, ele argumenta, tal como os seus seguidores que se apegam firmemente à rivalidade entre o caos e a ordem, que

> é possível que a aplicação do título a Tiamat e seu filho tenha sido sugerida por sua ambiguidade de significado; enquanto Marduk (e também Ea) podem ter nascido com o nome de "forma" ou "ideia" de ordem e sistema, Tiamat e seu filho podem ter sido concebidos como representantes opostos da "forma" ou "ideia" de caos e confusão.[85]

Heidel dedica um artigo à discussão de diferentes opiniões sobre o significado de *mummu*, entendendo-o como o remanescente de uma deusa suméria ou como outro título para Tiamat.[86] Revendo essas interpretações em conjunto, até parece que *mummu* também pretende confundir as rígidas fronteiras modernas (de gênero). *Mummu*, uma palavra emprestada do sumério, deveria ser um substantivo feminino, na medida em que alguns sugerem que era o nome de uma deusa suméria,[87] embora no *Enuma Elis*[88] eles sofram uma masculinização e se tornem "filhos" de Apsu e Tiamat e também ocasionalmente atendam pelo nome de Marduk, "o criador do céu e da terra".[89] Mummu juntou-se a Tiamat

83. Ibid., p. 33.

84. Budge, *The Babylonian Legends of the Creation and the Fight between Bel and the Dragon*, p. 32.

85. Leonard William King, *The Seven Tablets of Creation* (Londres: Luzac and Co., 1902), p. xxxviii, nota 1.

86. Alexander Heidel, "The Meaning of Mummu in Akkadian Literature", *Journal of Near Eastern Studies* 7, n. 2 (1948), p. 98-105.

87. Ibid., p. 100.

88. Tomo emprestado o uso singular do pronome plural "eles" usado pela comunidade transgênero para evitar a sobredeterminação dos pronomes de gênero quando me refiro à maioria das divindades.

89. Heidel, "The Meaning of Mummu in Akkadian Literature", p. 102.

e Apsu para "misturarem as suas águas". Heidel argumenta que "Mummu era a névoa personificada que subia das águas de Apsû e Tiâmat", seu "filho" na linguagem mitológica.[90] Como conclusão, ele sugere que esta compreensão de Mummu está "em total acordo com a afirmação em *Enûma Eliš* de que as três divindades Apsû, Mummu e Tiâmat 'misturaram suas águas' ou 'misturaram suas águas como uma só' ".[91] A representação do trio como uma família nuclear heterossexual é dificilmente convincente, não porque seja anacrônica, mas porque o texto do *Enuma Elis* desacredita ativamente esta fácil imposição moderna. O encontro erótico de Mummu-Apsu é um desses casos "dissidentes".

Para consolar o "pai" furioso, Mummu se senta no colo de Apsu e o beija com entusiasmo. O "colo" no texto original é *birku*.[92] O Dicionário Assírio do Instituto Oriental da Universidade de Chicago lista vários significados para a entrada *birku*. Os editores exemplificam uma das muitas conotações de *birku*, "colo – fisicamente, referindo-se a seres humanos", com a frase do *Enuma Elis*, "*ušbamma bir-ka-ašú unnaššaq šâšu–he* (Mummu) sentou-se em seu colo e começou a acariciá-lo".[93] Dizem-nos que *birku* também é "um eufemismo para as partes sexuais masculinas e femininas".[94] Quando Mummu e Apsu se envolvem no ato de abraçar, beijar e acariciar, é difícil não ver tal definição eufemística em jogo aqui. Poderia muito bem ser uma expressão amorosa entre pai e filho, ou mesmo entre "manos". O intenso erotismo entre dois "homens" é explicitamente descrito no épico, mas silenciosamente ignorado na história da recepção, enquanto a mistura de Tiamat e Apsu é imediatamente lida

90. Ibid., p. 104.

91. Ibid., p. 105.

92. Talon, *The Standard Babylonian Creation Myth Enuma Elis*, p. 35.

93. Ignace J. Gelb et al., orgs., *The Assyrian Dictionary of the Oriental Institute of the University of Chicago (Volume 2: B)* (Chicago: The Oriental Institute and J.J. Augustin Verlagsbuchhandlung, 1965), p. 256.

94. Ibid., p. 257.

como uma relação sexual heterossexual que coloca a fertilidade em primeiro plano. Poderíamos argumentar que o encontro de Mummu-Apsu é um momento sem importância, que é no máximo ignorado, mas não deliberadamente silenciado. A questão não é reivindicar a vitimização de algum tipo de pai gay primordial, mas revelar a arbitrariedade de interpretar Tiamat-Apsu-Mummu em termos de uma família nuclear nos moldes de papai Apsu + mamãe Tiamat + filho-Mummu; e destacar as complexidades *queer* do erotismo Mummu-Apsu, da conexão Mummu-Tiamat, da ambiguidade Mummu – em outras palavras, realizar uma "leitura perversa". O trabalho de Eve Sedgwick nos fornece orientação aqui:

> Tornar-se um leitor perverso nunca foi uma questão da minha condescendência para com os textos, mas sim da carga adicional da minha confiança neles em permanecerem poderosos, refratários e exemplares. E esta não parece ser uma forma incomum da leitura ardente funcionar em relação à experiência *queer*.[95]

Mummu abala a certeza da heterossexualidade do casal primordial. Logo após esse momento homoerótico, Ea ouve o plano de Mummu e Apsu e decide matá-los. O par Apsu-Mummu pode ser facilmente lido como um certo tipo de *hom(m)osexualité*[96] proto-patriarcal. Seu apagamento na história da recepção, no entanto, trancou-os no armário da heteronormatividade como o caos-*queer* que deve ser controlado, ao invés da patrilinearidade hom(m)ossexual exaltada pela família Anshar-Ea-Marduk (e pelo épico em geral). Mais adiante, em *Enuma Elis*, Ea coloca Apsu e Mummu para dormir e os mata: "Ele segurou Apsu e o matou; / Amarrou Mummu e colocou-o sobre ele. / Ele montou sua

---

95. Sedgwick, *Tendencies*, p. 4.
96. *Hom(m)osexualité* é um termo cunhado por Luce Irigaray que combina a palavra francesa *homme* (homem) e *homossexualité* (homossexualidade) através de sua leitura de Sigmund Freud. *Hom(m)osexualité* aponta para a "homossexualidade" – o desejo pelo (homem) semelhante – do patriarcado. Ver Luce Irigaray, *Speculum de l'autre femme* (Paris: Éditions de Minuit, 1974), p. 120-29.

residência em cima de Apsu".[97] Tendo matado Apsu e acorrentado Mummu, Ea descansa em sua casa com sua amante, Damkina. Marduk também nasce.

> Então ele [Ea] descansou muito tranquilamente dentro de seus aposentos privados
> E os chamou de Apsu e designou capelas,
> Fundou ali sua própria residência,
> E Ea e Damkina, sua amante, viviam em esplendor.
> [...]
> Bel,[98] o mais inteligente dos inteligentes, o sábio dos deuses, foi gerado.
> E dentro de Apsu foi criado Marduk;
> Dentro do puro Apsu nasceu Marduk.

Mesmo que "Apsu" neste momento já se torne a água doce primordial despersonificada, ainda é intrigante notar que Marduk nasce dentro de Apsu, de maneira semelhante à forma como seus anciões nasceram dentro de Tiamat.[99] Apsu torna-se assim um lugar semelhante ao útero que gera vida. Entretanto, não é difícil perceber que Marduk também está dentro de Tiamat, por pelo menos dois motivos. Primeiro, após as perturbações iniciais dos deuses nascidos dentro de Tiamat e a morte de Apsu por um deles, Ea, o épico nunca nos indicou que os deuses se moveram para fora do ventre de Tiamat. Em segundo lugar, o fato de Marduk poder continuar a fazer barulho dentro de Tiamat à maneira dos deuses mais velhos, o que ao mesmo tempo irrita alguns desses deuses, parece sugerir que todos eles ainda estão dentro de Tiamat. Isto é, Marduk está ao mesmo tempo dentro de Apsu e Tiamat. Na verdade, desde o início, Apsu e Tiamat se misturaram. O verbo *ihîqû* (ser misturado), usado na primeira estrofe do épico, afirma Tsumura, "sequer sugere indiretamente o estado inicial do oceano primordial como

---

97. Talon traduz como *Il enchaîna Apsû et le mit à mort / après avoir enfermé Mummu et tiré sur lui le verrou* (*The Standard Babylonian Creation Myth Enūma Eliš*, p. 80).

98. Bel significa "rei" e em algumas versões Marduk é chamado de Bel-Marduk. Isto é, Bel é outro nome para Marduk.

99. "Então Deuses nasceram dentro deles".

'caótico' [mas] esta 'mistura' destas duas águas foi ordenada em si mesma, isto é, 'como um'".[100] No entanto, como deveria ser acrescentado neste ponto, este é um "um" que não é um.

Aquele-que-não-é-um desafia a solução fácil de ver Apsu como "bissexual". A bi/homo/heterossexualidade deixa de ter muito significado quando os gêneros de Apsu são considerados maleavelmente mutáveis no que diz respeito ao fluxo dos seus ressurgimentos textuais e históricos. Essa mutabilidade, entretanto, não é um vale--tudo. Os hábeis líquidos subterrâneos de Tiamat e Apsu vazam do armário tanto da *queerfobia* quanto das identidades essencializadas, ressoando com as teorizações *queer* contemporâneas. Atender à sua *queerness* é "tornar visíveis possibilidades e desejos invisíveis [...] para contrabandear representações *queer* onde ela deve ser contrabandeada e [...] desafiar de frente os impulsos de erradicação *queer* onde eles devem ser desafiados".[101] É importante destacar as possibilidades excluídas (por meios epistemológicos e físicos) para demarcar os limites da inteligibilidade e da normatividade.

Ao longo da história da recepção do *Enuma Elis*, o momento *queer* de homoerotismo entre Apsu e Mummu é ignorado e o instável *mummu* adjacente a "Tiamat" foi apagado na tradução ou consertado como o "filho". Também um caos primordial (aceitemos esta representação simplista por apenas um momento), Apsu foi em grande parte esquecido. O esquecimento ou apagamento do aspecto masculinizado do oceano primordialmente *uno* feito da mistura de águas salgadas, doces e fumegantes assegura "o caótico" como completamente feminino por meio de Tiamat, a "deusa-mãe" essencializada. Sempre que o "abismo" é evocado, seja nos estudos do *Enuma Elis* ou da Bíblia, a imagem imediata que surge é a de uma Tiamat feminizada, um monstro marinho

---

100. Tsumura, *The Earth and the Waters in Genesis 1 and 2*, p. 60, nota 70.
101. Sedgwick, *Tendencies*, p. 3.

mulher, "rainha de uma horda horrenda"[102] ou a "mãe má/progenitora".[103] Mesmo que as águas primordiais fossem vistas como o caos lutando contra a ordem/criação, por que Apsu é raramente lembrado em sua função de ameaçador à ordem, sem mencionar que ele realmente planeja matar os deuses recém-nascidos por seu barulho vigoroso? E por que Tiamat não é apenas lembrada, mas também repetidamente monstrificada como o protoinimigo da ordem/criação que "se opôs à criação, *a cada passo resistiu a Deus, tentou* e *seduziu* o homem"?[104] O aspecto masculinizado do "caos" primordial (Apsu) tem de ser completamente apagado em conjunto com o seu suspeito "homoerotismo", para que a alegoria da ordem vencendo o caos possa justificar-se através de uma série de binários falocêntricos: o homem controlando a mulher, a atividade superando a passividade e a cultura dominando a natureza.

A "tehomofobia", argumenta Keller, é uma manifestação de misoginia que está em conformidade com a doutrina da *creatio ex nihilo* masculina através de uma "economia sexual de úteros colonizados, governada por uma Palavra desencarnada".[105] Ele alude em várias ocasiões à centralidade da homofobia ao pensar sobre a tehomofobia. Tecida no imaginário do "abismo" ameaçador, a tehomofobia está diretamente ligada à homofobia, ao ódio/medo masculino da feminilidade em geral, incluindo a própria passividade personificada pelo ânus/reto.[106] Em *Policing Desire*, Simon Watney analisa a homofobia como uma "misoginia deslocada [... isto é] um ódio ao que é projetado como 'passivo' e, portanto, feminino, sancionado pelos impulsos heterossexuais dominantes

---

102. George A. Barton, "Tiamat", *Journal of American Oriental Society* 15 (1893), p. 1-27, aqui p. 12.

103. Rivkah Harris, "The Conflict of Generations in Ancient Mesopotamian Myths", *Comparative Studies in Society and History* 34, n. 4 (1992), p. 621-35, aqui p. 631.

104. Barton, "Tiamat", p. 27.

105. Keller, *Face of the Deep*, p. 223.

106. Gregory W. Bredbeck, *Sodomy and Interpretation* (Ithaca: Cornell University Press, 1991), p. 31.

do sujeito".[107] Esta é uma observação querida para o homem asiático *queer* feminista que sou, constantemente ameaçado pela extirpação fascista "sem asiáticos!", que se tornou quase um *slogan* de uma "comunidade" gay supremacista branca que coage os homens asiáticos "a ocupar a posição menos *sexy* e indesejável [...] vistos como moles, afeminados e mal dotados"[108] – em outras palavras, a ocupar a passividade tehomica.

A tehomofobia racializada vai além e é mais profunda que o ódio e o medo das profundezas do útero ou da passividade. Depois de me demorar tanto em uma escavação lexical destinada a resistir à dicotomização moderna e heteronormativa dos "primórdios" etimológicos, proponho uma pesquisa crítica da correlação entre essas duas formas de tehomofobia, misoginia e homofobia, para entender como elas se unem na estigmatização do ânus, uma "cicatriz" aberta semelhante a um útero no corpo humano que torna o sexo/gênero/sexualidade irrelevantes.

O que une a misoginia e a homofobia é o medo da feminilidade reiterado através de todos os tipos de práticas sociais e culturais. Profundamente enterrado abaixo ou *atrás* deste ódio e ansiedade, no seu contexto moderno/colonial (ou seja, num contexto em que a dicotomia homem/mulher acompanhada pela heterossexualidade é naturalizada e normalizada), está um ânus ferido, um órgão inocente demonizado na equivalência da imoralidade, transgressão, "pecado", ou simplesmente ser estúpido, e para não mencionar, se penetrado, aniquilação. Beatriz (agora Paul) Preciado argumenta que o privilégio do sujeito masculino heteronormativo é conquistado ao preço da "castração anal":

> Os meninos-de-ânus-castrados estabeleceram uma comunidade que chamaram de Cidade, Estado, Pátria, cujo poder e autoridade administrativa

---

107. Simon Watney, *Policing Desire: Pornography, aids and the Media* (Londres: Comedia, 1987), p. 50.
108. Hoang Tan Nguyen, *A View from the Bottom: Asian American Masculinity and Sexual Representation* (Durham: Duke University Press, 2014), p. 2.

excluíam todos aqueles corpos cujo ânus permanecia aberto: as mulheres são duplamente perfuradas em decorrência de seus ânus e vaginas [com] todo o seu corpo transformável em cavidade uterina capaz de abrigar futuros cidadãos; porém também os corpos de bichas, que o poder não conseguiu castrar; corpos que repudiaram o que outros considerariam evidências anatômicas e que criam uma estética de vida a partir dessa mutação.[109]

Em poucas palavras, o teórico *queer* espanhol subverteu a obsessão falocêntrica com o pênis na fantasia freudiana da "ansiedade de castração" masculina e da "inveja do pênis" feminina, com a ideia quase inconcebível de "castração anal". Afinal, como o ânus pode ser castrado se ele nem "existe"? A psic*anál*ise falocêntrica coage todos os homens a terem "ansiedade de castração" e todas as mulheres a invejarem o pênis. Devido à sua "despossessão" do pênis, as mulheres já estavam, como se por natureza, castradas. Todos estes alegados medos ou invejas só poderiam fazer sentido numa cultura androcêntrica tão obcecada pelo pênis.[110]

Essa obsessão é explicitamente demonstrada nas entradas do dicionário. Depois de ter examinado as definições espanholas de *ano, pene* e *vagina*, oferecidas pela Real Academia de Español, Preciado conclui que apenas o pênis goza do privilégio biopolítico de ser considerado um órgão sexual. O *Oxford English Dictionary* oferece quase as mesmas definições, longe de serem definições simplesmente objetivas em inglês, do "ânus" como

---

109. Beatriz Preciado, "Terror anal", in *El deseo homosexual de Guy Hocquenghem*, p. 133-72 (Santa Cruz de Tenerife: Editorial Melusina, 2009), p. 137: *Los chicos-de-los-anos-castrados erigieron una comunidad de la que llamaron Ciudad, Estado, Patria, de cuyos órganos de poder y administrativos excluyeron a todos aquellos cuerpos cuyos anos permanecían abiertos: mujeres doblemente perforadas por sus anos y sus vaginas, su cuerpo entero transformable en cavidad uterina capaz de albergar futuros ciudadanos, pero también cuerpos maricas a los que el poder no pudo castrar, cuerpos que reniegan de lo que otros consideran evidencia anatómica y que hacen de la mutación una estética de vida.*

110. Estou ciente das diferenças entre o pênis biológico (foco de Freud) e o falo simbólico (foco de Lacan); no entanto sigo a sugestão de Jane Gallop de que embora o "pênis seja o que os homens têm e as mulheres não; o falo é o atributo de poder que nem homens nem mulheres têm [...]. Enquanto o atributo de poder for um falo que se refere e pode ser confundido com um 'pênis', essa confusão apoiará uma estrutura na qual parece razoável que os homens tenham poder e as mulheres não" (Jane Gallop, *The Daughter's Seduction: Feminism and Psycholysis* [Ithaca: Cornell University Press, 1982], p. 97).

97

a "abertura posterior do canal alimentar em animais, através da qual os excrementos são ejetados"; do "pênis" como o "órgão genital masculino utilizado (normalmente) para a cópula e para a emissão ou dispersão de espermatozoides [...] e servindo também para a eliminação de urina"; e da "vagina" como "o canal membranoso que vai da vulva ao útero em mulheres e fêmeas de mamíferos".[111] Não é coincidência que "inveja do pênis" seja adjacente à entrada de "pênis" e "vagina dentata" à de "vagina". Estas entradas adjacentes parecem confirmar a crença generalizada (e teorizada) de que o pênis é atraente e deve ser invejado, enquanto a vagina é abominável e deve ser temida.[112] No entanto esta dicotomia pênis-vagina não se aplica realmente ao texto do *Enuma Elis*. Apsu, como mostrado acima, mantém uma relação suspeita com o invejável falo/pênis, pois "ele" é, afinal, uma cavidade aquosa. A existência de Apsu marca literalmente a falta. "Ele" é o pai hom(m)ossexual esquecido no armário das recepções modernas. Para garantir este esquecimento, o "monstro primordial" feminizado/monstrificado Tiamat tem de ser esvaziado, primeiro por Marduk no *Enuma Elis* e depois repetidamente pela história da recepção que continua este grito:

> Deixe-o derrotar Tiamat, restringir sua respiração e encurtar sua vida
> Para que para as pessoas do futuro, até o tempo envelhecer,
> Ela fique muito distante, não será mantida aqui, distante para sempre.

111. Todas essas definições são do *Online Oxford English Dictionary*.

112. "Inveja do Pênis" é definida como "a (suposta) inveja da mulher pela posse do pênis do homem, postulada por Freud para explicar alguns aspectos do comportamento feminino", sugerindo uma possível fraude nesta teoria com a expressão entre parênteses "suposta". No entanto, "Vagina Dentata" é definida como "o motivo ou tema de uma vagina equipada com dentes que ocorre no mito, folclore e fantasia, e diz-se que simboliza o medo da castração, os perigos da relação sexual, do nascimento ou renascimento, etc." em que o sujeito masculino que fantasia o medo de ser castrado fica transparente. Além disso, o alegado "medo da castração" não pode acomodar a "castração anal" de Preciado, e a "relação sexual" é assumida como uma penetração heterossexual sem a questão de como uma vagina equipada com dentes teria medo, digamos, de relações sexuais não vaginais, seja homossexual, heterossexual ou qualquer outra.

O esforço científico social de decifrar o passado não é apenas um ato inocente de interpretação. À luz crítica da *queerness*, o ato de criação de Marduk de massacrar Tiamat dificilmente é justo. Paul Ricoeur é talvez o primeiro a ler *Enuma Elis* neste contexto social, especialmente o da "violência justificada". Apesar do pessimismo evidente com que vê a violência como inscrita na origem das coisas, ele observa com propriedade:

> Na batalha entre Marduk e Tiamat, Marduk aparece como o poder brutal, tão antiético quanto a raiva de Tiamat. Marduk representa a criação e a destruição; pela entronização de Marduk pelos deuses, a violência humana é então justificada pela violência original. A criação é uma vitória sobre um Inimigo mais velho que o criador.[113]

Cantar a vitória de Marduk, justificando a sua violência assassina com uma retórica de ordem vencendo o caos, soa totalmente familiar ao discurso colonial que propaga a colonização como um processo de trazer "luz e doçura" aos "bárbaros" não esclarecidos, que serão examinados mais de perto nas duas próximas partes. Aqui, deixe-nos dar um salto temporal para observar a sua continuidade nas "representações assassinas de homossexuais desencadeadas e 'legitimadas' pela AIDS" nos meios de comunicação dos EUA durante a epidemia da AIDS na década de 1980.[114]

Leo Bersani, no artigo "Is the Rectum a Grave?", escrito no auge da epidemia de AIDS, denuncia os crimes da falta de resposta do governo Reagan e o aumento do policiamento daqueles "inaceitáveis na crise da AIDS [que] são, é claro, homossexuais masculinos e usuários de drogas intravenosas (muitos destes

---

113. Paul Ricoeur, *Philosophie de la volonté: Finitude et culpabilité 2, 2: La symbolique du mal* (Paris: Aubier, 1960), p. 173: *Au cours de la lutte qui oppose Mardouk à Tiamat, Mardouk apparaît comme puissance brute, aussi peu éthique que la colère de Tiamat. Mardouk figure l'identité de la création et de la destruction; lors de l'intronisation de Mardouk par les dieux [... la] violence humaine est ainsi justifiée par la violence originelle; la création est une victoire sur un Ennemi plus vieux que le créateur.*

114. Leo Bersani, "Is the Rectum a Grave?" in *Is the Rectum a Grave? And Other Essays* (Chicago: University of Chicago Press, 2010), p. 3-30, aqui p. 28.

últimos, [...] negros pobres e hispânicos)".[115] Apesar da suposição etnocêntrica de seu argumento de que "todas as pessoas de cor são heterossexuais, todos os homens gays são brancos", como criticado por José Muñoz,[116] a crítica justificadamente irada de Bersani é particularmente relevante para a minha análise do mecanismo discursivo da tehomofobia quando ele argumenta: "o *poder* está nas mãos daqueles que dão todos os sinais de serem capazes de simpatizar mais com a fúria 'moral' assassina do bom vigário do que com a agonia de um paciente com SK".[117]

A violência justificada (homofobia, neste caso) é astuciosamente alimentada pela estratégia de acusar e monstrificar a vítima, tal como o tratamento antiético de Tiamat no *Enuma Elis* reproduzido pelos estudos modernos, como demonstrei ao longo destes dois capítulos. Simon Watney explica a homofobia publicamente aberta durante a epidemia de AIDS à representação de mulheres prostitutas no século XIX que as condenava "como recipientes contaminados, transmitindo doenças venéreas 'femininas' a homens 'inocentes'".[118] Através de Watney, Bersani salienta ainda que os homossexuais, "aqueles que pertencem ao grupo mais atingido pela AIDS [... ou] aqueles que estão sendo mortos são [demonizados como os] assassinos" e vetores intencionais da AIDS.[119]

Assim, longe de uma "aplicação" *ana*crônica da teoria *queer* a uma antiguidade remota, quase num gesto absurdo de coagir uma leitura que interpretaria as divindades aquáticas primordiais

---

115. Incluindo "atrasos criminosos no financiamento da investigação e tratamento, obsessão com testes em vez de cura". Além disso, o Departamento de Justiça dos EUA emitiu um "parecer jurídico afirmando que os empregadores poderiam despedir empregados com AIDS se tivessem a mínima suspeita de que o vírus poderia ser transmitido a outros trabalhadores, independentemente das provas médicas". O Secretário Americano de Saúde e Serviços Humanos "argumentou contra a necessidade de uma lei de diferimento que garantisse a confidencialidade dos resultados dos testes de anticorpos do HIV" (ibid., p. 4-6).

116. Muñoz, *Cruising Utopia*, p. 33-35.

117. Isto faz alusão à manchete do jornal londrino *Sun*, a qual o autor menciona anteriormente em sua análise (Bersani, "Is the Rectum a Grave?", p. 5-6): "Eu atiraria no meu filho se ele tivesse aids, diz o vigário!".

118. Watney, *Policing Desire*, p. 33-34.

119. Bersani, "Is the Rectum a Grave?", p. 17.

como os densamente simbolizados bundões heteronormativos modernos/coloniais, o que quero mostrar é o grande potencial político de um abismo "impuro", não identitário e indiferenciado. Isto está em desacordo com as interpretações tehomofóbicas que não são menos absurdas ao forçar a mistura de águas antigas na família nuclear heteromonogâmica moderna/colonial composta por papai, mamãe e filho,[120] por mais metafóricas que essas personificações possam ser. Opor-se a essas interpretações e apropriações monolíticas e aparentemente *honestas* é opor-se à lógica assassina que traduz a violência no nível simbólico da mitologia em uma violência física na política cotidiana.

A sobrevivência milagrosa de sujeitos *queer* sob os impulsos de ameaça à vida para erradicá-los da inteligibilidade epistêmica e da habitabilidade material em nome da "ordem" – seja Marduk em sua "criação do céu e da terra" ou da fúria moral assassina do público em geral contra qualquer dissidência sexual – afortunadamente revelou os limites e inadequações do sistema dominante. Enquanto Apsu está trancado no armário heteronormativo da tehomofobia, seu parceiro sexual Mummu vaza, aderindo-se a Tiamat, *mu-um-mu tia-amat mu-al-li-da-at gim-ri-šú-un.*[121] Como caos monstrificado, Tiamat-Apsu (e Mummu) mantém/mantêm o corpo aberto, penetrável e maleável. As imagens, às vezes separadas, mas sempre misturadas, de Tiamat-Apsu-Mummu-Nammu--Tehom, de corpos "masculinos" penetráveis e de homoerotismo há muito silenciado, mas inerradicável, assombram não apenas Marduk e os Reis Babilônicos, mas também a Bíblia e toda a tradição tehomofóbica e falogocêntrica de sua recepção.

---

120. Preciado aponta ironicamente em uma paródia do drama/trauma familiar freudiano do pênis, *Los miembros de la familia no tienen ano. Papá no tiene ano. Mamá no tiene ano. El niño no tiene ano. La niña, ni siquiera importa si tiene ano o no lo tiene* ("Os membros da família não têm ânus. Papai tem ânus sem ânus. Mamãe não tem ânus. O filho não tem ânus. A menina, isso nem importa se ela tem ou não") (Preciado, "Terror anal", p. 139).

121. Talon, *The Standard Babylonian Creation Myth Enuma Elis,* p. 33.

As estratégias de sobrevivência desses antigos seres *queer* nos encorajam a suspender nossas fáceis identificações de gênero e respeitar sua corporificação como emaranhados complexos. Nossas experiências comuns do reto – "o terminal, a seção do intestino grosso, usualmente relativamente reta, em humanos e outros mamíferos, terminando no ânus" (OED) – podem nos ajudar a entender esses divinos seres *queer*, que transmitem um tipo de paródia de gênero que "revela que a identidade original, depois da qual o gênero se molda, é uma imitação sem origem".[122]

Esses fluidos primordiais perpetuamente deslocados que estão na *origem* da imaginação humana e que oscilam entre a indiferença inclassificável, a *indiferenciação* e as diferenças elimináveis, *são* formas de caos que nunca poderão ser conquistadas.

---

122. Judith Butler, *Problemas de gênero: feminismo e subversão da identidade* (Rio de Janeiro: Civilização Brasileira, 2018).

# *Creatio ex nihilo* questionada

> *Yo no cruzé la frontera, la frontera me cruzó.*
>
> LOS TIGRES DEL NORTE[1]

Situada no livro entre as "Águas" da Mesopotâmia e a "Terra" da Mesoamérica surge esta longa parte deliberadamente denominada *O/nulla* (zero), como um gesto de crítica ao conceito teológico-político de *creatio ex nihilo* (criação a partir do nada). Veremos como a *creatio ex nihilo* teve uma influência decisiva no colonialismo e na colonialidade, uma influência que persiste na recepção acadêmica de mitologias e de teorias críticas. Como argumenta Catherine Keller em *Face of the Deep: A Theology of Becoming*, o tópico teológico inicial da criação a partir do nada tornou-se um senso comum e "assumiu uma forma moderna e depois secular, gerando todo tipo de originalidade ocidental, todo o logos criando o novo como se fosse do nada, libertando-se violentamente, em êxtase, dos abismos do passado".[2] *Creatio ex nihilo* foi o que permitiu à Espanha católica e à Europa reivindicar a sua "descoberta" de uma terra pré-habitada mais tarde renomeada como "América". Em *La invención de América*, Edmundo O'Gorman afirma: "o conceito fundamental para entender bem a imagem que eles

---

1. Da canção "Somos más Americanos" (1993), da banda mexicana *norteña* Los Tigres del Norte.
2. Catherine Keller, *Face of the Deep: A Theology of Becoming* (Londres: Routledge, 2003), xvi.

tinham do mundo na época de Colombo era a de um mundo criado *ex nihilo* a partir de Deus".[3] Este sentido de originalidade que cria como se fosse do nada ainda está amplamente operante.

Se nada pode ser feito do nada, há sempre algo no suposto "nada". Esse algo pode até ser um monte de coisas, mais do que pode ser abordado em um único capítulo. Estas coisas são o que o colonialismo tem tentado, na maioria das vezes de forma violenta mas em vão, apagar e reduzir ao "nada". Neste capítulo, veremos como a *creatio ex nihilo* opera discursivamente nas muitas facetas do colonialismo moderno, como a "(re)invenção da imprensa por Gutenberg" e a já mencionada "descoberta" ou "invenção da América", bem como na persistência da colonialidade na produção de conhecimento, especialmente nas áreas do pós-colonialismo e dos estudos de gênero/*queer*. Mais concretamente, examinaremos o gênero da *creatio ex nihilo* em relação à recepção do famoso discurso de Sojourner Truth "Ain't I a Woman?" e a questão mais ampla da colonialidade de gênero(ificação).

## Como criar do nada?

A obra do sinólogo francês René Étiemble *L'Europe chinoise* (1988) abre o Capítulo 1 com um caso relativo à invenção da prensa móvel ao afirmar "a obra-prima da impostura Eurocêntrica: a de que Gutenberg deveria ser o inventor da prensa móvel".[4] Étiemble revisou numerosos trabalhos acadêmicos, enciclopédias e textos introdutórios de museus, e descobriu que eles afirmavam univocamente a invenção da prensa móvel na década de 1450 pelo artesão alemão Johann Gutenberg. Muitas obras reconhecem a

---

3. Edmundo O'Gorman, *La invención de América: El universalismo de la cultura occidental* (México DF: Universidad Nacional Autónoma de México, 1958), p. 72: *el concepto fundamental para entender a fondo la imagen que se tenía del universo en tiempos de Colón es el de haber sido creado ex nihilo por dios.*

4. René Étiemble, *L'Europe chinoise I: De l'empire romain à Leibniz* (Paris: Gallimard, 1988), cap. 1: *le chef-d'œuvre de l'imposture européocentriste: Gutenberg serait l'inventeur de l'imprimerie.*

existência de tecnologia semelhante (tipos móveis) já inventada pelo artesão chinês Bi Shen por volta de 1040 e 1050, ou seja, alguns milhares de anos após a impressão dos primeiros livros, embora com outros métodos, durante a dinastia Han (cerca de 250 AEC). As fontes revistas por Étiemble ou ignoram este fato histórico ou afirmam que foi Gutenberg quem inventou a impressão de tipos móveis, ou articulam essa "invenção" de uma forma peculiar. Étiemble observa que

> gostariam que admitíssemos que Gutenberg, um alemão, certamente, mas também um europeu, é um dos maiores gênios da humanidade porque, sozinho, tão ignorante de tudo aquilo que as pessoas *não* sabiam, e dos quais [sc. imprensa] muitos outros mostraram o caminho da China para a Alemanha, ele sozinho inventou a imprensa.[5]

Um dos casos mais curiosos que Étiemble cita é de um livro publicado em 1961, *L'univers des livres: Étude historique des origines à la fin du xviiie siècle*, de Albert Flocon, que argumenta que

> todas as técnicas e materiais essenciais para a multiplicação da escrita foram desenvolvidos no Extremo Oriente. Nada pode provar que a única [forma de] fabricar papel tenha seguido a rota da seda; por que os livros e as imagens impressas, como quaisquer outros bens, não teriam alcançado as fronteiras ocidentais do continente asiático, ou, pelo menos, informações bastante precisas sobre o seu modo de produção, o que teria permitido, no devido tempo, uma *reinvenção* ocidental?[6]

---

5. Ibid., p. 39: *ils voudraient nous faire admettre que Gutenberg, un Allemand, certes, mais oui bien un Européen, est l'un des plus grands génies de l'humanité parce que tout seul, comme un grand ignorant de tout ce que tant de gens alors ne pouvaient pas ne pas savoir, et dont plusieurs du reste avaient démontré le cheminement de la Chine vers l'Allemagne, il avait inventé l'imprimerie.*

6. Citado em ibid., p. 30: *toutes les techniques et les matériaux essentiels pour la multiplication des écrits ont été mis au point en Extrême-Orient. Rien ne prouve que la seule fabrication du papier a suivi la route de la soie; pour-quoi, comme d'autres marchandises, les livres et les images imprimés ne seraient-ils pas parvenus aux confins ouest du continent asiatique, ou tout au moins des renseignements assez précis sur leur mode de fabrication qui pouvait permettre une réinvention occidentale le moment venu?* Ênfase do autor.

A peculiar palavra *reinvenção* chamou a atenção de Étiemble. Apesar do tom cauteloso de Flocon – que emprega frases interrogativas e o modo condicional, que pode ser construído deixando espaço para a incerteza –, foi desconcertante para Étiemble que, depois que um trabalho como *The Invention of Printing in China and its Spread Westward*, de Thomas Francis Carter (1925), já tivesse sido "recebido com entusiasmo" e "tornado-se imediatamente o trabalho padrão sobre as origens chinesas da impressão",[7] Flocon ainda poderia creditar a Gutenberg a invenção (ou, mais precisamente, a *reinvenção*) da impressão.

Suspeitando da desatualização do trabalho de Étiemble, revisei alguns estudos acadêmicos mais recentes, enciclopédias e textos introdutórios de museus. As mudanças ainda estão para ser vistas. Por exemplo, o *website* do Museu Gutenberg em Mainz, na Alemanha, menciona brevemente Bi Sheng na seção *Beweglich Lettern vor Gutenberg* sob a introdução da impressão no Leste Asiático. O texto matizado e cauteloso, mas problemático, afirma: "Os registros nos dizem que em *c.* 1040, um homem chamado Bi Sheng começou a fazer experiências com carimbos de cerâmica móveis, usando-os para compor e imprimir textos".[8] Nesta versão, diz-se que Bi Sheng (*so ist überliefert*) experimentou (*experimentierte*) com a impressão, mas não necessariamente, presume-se, gerando uma "revolução impressa na China comparável àquela normalmente associada a Gutenberg no mundo ocidental".[9]

A entrada para "Johannes Gutenberg" na versão online da *Encyclopedia Britannica* credita-o por ter "criado um método de impressão a partir de tipos móveis".[10] A mesma enciclopédia online não

---

7. Citado em Ibid.

8. "Ostasien", *Gutenberg-Museum Mainz*, disponível online. *Um das Jahr 1040 experimentierte ein Mann namens Bi Sheng, so ist überliefert, mit beweglichen Druckstempeln aus Keramik, aus denen er Texte zusammensetzte und abdruckte.*

9. Andrea Janku, " 'Gutenberg in Shanghai. Chinese Print Capitalism, 1876-1937' by Christopher A. Reed. [Book Review]". *The China Quaterly* 182 (2005), p. 443, aqui p. 445.

10. "Johannes Gutenberg", *Encyclopedia Britannica*, disponível online.

tem entrada para Bi Sheng. O *New York Times*, em 27 de janeiro de 2001, publicou um artigo intitulado "A história foi muito generosa com Gutenberg?". Um físico e estudioso de livros raros que usa novas tecnologias para examinar as primeiras impressões creditadas a Gutenberg questionou a "única descoberta heroica" da prensa de Gutenberg, embora o artigo esteja bastante confiante em observar que "a nova pesquisa [...] não desaloja Gutenberg da sua posição histórica como inventor da imprensa".[11] No final do artigo, surpreendentemente, o autor acrescenta que

> os coreanos *usavam fundição em areia para fazer letras de metal* [...] há pelo menos trinta anos, mas os estudiosos não encontraram nenhuma evidência direta de que Gutenberg tivesse contato com eles. Também se sabe há muito tempo que os chineses *fabricavam tipos móveis* de argila e produziam livros em massa no século XI AD, *embora esse processo fosse desconhecido na Europa.*[12]

Enquanto os coreanos "usavam letras fundidas em areia para fazer letras de metal" e os chineses "faziam tipos móveis", foi Gutenberg, ou "outra pessoa cerca de vinte anos depois de Gutenberg [que] imprimiu sua Bíblia" e "inventou" os tipos móveis para impressão.[13] Este é um exemplo "dos tipos de representação colonial que, pelo menos superficialmente, não estigmatiza ou distancia abertamente o outro como um estereótipo, como um selvagem primitivo ou asiático".[14] A Ásia oriental, e especialmente a China, raramente foi considerada "bárbara" ou "primitiva" pelos europeus, como foi o destino das culturas ameríndias. No entanto, a mente moderna/colonial, presa na

11. Dinitia Smith, "Has History Been Too Generous to Gutenberg?" *New York Times*, 27 jan. 2001, disponível online.

12. Ibid., ênfase do autor.

13. Ibid.

14. Nicholas Thomas, *Colonialism's Culture: Anthropology, Travel and Government* (Princeton: Princeton University Press, 1994), p. 37.

lógica da *creatio ex nihilo*, tem dificuldade em lidar com a ideia de que Gutenberg pode não ter inventado a impressão de tipos móveis a partir do nada. Assim, ela inventou a "reinvenção".

O problemático sufixo *re-* não é um caso singular. Nomear é renomear e povoar é repovoar. Em *Historia de las Indias*, Bartolomé de Las Casas explica que Cristóbal Colón[15] significa *poblar de nuevo* (repovoar).[16] A expressão espanhola *de nuevo* significa fazer algo novamente, assim como o prefixo *re-* de repovoar ou renomear, mas contém a curiosa palavra *nuevo*, "novo" como na nomeação de Vespúcio *mundus novus*. Isto implica uma "arrogância inconsciente e uma crença profunda de que o que para ele não era conhecido tinha que ser, necessariamente, novo; que tudo o que não era conhecido por ele naturalmente não existia".[17] Mas quando se trata de repovoar a terra com novos habitantes, *de nuevo*, como *ex nihilo*, levanta-se a questão dos antigos habitantes de cuja existência o colonizador está consciente. O'Gorman pede-nos que façamos uma distinção entre "invenção" e "criação", ligando o último termo a *ex nihilo* num contexto religioso.[18] Ele sugere que a tarefa é reconstruir não uma história de "descoberta", mas de como a ideia de que a América foi descoberta entrou em cena.[19] McClintock sugere que essas "ansiedades implosivas [...] eram frequentemente afastadas por ritos fantásticos de violência imperial",[20] ao imaginar o desconhecido-tornado-

---

15. O nome do navegador italiano é escrito como Christopher Columbus em inglês e Cristoforo Colombo em italiano. No entanto, durante a sua vida, ele insistiu em usar o espanhol Cristóbal Colón, que tem conotações teológicas interessantes intimamente relacionadas com a "descoberta da América", como argumentado em *A Conquista da América: A questão do outro* (São Paulo: WMF Martins Fontes, 2019), de Tzvetan Todorov. Mantenho assim o espanhol Cristóbal Colón ao longo de todo o texto.

16. Bartolomé de Las Casas, *Historia de las Indias*, tomo I (Madrid: Imprenta de Miguel Ginesta, 1875), p. 43.

17. Walter Mignolo, *The Darker Side of the Renaissance: Literacy, Territoriality and Colonization* (Ann Arbor: University of Michigan Press, 1995), p. 264.

18. O'Gorman, *La invención de América*, p. 14.

19. Ibid., p. 24

20. Anne McClintock, *Imperial Leather: Race, Gender and Sexuality in the Colonial Contest* (Nova York: Routledge, 1995), p. 27.

-conhecido como o "novo", demonizando o conhecido antigo-
-agora através da "canibalização", e depois apagando o velho feito
novo/bárbaro e a sua cultura, religião, memória e história através
da retórica de que "a civilização conquista/converte a barbárie".

## Renomear: colonialismo moderno e a invenção da América

A "(re)invenção" da prensa de Gutenberg e a "(re)nomeação" da
América pelos europeus são sustentadas pela mesma lógica da
*creatio ex nihilo*. Uma das funções mais significativas do "senso
de originalidade" do Ocidente reflete-se no ato de "nomear", que
é sempre uma renomeação dos outros não ocidentais. A invenção da "América" está preenchida com esse desejo e ansiedade
de nomear apropriando-se. As terras habitadas de Cemanahuac
(para os nahuas) e Tawantisuyana (para os incas), com suas civilizações altamente sofisticadas, são reduzidas a uma *terra nullius*
a ser "descoberta", e então "nomeada", e eventualmente apropri-
adas pelos cristãos europeus.

Não apenas a *terra nullius* era perfeitamente habitada, como
também não era desconhecida pelo colonialismo. Os tipos não
modernos[21] de colonialismo são abundantes. A colonização, ou
colonialismo, existe ao longo da história humana e em todo o
mundo. O estado da Babilônia e os impérios astecas eram grandes poderes coloniais em suas respectivas regiões em certos momentos históricos. Gregos, romanos, chineses e mongóis, para
citar apenas alguns, também eram colonizadores regionais que
exerceram controle colonial sobre as terras de outras pessoas. O
colonialismo moderno começou a partir do século XVI, através

21. Sigo María Lugones para designar sociedades que não são consideradas "modernas"
como "não modernas" em vez de "pré-modernas". Ela argumenta que o "aparato moderno
reduz [as sociedades não modernas] para formas pré-modernas [enquanto] o conhecimento não moderno, relações e valores e práticas ecológicas, econômicas e espirituais
não modernos, são logicamente constituídas para estar em desacordo com uma dicotomia, hierárquica, 'lógica categórica' (María Lugones, "Toward a Decolonial Feminism",
*Hypatia* 25, n. 4 [2010], p. 742-59, p. 743).

da conquista europeia da "América", enquanto as "relações coloniais dos períodos anteriores [...] não eram os pilares de nenhum poder global".[22] A singularidade do colonialismo moderno está precisamente em sua conexão íntima com um capitalismo global que "origina-se e globaliza-se a partir da América".[23] A "América", ou mais precisamente a invenção da "América", é o limite da nossa discussão sobre o colonialismo e a colonialidade moderna, "um dos elementos constitutivos e específicos da matriz global do poder capitalista".[24]

## Do colonialismo à invenção da América e colonialismo moderno

As duas antigas culturas que estudamos podem ser vistas como coloniais. Os babilônios colonizaram seus vizinhos e se tornaram um poder dominante na região mesopotâmica antes de serem derrubados pelo Império Persa. Os astecas eram um grupo nômade na região norte da Mesoamérica que migrou gradualmente para o centro do México, subjugando os habitantes indígenas do vale do México e construindo um império com centro na emergente metrópole México-Tenochtilan.[25]

O mito da criação da babilônico *Enuma Elis* tornou-se importante e foi recitado repetidamente no "Festival de Ano Novo" somente após a ascensão do estado da Babilônia. Consequentemente, Marduk tornou-se o deus patrono não apenas dos babilônios, mas de toda a região Mesopotâmica. Da mesma forma, a fundação da Cidade do México-Tenochtitlan pelos astecas na ilha do lago

22. Aníbal Quijano, "Coloniality and Modernity/Rationality", *Cultural Studies* 21, n. 2-3 (2007), p. 168-78, aqui p. 170.

23. Aníbal Quijano, "Colonialidad del poder y clasificación social", *Journal of World-Systems Research* 6, n. 2 (2000), p. 342-86, aqui p. 342: *se origina y mundializa a partir de América*.

24. Ibid.: *uno de los elementos constitutivos y específicos del patron mundial de poder capitalista*.

25. O nome "asteca" refere-se ao mito de "Aztlan", no qual o grupo nômade de língua náuatle acredita ser seu local de origem. "Méxica" (a regra de nahua) refere-se ao povo do México-Tenochtitlan.

Texcoco foi justificada como a "vontade divina" de seu deus patrono, Huitzilopochtli, que os teria guiado para a terra prometida onde eles viram uma águia devorando uma cobra em cima de um cacto. A expansão do Império Asteca fez de Tenochtitlan seu centro espiritual e político. No centro do centro, no Templo Mayor, era frequentemente realizado o mito em que Huitzilopochtli derrotou Coyolxauhqui (a deusa da lua) e o Centzonitznahuac (quatrocentas estrelas do sul). O deus do sol, Huitzilopochtli, deus patrono da tribo Asteca, se tornou o deus patrono do vale do México. Após uma leitura superficial, o mito propaga a vitória do poder masculino sobre o feminino, e do colonizador (Huitzilopochtli representando os astecas) sobre os colonizados (Coyolxauhqui e Centzon Huiznahuac, representando as tribos conquistadas e feminizadas).

Ambas as culturas usaram mitos de criação fortemente carregados com justificativas para o seu poder colonial sobre os habitantes anteriores da terra conquistada. *Enuma Elis* era realizada em várias ocasiões todos os anos, como uma reiteração da superioridade de Marduk – e, portanto, da Babilônia –, e os rituais de sacrifício no Templo Mayor serviam a fins semelhantes. Apesar das diferenças entre formas não modernas e modernas de colonialismo, a *creatio ex nihilo* persiste como um discurso justificativo. Aparece na conquista espanhola do Império Asteca e no genocídio da população indígena americana, bem como na ocupação israelense da terra palestina.[26]

O que torna o colonialismo europeu ou ocidental moderno singular na história global é sua relação com o capitalismo. Nesse sentido, "América" – que não era conhecida como tal pelos habitantes daquela terra, que a conheciam, por exemplo, como Cemanahuac (em nahuatl, "terra inteiramente cercada pela água"), ou por seu "descobridor", que acreditava ter chegado à Índia – encapsula ambos o evento histórico e a especificidade ideológica

---

26. Ver Ilan Pappe, *The Ethnic Cleansing of Palestine* (Londres: Oneworld Publications, 2006).

do colonialismo europeu moderno. A partir do século XVI, com os espanhóis e portugueses, passando pelo domínio global através do controle político direto no século XIX, predominantemente pelos britânicos e franceses, e no século XX, pelos Estados Unidos, o legado do colonialismo europeu moderno foi indiscutivelmente repassado às empresas multinacionais neoliberais.[27]

"América" é um conceito enunciado a partir de uma perspectiva europeia e cristã através do mito da "grande descoberta" de um continente pré-habitado por diversas populações, civilizações, impérios e até poderes coloniais não modernos, a fim de apropriar e dominar essas culturas conquistadas no continente como um todo e manter a Europa como o único local de enunciação. "América" é então o nome usado e apropriado pelos Estados Unidos para se referir ao país, sugerindo simbolicamente sua dominação neocolonial e capitalista sobre todo o continente americano, o que faz da "América 'Latina' [...] um subcontinente dependente, isto é, subalterno à totalidade continental, a América".[28]

Mais uma vez, a questão da nomeação é crucial aqui. No imaginário Judaico-Cristão, Deus fala o mundo em existência e, posteriormente, pede ao humano 'adam[29] para chamar e nomear as criaturas para que "o que quer que o humano chamasse

---

27. Para uma exploração inicial desta questão no contexto da África, consulte O. E. Udofia, "Imperialism in Africa: A case of Multinational Corporations", *Journal of Black Studies* 14, n. 3 (1984), p. 353-68. Para um estudo recente no contexto da América Latina, consultar Macarena Gómez-Barris, *The Extractive Zone: Social Ecologies and Decolonial Perspectives* (Durham: Duke University Press, 2017).

28. Walter Mignolo, *The Idea of Latin America* (Oxford: Blackwell, 2005), p. 153.

29. Em vez do nome Adão, de acordo com Robert Alter, o hebraico 'adam deveria ser traduzido como *humano*, como no texto hebraico o termo "depois de forma consistente com um artigo definido, que é usado aqui [no primeiro relato da criação do ser humano em Gênesis I] e no segundo relato das origens da humanidade". Robert Alter, *Genesis: Translation and Commentary* (Londres: W.W. Norton & Company Inc., 1996), p. 5. Para uma discussão sobre a *queerness* de 'adam, ver meu artigo " 'adam Is Not Man': Queer Body before Genesis 2:22 (and After)", in *Unsettling Science and Religion: Contributions and Questions from Queer Studies*, orgs. Whitney Bauman e Lisa Stenmark, p. 183-97 (Lanham: Lexington Books, 2018).

de criatura viva, esse era o seu nome" (Gn 2:19).[30] Um ato semelhante de (re)nomear, assim (re)criando, foi repetido por Colombo quando ele chegou ao continente, que ele próprio não conhecia como "América". Tzvetan Todorov, em seu estudo da "Grande Descoberta", em *La conquête de l'Amérique* (1982), diz-nos: "Como Adão, no Jardim do Éden, Colombo está apaixonado por escolher nomes para o mundo *virgem* ante seus olhos".[31] Cristóbal Colón é frequentemente creditado como o primeiro a "descobrir" a América. Dizia-se que a honra de ser o "primeiro" já estava implícita em seu nome: Cristóbal, *Christum ferens*, o portador de Jesus Cristo: "De fato, [ele] foi realmente o primeiro a abrir as portas do Oceano de onde ele entrou e levou para aquelas terras tão remotas e aqueles reinos desconhecidos até então nosso Salvador Jesus Cristo".[32] Era a versão espanhola de seu nome de família que ele insistiu em usar: Colón, que o tornou o colonizador "legítimo". Como aponta De Las Casas, Colón significa *poblador de nuevo*, aquele que repopula.

A lógica sustentadora do colonialismo, a da *creatio ex nihilo*, geralmente trabalha discursivamente para eliminar a parte *re-* ou o de *nuevo* do processo da renomeação, reinvenção e repovoamento – ou seja, para apagar física e/ou discursivamente a pré-existência das pessoas, e línguas para um grau zero *nihil* ou nada (embora na maioria das vezes em vão). Hoje, a "América", uma parte da divisão "natural" do mundo, não era conhecida pelos "habitantes naturais" (um termo usado por De Las Casas) daquelas *tierras*

---

30. Para todas as referências bíblicas do Gênesis, salvo indicação contrária, citarei da pesquisa e tradução detalhada de Robert Alter *Genesis: Translation and Commentary* (Londres: W.W. Norton & Company Inc., 1996).

31. Ibid., p. 39, enfase do autor: *comme Adam au milieu de l'Éden, Colon se passionne pour le choix des noms du monde vierge qu'il a sous les yeux.*

32. De Las Casas, *Historia*, p. 43: *en la verdad haya sido el primero que abrió las puertas deste mar Océano, por donde entró y él metió á estas tierras tan remotas y reinos, hasta entonces tan incógnitos, á nuestro Salvador Jesucristo.*

*remotas*, nem mesmo para o próprio Colombo. Nenhum deles viveu na "América". Ao traçar a história da renomeação do continente agora conhecido como "América", Mignolo afirma que

> como Vespúcio [o navegador italiano] conceitualmente "descobriu" (no sentido de "descobrir por si mesmo" ou "perceber") que os Europeus estavam confrontando um Novo Mundo, o continente foi renomeado "América" em nome de Américo Vespúcio, com uma pequena mudança no final para fazê-lo se encaixar com os continentes não europeus já existentes África e Ásia.[33]

## Críticas à lógica moderna/colonial/categórica

Esse breve relato de diferentes grupos culturais e seus legados coloniais, bem como o momento por excelência do colonialismo europeu moderno que é a "descoberta" ou invenção da América, também pretende problematizar a divisão dicotômica entre o "colonizador" e o "colonizado". Homi Bhabha criticou a falaciosa dicotomia eu/outro através do conceito de hibridismo, a mistura das culturas, especialmente em seu trabalho sobre a Índia colonial. Através da leitura atenta da literatura colonial, ele detecta uma "ansiedade intrínseca" dos colonizadores britânicos sobre o projeto colonial. Trazendo *insights* da psicanálise, Bhabha argumenta que "a tensão entre a ilusão da diferença e a realidade da mesmice leva à ansiedade". Para ele, o "poder colonial está ansioso e nunca recebe o que deseja – uma distinção estável e final entre colonizadores e colonizados".[34] Devemos tomar cuidado para não manter essas divisões que reproduzem e reforçam a (desejada) lógica colonial da categorização hierárquica e antimiscigenada.

A cautela contra a divisão absoluta entre colonizador e colonizado é um desenvolvimento importante na teoria pós-colonial. Ele se move radicalmente além da lógica da diferença intransponível

33. Mignolo, *The Idea of Latin America*, p. 3.
34. David Huddart, *Homi K. Bhabha* (Londres: Routledge, 2006), p. 4.

que sustenta o colonialismo moderno. Como argumenta Bauman, a lógica da diferença, a "reivindicação de pureza, transcendência e objetividade é exatamente o que a lógica da dominação promete, mas em detrimento do mundo relacional e contextual dentro e de onde todas as reivindicações epistemológicas são feitas".[35] Usando o conceito de interstício de Bhabha, ou seja, "a sobreposição e o deslocamento dos domínios da diferença",[36] Bauman, mais adiante, relaciona essa lógica ao fundacionalismo ou essencialismo. Ele mostra que o "ordenamento binário do mundo destrói o 'terceiro espaço' criativo ou 'intersticial' no qual o eu-outro é mutuamente formado".[37] Bauman enquadra essa discussão através de uma análise do papel decisivo que a teologia *ex nihilo* joga na ortodoxia cristã, que nega o "início caótico do cristianismo de tradições díspares e o empréstimo de outras tradições nos textos bíblicos".[38] Colocado de outra forma, a doutrina da *creatio ex nihilo* apaga o contexto do qual o cristianismo emerge e simula que "o cristianismo precisa começar de lugar nenhum, mas com a história e a leitura do Gênesis da perspectiva da criação *ex nihilo*".[39]

Aqui, no entanto, precisamos situar a análise de Bhabha sobre a "ansiedade colonial" na história moderna do colonialismo ocidental que opera de mãos dadas com o Cristianismo. Um bom exemplo é a aparente homogeneidade do século XIX na Grã-Bretanha vitoriana, que é tradicionalmente creditada por sua moral cristã altamente rigorosa, mas que estava de fato passando por grandes crises e mudanças sociais e religiosas. O desenvolvimento da ciência, especialmente a teoria da evolução, abalou a atribuição cristã da origem do mundo a Deus; *O médico e o monstro*

---

35. Whitney Bauman, *Theology, Creation, and Environmental Ethics: From Creation Ex Nihilo to Terra Nullius* (Londres: Routledge, 2009), p. 13.

36. Homi Bhabha, *O local da Cultura* (Belo Horizonte: Editora UFMG, 2018).

37. Bauman, *Theology, Creation, and Environmental Ethics*, p. 32.

38. Ibid., p. 30.

39. Ibid.

(1886) de Robert L. Stevenson mostrava sinais de uma homossexualidade reprimida que vinha à superfície;[40] *Drácula* (1897) de Bram Stoker exemplificou o medo de uma colonização reversa;[41] a mudança do papel das mulheres, "guardiãs" dos valores vitorianos, culminava em uma crise masculinista evidente nesses textos assim como no extremamente popular *As Minas do Rei Salomão* (1885) e *Ela: Uma História de Aventura* (1887), ambos escritos por Henry Rider Haggard após ter servido na administração colonial britânica na África do Sul.[42] Todos esses textos também podem ser lidos à luz da ansiedade colonial em torno da degeneração racial por meio do contato com outras "raças inferiores" nas colônias britânicas ou em seu próprio país.

Essa ansiedade colonial da influência deve ser pensada na modernidade como uma "lógica hierárquica, dicotômica, categórica" e "central para o pensamento capitalista colonial moderno sobre raça, gênero e sexualidade".[43] Se mudarmos o contexto da Grã-Bretanha do século XIX para aquele da pré-conquista colonial Asteca – isto é, de uma cultura não moderna operando diferentemente a partir da mesma hierarquia categórica moderna –, não está claro como as autoridades coloniais astecas experimentariam a mesma "ansiedade colonial".

Em seu livro sobre a complexidade urbana da Cidade do México, do período Asteca à era da pós-independência, Louis Panabière sugere que o choque cultural era frequente no México, mas pergunta: "isso provocou crises ou permitiu um enriquecimento"?[44] Ele revisa diferentes períodos históricos sob

---

40. Ver Elaine Showalter, *Sexual Anarchy: Gender and Culture at the Fin de Siècle* (Londres: Bloomsbury, 1991).

41. Ver Arata Stephen, "The Occidental Tourist: *Dracula* and the Anxiety of Reverse Colonization", *Victorian Studies* 33, n. 4 (1990), p. 621-46

42. Ver McClintock, *Imperial Leather*.

43. Lugones, "Toward a Decolonial Feminism", p. 742

44. Louis Panabière, *Cité aigle, ville serpent* (Perpignan: Presses Universitaires de Perpignan, 1993), p. 12: est-ce qu'il a provoqué des crises ou est-ce qu'il a donné lieu à la féconds enrichissements?

diferentes cosmologias e regras políticas para responder a essa pergunta. Tenochtitlan, sob o domínio dos astecas, é o centro do Império. Ele afirma: "O império asteca não é um centro que se impõe à periferia destruindo os valores, mas é um corpo imperial que é nutrido por contatos e relações com os povos e culturas que encontrou".[45] Segundo Panabière, portanto, as culturas que não são astecas foram capazes de sobreviver e se integrar ao novo império.

Por exemplo, apesar da posição privilegiada de Huitzilopochtli na política asteca, divindades pré-astecas como Quetzalcoatl e Tlaloc foram incorporadas e permaneceram em posições de prestígio, dando continuidade a sua adoração.[46] Isso é mostrado na estrutura do Templo Mayor, a pirâmide gêmea, que se acredita estar no centro do universo e é dedicada a Huitzilopochtli, deus patrono e também deus do Sol e do Fogo, e ao deus da chuva Tlaloc, divindade pré-asteca mais antiga. Em frente à pirâmide gêmea do Templo Mayor, encontramos um altar separado dedicado a Quetzalcoatl, a serpente emplumada, um deus antigo presente em toda a região mesoamericana.[47]

Panabière explica que, em oposição ao monoteísmo espanhol, que "tende a reduzir o indivíduo à essência sem igual",[48] a religião asteca propõe pluralidade, participação e coerção, para a qual "as contradições internas não tiram a coerência e a unidade".[49] Na Parte II, analisarei em detalhes o estranho caso de Tlaltecuhtli, a divindade asteca da terra, e argumentarei que a combinação do pensamento religioso asteca, a particularidade de seu sistema de escrita e sua pluralidade filosófica deram maior liberdade às

---

45. Ibid., 17: *l'empire aztèque [...] n'est pas un centre qui s'impose à la périphérie en en détruisant les valeurs, mais c'est un corps qui se nourrit des contacts et des relations avec les populations et les cultures rencontrées.*

46. Ver Eduardo Matos Moctezuma, *Vida y muerte en el Templo Mayor* (México DF: Editorial Océano, 1986).

47. Entre os Maias, Quetzalcoatl aparece sob o disfarce de Kukulcan, representado na famosa pirâmide de Chichen Itza; em Teotihuacan, uma das três principais pirâmides é dedicada a ele; finalmente, ele era adorado em Tula, a capital dos Toltecs.

48. Panabière, *Cité aigle*, p. 18: *tend à ramener l'individu à une essence unique.*

49. Ibid., p. 20: *les contradictions internes n'enlevaient rien à la cohésion et à l'unité.*

representações de Tlaltechuhtli, que aparece em disfarces femininos, masculinos e zoomórficos, bem como com a aparência de outras divindades que compartilham uma semelhança fisionômica com Tlaloc. Embora Panabière possa estar certo em apontar a contradição-em-coerência, sua observação pode ser muito generosa para os colonizadores astecas, que também foram assombrados por uma certa ansiedade em relação ao seu projeto colonial e seu encontro com "outros".

O Nobel mexicano Octavio Paz, por exemplo, acredita que "a incessante especulação teológica que combinou, sistematizou e unificou crenças dispersas, de si ou de outros",[50] realizada não pelos proletários em um nível popular, mas por certas castas e teocratas no topo da hierarquia social, era superficial. Ele afirma que "a unificação religiosa afetou apenas superficialmente a consciência, enquanto as crenças primitivas foram deixadas intactas".[51] Em oposição a Panabière, Paz considera a incorporação religiosa e cultural dos não astecas como uma unificação superficial ou mesmo uma imposição, que ele acredita ter lançado a base para a introdução do catolicismo: "Também é uma religião sobreposta a um fundo original e sempre vivo [... e que, portanto,] fundou a base para a dominação espanhola, cuja chegada pareceu uma libertação para as pessoas submetidas aos astecas".[52]

A analogia que Paz faz entre a religião asteca e o catolicismo ignora que o monoteísmo marca a diferença fundamental entre os dois. A sobreposição do catolicismo funciona a partir do seu *dictum* teológico ortodoxo, onde não há espaço para negociação. Os povos conquistados das Américas tinham duas opções em

---

50. Octavio Paz, *El laberinto de la soledad* (Madrid: Fondo de Cultura Económica, 2007), p.102: *la incesante especulación teológica que refundía, sistematizaba y unificaba creencias dispersas, proprias y ajenas.*

51. Ibid.: *la unificación religiosa solamente afectaba a la superficie de la consciencia, dejando intactas las creencias primitivas.*

52. Ibid.: *también es una religión superpuesta a un fondo religioso original y siempre viviente [... entonces] preparaba la dominación española [y su] llegada [...] parece una liberación a los pueblos sometidos por los aztecas.*

relação às suas "crenças demoníacas": a conversão ao cristianismo ou a morte.[53] Em seu fanático *Requerimiento* (1513), Juan López de Palacios fala aos indígenas da América em nome da coroa espanhola, que ele define como os *domadores de pueblos bárbaros* (domesticadores de povos bárbaros):

> E se não o fizerem ou maliciosamente se demorarem [conversão ao cristianismo e sujeição aos monarcas castelhanos], garanto-lhe que, com a ajuda do nosso Deus, entraremos poderosamente (em sua terra) para nos opor a vocês e travar guerra em todos os lugares, de todas as maneiras que pudermos; e os sujeitaremos ao jugo e à obediência à Igreja e a Suas Majestades; tomaremos vocês, suas esposas e filhos e os tornaremos escravos, os quais venderemos e disporemos como Suas Majestades ordenarem; e possuiremos seus bens e faremos todos os males e danos que pudermos, quanto aos vassalos que não obedecem, se recusam a receber o seu senhor, resistem e o contradizem; e protestamos que as mortes e danos causados por isso são culpa sua, mas não de Suas Majestades, nem nossa, nem destes senhores que vêm conosco.[54]

A atitude mostrada na citação acima é fundamentalmente diferente daquela dos teocratas astecas. O monoteísmo teológico-político cruza-se com a lógica categórica da modernidade/colonialidade. Uma crítica da forma moderna de colonialismo deve ser muito cuidadosa para não cair na mesma lógica categórica e

---

53. Laiou atribui este impulso religioso que sustenta a conquista das Américas a um período anterior de expansão Europeia, as Cruzadas, e argumenta que a "Segunda Cruzada, convocada tanto contra os eslavos como contra os muçulmanos na Terra Santa, produziu um impacto inequívoco uma poderosa conceituação ideológica, precisamente aquela da conversão ou aniquilação" (Angeliki E. Laiou, "Many Faces of Medieval Colonization", em *Native Traditions in the Postconquest World*, orgs. Elizabeth Hill Boone e Tom Cummins [Washington, DC : Dumbarton Oaks, 1998], p. 13-30, aqui p. 21).

54. Juan López de Palacios, *Requerimiento* (1513): *Y si así no lo hicieseis o en ello [conversión al Cristianismo y sometimiento a los Reyes de Castillas] maliciosamente pusieseis dilación, os certifico que con la ayuda de Dios nosotros entraremos poderosamente contra vosotros, y os haremos guerra por todas las partes y maneras que pudiéramos, y os sujetaremos al yugo y obediencia de la Iglesia y de Sus Majestades, y tomaremos vuestras personas y de vuestras mujeres y hijos y los haremos esclavos, y como tales los venderemos y dispondremos de ellos como Sus Majestades mandaren, y os tomaremos vuestros bienes, y os haremos todos los males y daños que pudiéramos, como a vasallos que no obedecen ni quieren recibir a su señor y le resisten y contradicen; y protestamos que las muertes y daños que de ello se siguiesen sea a vuestra culpa y no de Sus Majestades, ni nuestra, ni de estos caballeros que con nosotros vienen.*

linear, por exemplo, acreditando que o projeto colonial foi bem-sucedido, eliminando o conhecimento indígena, cosmologias e seres ao nível do *nihil*. Ou ainda pior, assumindo que o colonialismo apenas começou (como se *ex nihilo*) no século XIX.

Este sistema global, capitalista e colonial que procura abrir caminho através dos mundos conquistados "resistiu continuamente e resiste hoje".[55] No caso da cristianização e colonização dos nahuas, a pesquisa mostra que "as categorias dualistas de 'cristão' e 'pagão' [...] eram altamente significativas para os europeus, mas alheias às autoconcepções indígenas".[56] Foram os nahuas que "manipularam seus frades para presidirem uma igreja fundada não em princípios cristãos abstratos teológicos ou morais, mas com um esplendor exuberante; [um fenômeno que] tendia a mascarar um processo mais lento e sutil pelo qual a visão de mundo e a filosofia foram renegociadas pelos nahuas sem que houvesse qualquer ruptura abrupta com o passado".[57]

No filme de Ang Lee *As aventuras de Pi* (2012), o jovem protagonista Piscine Patel, da antiga colônia francesa de Pondicherry, na Índia, foi para casa um dia após um encontro simbólico com um padre cristão, que lhe deu um copo de água e lhe levou o Evangelho de Jesus Cristo. Antes de dormir naquela noite, ele tocou sua estátua de Vishnu e rezou: "Obrigado Vishnu, por me apresentar a Cristo". Ficamos sabendo mais tarde que o garoto não teve nenhum problema em acreditar e praticar piedosamente e simultaneamente o hinduísmo, o cristianismo e o islamismo. Colocando de forma diferente:

> A autoridade colonial produz, assim, identificações irônicas e divididas; essas expressões ameaçadoras de hibridismo perturbam e subvertem

55. Lugones, "Toward a Decolonial Feminism", p. 748.
56. Louise M. Burkhart, "Pious Performences: Christian Pageantry and Native Identity in Early Colonial Mexico", in *Native Tradition in the Postconquest World*, orgs. Elizabeth Hill Boone and Tom Cummins (Washington, DC: Dumbarton Oaks, 1998), p. 361-81, aqui p. 362.
57. Ibid., p. 363.

a hegemonia colonial, no sentido de que excluem a possibilidade de domínio epistêmico total, e porque constituem "um nativo posicionado de várias formas que por (mal) apropriar-se dos termos da ideologia dominante" é capaz de resistir ao estereótipo colonial.[58]

A epígrafe no início deste capítulo é um trecho de uma canção chamada "Somos más Americanos" ("Somos mais americanos"), da banda mexicana *norteña* Los Tigres del Norte. O trecho "Eu não atravessei a fronteira / A fronteira me atravessou" resume com precisão a imposição violenta da categorização (o estabelecimento de fronteiras) através do colonialismo, que abrange a experiência de vida orgânica, as memórias e os relacionamentos intersubjetivos, e causa problemas duradouros em fronteiras de todos os tipos. É desnecessário dizer que uma das fronteiras mais proeminentes e artificialmente construídas que atravessam violentamente os corpos epistemológicos (simbólicos) e materiais (físicos) é a do sexo e gênero, o foco central deste livro. O mais notável nesse contexto é a prática coercitiva de "atribuição sexual" para pessoas intersexuais patologizadas.[59]

## Colonialismo *ex nihilo*: o problema do pós-colonialismo

Depois de debates acalorados sobre colonialismo e pós-colonialis-mo por estudiosos proeminentes, como Edward Said, cujo *Orientalismo* (1979) é um texto fundador dos estudos pós-coloniais, e Gayatri Spivak, cujo artigo "O subalterno pode falar?" (1988) tem sido amplamente citado e criticado, a *Columbia Encyclopedia* apresenta ao seu leitor uma definição de "colonização" em 1993. Essa publicação vem da mesma universidade em que Said

---

58. Thomas, *Colonialism's Culture*, p. 40.

59. Ver Thomas Laqueur, *Making Sex: Body and Gender from the Greeks to Freud* (Cambridge: Harvard University Press, 1990); Anne Fausto-Sterling, "The Five Sexes: Why Male and Female are not Enough", *The Sciences* (mar./abr. 1993), p. 20-25; María Lugones, "Heterossexualism and the Colonial/Modern Gender System", *Hyaptia* 22, n. 1 (2007), p. 186-209.

e Spivak produziram seus influentes trabalhos, que são creditados como fundadores do que mais tarde passou a ser conhecido como Estudos Pós-Coloniais:

> Colonização: Extensão do controle político e econômico sobre uma área por um estado cujos nacionais ocuparam a área e geralmente possuem *superioridade* organizacional ou tecnológica sobre a população nativa. [...] IMPERIALISMO, *humanitarismo mais ou menos agressivo*, e um desejo de aventura ou aperfeiçoamento individual também são causas. [...] A colonização moderna, frequentemente precedida por uma época na qual os missionários e os comerciantes eram ativos, tem sido amplamente exploradora. Além disso, a longo prazo não se mostrou diretamente lucrativa ao poder colonial [...]. A colonização em sua forma clássica raramente é praticada hoje e é considerada amplamente imoral.[60]

A entrada perpetua o mito colonial de "superioridade" do colonizador sobre a população "nativa", uma distinção que já carrega a lógica linear colonial que se reflete pelos próprios conceitos de moderno ("estado") e tradicional ("nativo"), com o último preso "na escala inferior de uma ordem cronológica em direção à 'civilização'".[61] Postular a "superioridade" do colonizador se aproxima da sugestão de que a colonização é inevitável ou, pelo menos em muitos casos, ("geralmente") justificável. Isso explica rapidamente que a colonização é causada pelo "humanitarismo mais ou menos agressivo" e um desejo "de aventura ou aperfeiçoamento individual", que geralmente é considerado positivo, especialmente nas sociedades ocidentais e ocidentalizadas (os possíveis leitores da enciclopédia). Segue-se uma longa recapitulação de exemplos de colonização ao longo da história antiga e moderna. Todos os exemplos são europeus, à exceção dos

---

60. Barbara A. Chernow e George A. Vallasi, orgs., *The Columbia Encyclopedia*, 5. ed. (Nova York: Columbia University Press, 1993), p. 600-601, ênfase do autor.
61. Walter Mignolo, *The Darker Side of Western Modernity: Global Futures, Decolonial Options* (Durham: Duke University Press, 2011), p. 153.

fenícios, que se relacionam vagamente à Europa, e dos japoneses, cuja história colonial na Ásia seguiu sua ocidentalização durante a restauração Meiji no final do século xix.[62]

De acordo com essa definição, portanto, a colonização é geralmente realizada por "estados" ocidentais às custas de populações organizacionais e tecnologicamente inferiores (cuja inferioridade já está tecida no texto através da oposição entre estado moderno/desenvolvido e "nativo" tradicional/subdesenvolvido). Ela é, algumas vezes, causada pelo individualismo que se manifesta como o desejo de aventura e desenvolvimento pessoal, ou por alguma forma de "humanitarismo" que pode ser "mais ou menos agressivo". Perguntamo-nos se a escravização e o genocídio dos seres humanos indígenas ameríndios e africanos ou o desastre ambiental que continua e se intensifica hoje através da expansão capitalista globalizada seriam qualificados como as formas mais agressivas de tal "humanitarismo". Mas, afinal de contas, o grau de agressão é provavelmente irrelevante, uma vez que o colonialismo, dizem-nos, não é inteiramente lucrativo para a potência colonial. O verbete termina com uma observação sobre a imoralidade da colonização não como um fato, mas como algo "considerado" dessa forma.

Certamente, um verbete de enciclopédia publicado há cerca de 25 anos poderá não ter uma influência tão decisiva a ponto de ser levado tão a sério. No entanto, esta entrada serve como um exemplo de como o discurso colonial pode sobreviver aos esforços políticos e acadêmicos para desmenti-lo e aparecer em uma prestigiada enciclopédia publicada por uma universidade, sob o disfarce de uma linguagem científica, reivindicativa da verdade e cuidadosamente fabricada e que, à primeira vista, não parece abertamente colonialista. O discurso colonial, na sua lógica moderna,

---

62. Ver, por exemplo, Yan Lu, *Re-Understanding Japan: Chinese Perspectives, 1895-1945* (Honolulu: University of Hawai'i Press, 2004), p. 228-29.

postula o colonizador como o homem branco e a sua cultura como o centro superior, a "medida de todas as coisas", enquanto os outros – homens, mulheres,[63] culturas – são considerados inferiores e, portanto, colonizáveis. Da "inferioridade" à "colonialidade", a lógica moderna de progressão linear fornece teorias persistentes. Esta linearidade, por exemplo, pode assumir a forma da salvação bíblica do pecado, ou como uma transição do velho mundo para a nova "América". Resumindo, acredita-se que a "Europa e os europeus estavam (em) seu nível e momento mais avançado no caminho contínuo, linear e unidirecional das espécies".[64]

O domínio global contínuo da expansão colonial europeia é mantido através da colonialidade e do controle do conhecimento. A crítica à "estratégia epistemológica colonizadora" de subordinar as diferenças às noções transculturais deve ser consistente e mantida viva.[65] Isto é igualmente verdadeiro no campo dos estudos pós-coloniais. Enfatizei que a teorização de Bhabha sobre a ansiedade colonial deveria ser contextualizada no colonialismo britânico do século XIX, utilizando um exemplo contrário de formas não modernas de colonialismo. Os estudiosos do pós-colonialismo, cujo foco histórico principal está no século XIX, atribuem, consciente ou inadvertidamente, uma singularidade a estas potências imperiais, na medida em que a invasão do mundo, britânica e francesa, são apresentadas como, precisamente, *creatio ex nihilo* no século XIX. Fernando Coronil, por exemplo, enumera a exclusão sistemática da América Latina de diversas an-

---

63. As mulheres ocidentais desempenham um papel ambíguo no colonialismo. A questão das mulheres e do colonialismo é um bom exemplo do problema de assumir que raça e gênero podem ser tratados como questões independentes uma da outra. Como tenho repetido ao longo deste texto, eles já estão entrecruzados. Ver também Indira Ghose, *Women Travellers in Colonial India: The Power of Female Gaze* (Delhi: Oxford University Press, 1998).

64. Quijano, "Colonialidad del poder y clasificación social", p. 344: *Europa y los europeos eran el momento y el nivel más avanzados en el camino lineal, unidireccional y continuo de la especie.*

65. Judith Butler, *Problemas de gênero: feminismo e subversão de identidade* (Rio de Janeiro: Civilização Brasileira, 2018).

tologias de estudos pós-coloniais, incluindo clássicos como *The Post-Colonial Studies Reader*, organizado por Ashcroft, Griffiths e Tiffin, de 2006.[66] O brutal genocídio dos ameríndios e a contínua política colonial em relação às populações indígenas, sob a forma do suposto colonialismo interno, ainda difundido nos países latino-americanos, foram largamente ignorados.

A exclusão ou a ignorância dos esforços anticolonialistas latino-americanos no mapa global da descolonização está claramente presente num diálogo entre John Comaroff e Homi Bhabha, que dividem a pós-colonialidade em dois períodos: "a descolonização do Terceiro Mundo", marcado pela independência da Índia em 1947, e a hegemonia do neoliberalismo capitalista assinalado pelo fim da Guerra Fria, em 1989".[67] Não se admira que Spivak tenha afirmado que "a América Latina *não* participou na descolonização"![68] Neste sentido, como discutirei mais adiante, o colonialismo do século xix não apenas se posicionou como *creatio ex nihilo*, mas também o fez o seu crítico astuto, o "pós-colonialismo".

Mais que um "ataque" disciplinar ao pós-colonialismo *per se*, o que entendemos desta crítica é a tendência do pós-colonialismo de reivindicar a universalidade, negligenciando outros esforços políticos e intelectuais que visam à descolonização paralela ou mesmo muito anterior aos estudos pós-coloniais. Há também o perigo de que os estudos pós-coloniais "se tornem um projeto imponente como qualquer outro [...], competindo com o marxismo pela dominação global".[69] A "dominância global" quase sempre anda de mãos dadas com as reivindicações universais. Nicholas Thomas, por exemplo, diz de Bhabha que

66. Fernando Coronil, "Elephants in Americas? Latin American Postcolonial Studies and Global Decolonization", em *Coloniality at Large: Latin America and the Postcolonial Debate*, orgs. Mabel Moraña, Enrique Dussel e Carlos A. Jáuregui (Durham: Duke University Press, 2008), p. 396-416.

67. Citado em Ibid., p. 402.

68. Gayatri Chakravorty Spivak, *Outside in the Teaching Machine* (Nova York: Routledge, 1993), p. 63.

69. Ibid.

[embora] a maioria de suas [de Homi Bhabha] outras referências seja a textos do século xix [...], os limites e condições de possibilidade do discurso colonial permanecem não especificados; é como se o fato bruto da importância do imperialismo na história moderna isentasse o crítico da necessidade de localizar as suas enunciações e reiterações.[70]

Joseba Gabilondo aponta que, estando cego para sua própria localidade, Bhabha transforma sua discussão sobre pós-colonialidade "não em uma posição particular, mas em uma posição negativa e universal definida pela modernidade", que para Bhabha "não é particularmente ocidental, mas de preferência hegemonicamente universal".[71]

Sara Castro-Kláren investiga a polêmica recepção na América Latina do influente livro de Edward Said *Orientalismo*, muitas vezes creditado por ter gerado a escola de "estudos pós-coloniais". Ela conta que os estudantes de Estudos Latino-Americanos experimentaram "o choque do reconhecimento" ao lerem *Orientalismo* justamente porque o supracitado autor mexicano Edmundo O'Gorman já havia analisado, numa linha de argumentação semelhante à do livro de Said, a "invenção da América".[72] Em vez de tentar minar a importância e a influência do trabalho de Said, aquela "extensa pesquisa [que] foi uma brilhante investigação da invenção europeia do Oriente como o seu outro do século xix",[73] Castro-Kláren abre uma questão retomada por Mignolo

---

70. Thomas, *Colonialism's Culture*, p. 43. A crítica de Nicolas Thomas ao fato de Bhabha não ter levado em consideração outras formas de colonialismo, contudo, difere da insistência dos críticos decoloniais de que a "modernidade" começou nas Américas. Ele argumenta que o foco de Bhabha no século xix "sugere que o discurso colonial é entendido como sendo peculiarmente moderno – e portanto não existia, por exemplo, no período da conquista da América – ou que se presume que a lógica identificada é igualmente aplicável nesse caso e em outros".

71. Joseba Gabilondo, "Introduction to 'The Hispanic Atlantic' ", *Arizona Journal of Hispanic Cultural Studies* 5 (2001), p. 91-113, aqui p. 97.

72. O'Gorman, *La invención de América*.

73. Sara Castro-Kláren, "Posting Letters: Writing in the Andes and the Paradoxes of the Postcolonial Debate", in *Coloniality at Large: Latin America and the Postcolonial Debate*, orgs. Mabel Moraña, Enrique Dussel e Carlos A. Jáuregui (Durham: Duke University Press, 2008), p. 130-57, aqui p. 131.

mais tarde: como pode a tese de O'Gorman só ter sido popularizada através do trabalho de Said, vinte anos depois de ela ter sido proposta? Ele argumenta que a razão reside na "classificação geopolítica do conhecimento, [na qual] tanto a história como o conhecimento das principais línguas imperiais (inglês, francês e alemão) são mais visíveis".[74]

Contudo a "visibilidade", quando se trata de pensamentos e lutas decoloniais, é uma questão complicada. Na contracapa da tradução inglesa do livro *Politics of Liberation: A Critical World History*, do filósofo mexicano Enrique Dussel, Ivan Petrella afirma: "[S]e Enrique Dussel tivesse nascido nos Estados Unidos, França ou Alemanha, ele seria uma celebridade intelectual. Autor de dezenas de livros em espanhol, poucos foram traduzidos para o inglês. Este livro procura começar a remediar esta injustiça".[75] Primeiro, não esqueçamos que Enrique Dussel escreve em espanhol, uma das línguas *coloniais* mais faladas no mundo como consequência da *Conquista*, mas não em náuatle, tagalog ou esloveno. O comentário de Petrella cai na armadilha de uma lógica estranha de que se alguém não é considerado uma "celebridade" (de qualquer tipo) pelo público de língua inglesa, sofre de "injustiça". Injustiça para quem e por quem? Enrique Dussel é amplamente lido no mundo de língua espanhola e os falantes nativos de espanhol constituem o segundo maior grupo linguístico depois do chinês e antes do inglês. Será que o seu público leitor pode prestar alguma "justiça" às obras de Dussel?

Aqui chegamos a dois pontos importantes. Primeiro, o "lócus de enunciação" do conhecimento globalmente validado ainda está largamente enraizado no Ocidente, isto é, nos Estados Unidos e na Europa, escrito em inglês (do qual este livro faz parte), francês ou alemão. Do autodeclarado "ponto zero" epistêmico

---

74. Mignolo, *The Darker Side of Western Modernity*, p. 56.
75. Enrique Dussel, *Politics of Liberation: A Critical World History*, trad. Thia Cooper (Londres: SCM Press, 2011).

do Ocidente, os conhecimentos do "resto" do mundo não são totalmente legítimos. Em segundo lugar, o "orientalismo" do século XVIII não aconteceu *ex nihilo*. Na verdade, teria sido impossível sem a competição colonial do século XVI sobre as Américas, através da qual o ocidentalismo, a automodelagem do Ocidente como a personificação da modernidade, foi formado.[76] A ideologia teológico-política fundamental do *creatio ex nihilo* pode ser encontrada e criticada não apenas no colonialismo, mas também no pós-colonialismo metropolitano.

Assim, a crítica à cegueira dos estudos pós-coloniais em relação à América e o foco no pensamento anticolonial teorizado a partir das Américas não devem ser entendidos como a promoção de um "novo" campo teórico (como se tivesse sido criado *ex nihilo*) para reivindicar o domínio sobre os anteriores. Portanto, a "descolonialidade" não é um novo campo, muito menos um novo "giro", mas aponta para todos os esforços teóricos e políticos ao longo da história da colonização, a fim de dar sentido à experiência colonial e resistir ao colonialismo.

Nos últimos anos, a investigação sobre a descolonização no "não Ocidente" e o apelo a uma maior descolonização (dentro e fora da academia) por parte de um punhado de pensadores contemporâneos foram gradualmente recebidos e transformados em outra "escola de pensamento", alternativamente denominada "opção decolonial" ou "teoria decolonial". Parece suficiente citar apenas Mignolo (ou Quijano, aliás) para "descolonizar alguma coisa". As variantes locais de resistência política, de lutas anticoloniais e anticapitalistas e de práticas culturais não heterossexuais com as quais os "teóricos decoloniais" nos impulsionam a aprender permanecem ofuscadas por esta alegada nova tendência teórica. Este é um fenômeno bastante preocupante para

---

76. Fernando Coronil, "Beyond Occidentalism towards Post-Imperial Geohistorical Categories", *Transformations: Comparative Studies of Social Transformations*, Working Paper 72 (maio 1992), p. 1-29, aqui p. 14.

a descolonização, porque as lutas descoloniais *sempre existiram*, desde o primeiro dia de colonização em diferentes localidades, línguas e formas. Se, como aponta o agora amplamente citado (inclusive neste livro) pensador decolonial Mignolo, a "experiência colonial na América do Sul e no Caribe não teve que esperar até que a palavra *pós-colonialismo* entrasse na academia nos EUA no início dos anos 1980, depois que a palavra *pós-modernismo* foi introduzida na França",[77] os esforços descoloniais precederam e ultrapassam a convenientemente chamada "teoria decolonial".

O supersessionismo, primo temporal da *creatio ex nihilo*, produzido pelas incessantes "viradas" teóricas, manifesta-se na citação acima, na qual Mignolo reproduz o mito da origem francesa do pós-modernismo. Em seu repúdio ao pós-colonialismo, o forte defensor do estudo da decolonialidade na América Latina ignorou que tanto o modernismo quanto o pós-modernismo "nasceram numa periferia distante, e não no centro do sistema cultural da época: eles não vêm da Europa ou dos Estados Unidos, mas da América hispânica".[78]

A "virada decolonial", tal como tem sido cada vez mais utilizada, não deveria ser tomada como um nome próprio abrangente para uma escola de pensamento supostamente emergente. Ela é, no entanto, um convite para aprender a aprender com as lutas, teorias e práticas que abundam no mundo colonizado.

## O gênero de *creatio ex nihilo*

O nada, produzido através da redução e do apagamento de realidades preexistentes na história e nos imaginários coloniais, está diretamente ligado à imagem do corpo feminino como um vazio,

---

77. Mignolo, *The Darker Side of Western Modernity*, p. 57.
78. Perry Anderson, *The Origins of Postmodernity* (Nova York: Verso, 1998), p. 3.

um lugar vazio, um útero à espera de inscrição ou inseminação masculina. Esta é uma questão que abordei na Parte I e será o foco da próxima seção e da Parte II.

A feminização dos colonizados é uma história antiga. Em *Imperial Leather: Race, Gender and Sexuality in the Colonial Contest*, de 1995, Ann McClintock apreende a "duplicação no discurso imperial masculino" representada na pintura *América (c.* 1575), de Jan van der Straet. A pintura representa a "América" como uma mulher nua em posição lasciva, atraindo o descobridor europeu Vespúcio como um "homem de letras" totalmente vestido e tecnologicamente equipado que, com sua "chegada divina, está destinado a inseminar nela suas sementes masculinas da civilização, frutificando a natureza selvagem e dominando a cena tumultuosa de canibalismo no fundo".[79] O acoplamento dicotômico é facilmente discernível como "terra-céu, mar-terra, masculino--feminino, vestido-despido, ativo-passivo; vertical-horizontal; cru-cozido", mas McClintock aponta com contundência a ansiedade colonial/masculina presente na representação da cena canibal entre Américo e a América ao fundo em meio à paisagem natural, com o corpo desmembrado, uma perna (fálica), sendo grelhada por um grupo de mulheres canibais. Ela conclui que a cena "é um documento tanto de paranoia quanto de megalomania". Além disso, a figura feminina supostamente "passiva" em primeiro plano é "descontroladamente violenta e canibal" no fundo, pronta para engolir a "civilização" ereta solitária.[80] A passividade e o canibalismo contradizem um ao outro, no entanto projetados sobre a terra "feminizada", perturbam o impulso de

79. McClintock, *Imperial Leather*, p. 26.
80. Ibid., p. 26-27

dicotomização e hierarquização: torna-se incerto se a correlação feminilidade/passividade/colonizado, ou masculinidade/atividade/colonizador, nesse caso, é claramente mantida.[81] Nomear, e portanto controlar, o desconhecido é vividamente mostrado na conexão Américo-América. A inscrição da pintura se lê em latim, *Americen Americus Retexit & Semel vocauit Inde Semper Excitam*.[82] McClintock interpreta a "redescoberta" como uma maneira de Américo Vespúcio se afirmar como o primeiro homem a "descobrir" o "Novo Mundo", apesar de estar ciente de seu atraso. O que é mais importante, ela argumenta, é que esse era um ato semelhante ao patronímico e propriedade, "uma insistência em marcar 'o produto da cópula com *seu próprio nome*' decorre da incerteza da relação do homem com as origens".[83] De fato, "a América" não foi nomeada *in situ* pelo navegador italiano, que ao fazer isso supostamente resolveu sua excitação sexual e seu medo de emasculação. McClintock pode ter atribuído muito poder a Vespúcio. Embora sua coleção de cartas nas quais ele propõe a ideia de um "Novo Mundo" seja intitulada *Mundus Novus* (1503), ele não chegou a nomear o *Mundus Novus* baseado em seu próprio nome. Historicamente, foi Martin Waldseemüller quem sugeriu esse nome, em homenagem a Américo Vespúcio, não o próprio Vespúcio.

A rápida interpretação de McClintock involuntariamente erige Vespúcio a um "descobridor" heroico que coloniza o outro "feminino", provavelmente por seu "desejo de aventura e desenvolvimento individual", que, como a *Columbia Encyclopedia* gostaria que acreditássemos, é frequentemente a causa de tais esforços. Já que a renomeação e a invenção da América é um processo

---

81. Quijano, "Colonialidad del Poder y Clasificación Social", analisou que a categorização do mundo na modernidade europeia transmite uma hierarquia que mantém Europa e os homens da Europa no mais alto nível.

82. "Americus redescobre a América. Ele a chamou uma vez e daí em diante ela sempre esteve acordada".

83. McClintock, *Imperial Leather*, p. 29.

gradual, de *Novus Orbis* a *Terra Nova* e depois para a América,[84] a interpretação incorreta de Américo-America, que transforma o processo histórico em uma instância de *fiat lux*, pode ser vista ainda sob o feitiço de *creatio ex nihilo*.

## Generificando *creatio ex nihilo*

Na Convenção dos Direitos da Mulher de Akron, em 1851, Sojourner Truth, uma ativista antiescravidão, dirigiu-se ao público com a pergunta: "Não sou eu uma mulher?". Ela também destacou sua força física para desafiar o estereótipo de que as mulheres são fracas, bem como outros estereótipos de gênero. Este discurso foi lido como um manifesto exigindo o reconhecimento da sua adesão ao "partido das mulheres". Sojourner Truth foi representada distorcidamente como uma mulher negra furiosa que personifica o "fervor da Etiópia, selvagem, feroz, perseguida por todas as nações, mas ardendo por Deus no seu coração tropical", pelo seu biógrafo contemporâneo,[85] ou coercivamente como a feminista *negra* desafiando a suposição universal de "irmandade" na verdade dominada por suas contrapartes brancas. A pergunta "não sou eu uma mulher?" foi frequentemente (mal) interpretada como "não sou eu também uma mulher?". O pronunciamento interrogativo de Truth, anterior à abordagem social-construtivista de gênero pela "segunda onda" do feminismo do século xx, ainda não é, portanto, interpretado como uma questão geral. A sua sólida crítica aos estereótipos de gênero é constantemente mal colocada como um protesto contra o preconceito racial nos Estados Unidos.

---

84. Mignolo, *The Darker Side of the Renaissance*, p. 269.
85. Harriet Beecher Stowe, citada em Nell I. Painter, "Sojourner Truth in Life and Memory: Writing the Biography of an American Exotic", *Gender & History* 2, n. 1 (1990), p. 3-16, aqui p. 9.

## Uma breve revisão dos debates sobre "gênero"

Uma das questões centrais discutidas e teorizadas nos estudos feministas e de gênero é o conceito de gênero, sua utilidade ou inutilidade e (in)aplicabilidade em diferentes contextos. Assim que o conceito de gênero foi introduzido na teorização feminista do "sexo", pode-se dizer que os críticos já começaram a problematizá-lo. As críticas possivelmente assumem duas formas: reconstruindo o gênero ou recusando-o. O primeiro não questiona o conceito de "gênero" em si, mas espera corrigir os problemas da sua cegueira às diferenças raciais e de classe ou aos seus pressupostos heteronormativos.

A teoria feminista negra, teorizando a experiência das mulheres negras como sendo ao mesmo tempo racializada e de gênero, percebe que "algumas ideias que os estudiosos africanistas identificam como caracteristicamente 'negras' muitas vezes têm uma notável semelhança com ideias parecidas reivindicadas pelos estudiosos feministas como caracteristicamente 'femininas'".[86] Feministas negras insistem nas opressões interseccionais de gênero e raça em vez de uma descrição aditiva das opressões muitas vezes expressas como "ainda mais reprimidas por".[87] Isto quer dizer que as mulheres brancas não estão isentas da questão da raça. O gênero sempre já cruza com raça, sexualidade, classe, habilidade, religião e outras categorias.

Elizabeth Spelman desafia em particular a tendência daquelas teóricas feministas que usam o "método aditivo", pressupondo que "o gênero é realmente uma variável da identidade humana independentemente de outras variáveis como raça e classe, e que o

---

86. Patricia H. Collins, *Pensamento feminista negro: conhecimento, consciência e a política do empoderamento* (São Paulo: Boitempo, 2019).

87. Ver Kimberle Crenshaw, "Demarginalizing the Intersection of Race and Sex: A Black Feminist Critique of Antidiscrimination Doctrine, Feminist Theory and Antiracist Politics", *University of Chicago Legal Forum* (1989), art. 8; e "Mapping the Margins: Intersectionality, Identity Politics, and Violence against Women of Color", *Stanford Law Review* 43, n. 6 (1991), p. 1241-99.

fato de alguém ser mulher não é afetado pela classe ou raça".[88] O perigo deste separatismo teórico é que ele reproduz a ideia de que "todas as mulheres são brancas, todos os homens são negros", o que torna visível o racismo do movimento das mulheres e o sexismo do movimento dos direitos civis no contexto dos Estados Unidos. Métodos aditivos, brevemente, pressupõem que "identidades" são separadas e entidades separáveis, que alguém é ou *apenas* mulher ou *apenas* negro. Nesta lógica categórica da modernidade/colonialidade, Maria Lugones afirma que "mulheres negras" se torna um conceito impossível.[89] Colocando nas palavras de Spelman, "análises aditivas" ainda têm "o efeito de obscurecer a identidade racial e de classe daqueles descritos como 'mulher', [e] tornam difícil de ver como mulheres não pertencentes a uma raça ou classe em particular podem ser incluídas na descrição".[90]

A ênfase das feministas negras na experiência individual e particular "promove uma mudança paradigmática fundamental [... ao] adotar um paradigma de opressão onde se cruzam raça, classe, gênero, sexualidade e nação".[91] Isso promove uma verdade situada e contextualizada, e consequentemente critica o conhecimento predominante, representativo de uma reivindicação universalista de verdade. Esse universalismo implícito é frequentemente encontrado no feminismo branco de classe média, que habitualmente fala por todos e como se viesse do nada (*ex nihilo*) – o que Adrienne Rich chama de "solipsismo branco", ou seja, "pensar, imaginar e falar como se a brancura descrevesse o mundo".[92]

A cegueira para a raça em relação à formação da hierarquia de gênero replica o que Hélène Cixous chama de "pensamento binário

---

88. Elizabeth V. Spelman, *Inessential Woman: Problems of Exclusion in Feminist Thought* (Londres: The Women's Press, 1988), p. 81.

89. Lugones, "Toward a Decolonial Feminism", p. 742.

90. Spelman, *Inessential Woman*, p. 115.

91. Collins, *Pensamento feminista negro*.

92. Adrienne Rich, "Disloyal to Civilization: Feminism, Racism, Gynephobia", em *On Lies, Secrets, and Silence* (Nova York: W.W. Norton & Company Inc.,1978), p. 299.

patriarcal". Cixous segue a crítica de Jacques Derrida à tradição metafísica ocidental ao enfatizar que oposições binárias hierárquicas sempre consideram o homem/masculino superior à mulher/feminina e todos os termos associados a isso, por exemplo, na oposição típica entre a cultura (masculinizada) e a natureza (feminizada).[93]

O "pensamento binário patriarcal" pode ser resumido como falogocêntrico, uma combinação de "logocentrismo", uma filosofia que privilegia o *logos*, a presença no discurso/verdade, especialmente na metafísica ocidental[94] criticada por Derrida, e "falocentrismo", um sistema "que privilegia o falo como símbolo de fonte de poder".[95] Contudo, aqui, Hélène Cixous parece ter esquecido que este binarismo hierárquico se cruza infinitamente com a raça, ou, mais precisamente, com a categorização e hierarquização racial, uma invenção do "pensamento racional" moderno ocidental como parte do seu legado colonial. Anibal Quijano relaciona a colonialidade do conhecimento (racional) a um "pressuposto fundamental" que considera "o conhecimento como um produto de uma relação sujeito-objeto".[96] Nem é preciso dizer que, nesse paradigma do conhecimento racional, o homem branco assume a posição do "sujeito", preparando-se para conquistar, apropriando-se ocupando, nomeando ou mesmo "reinventando" os "objetos". Toril Moi tem razão ao salientar, seguindo Cixous, que o sistema de valores masculino é uma "economia do apropriado", significando "propriedade-apropriada: assinalando uma

93. Toril Moi, *Sexual/Textual Politics: Feminist Literary Thought*, 2. ed. (Londres: Routledge, 2002), p. 103.

94. Gayatri Spivak aponta no "Prefácio do Tradutor" da tradução inglesa de Jacques Derrida, *Of Grammatology* (Baltimore: Johns Hopkins University Press, 1997) que "quase por um etnocentrismo reverso, Derrida insiste que o logocentrismo é uma propriedade do Ocidente" (lxxxii). Zhang Longxi, *The Tao and the Logos: Literary Hermeneutics, East and West* (Durham: Duke University Press, 1992) analisa o "taocentrismo" que mostra uma preocupação/suspeita semelhante na língua escrita da tradição chinesa, parecida com a análise de Derrida sobre a metafísica ocidental, através de uma comparação entre *tao* e *logos*. Ele argumenta que tanto *tao* em chinês como *logos* em grego significam "verdade" e "discurso" ao mesmo tempo.

95. Moi, *Sexual/Textual Politics*, p. 191, nota 5.

96. Quijano, em "Coloniality and Modernity/Rationality", p. 172.

ênfase na autoidentidade, autoengrandecimento e domínio arrogante".[97] No entanto devemos lembrar que a "economia do apropriado" masculina é construtiva da lógica do colonialismo.

Se Hélène Cixous e a *écriture feminine* procuram desfazer este binarismo hierárquico afirmando o espectro outro-que não-o--masculino, ignorando tipicamente a questão da raça, as feministas negras teorizaram a interseccionalidade de gênero e raça como uma crítica mais radical do sistema de dominação através de uma ênfase baseada na experiência, "definindo nossa própria realidade *em nossos próprios termos*".[98] Se "ser negro é uma fonte de orgulho, assim como um motivo para ser oprimido",[99] a negritude ou a feminilidade, nesse caso, não deveriam ser entendidas apenas em termos de opressão. O método aditivo de análise que acrescenta "negritude" ou "cor" como uma forma de carga *adicional* para o "todas as mulheres" universalista que dizem já estarem oprimidas pela "oposição binária patriarcal", opera com uma forte convicção da separabilidade dessas identidades.

Além disso, o método aditivo esconde o "racismo puro e simples"[100] ao assumir que "não há nada de positivo em ter uma história e identidade negras", como se a eliminação da "negritude" também eliminasse o "peso extra" para as mulheres negras. Ao mesmo tempo, tanto o método aditivo quanto a *écriture feminine* daltônica não só generalizaram a questão do "patriarcado", o que as feministas decoloniais e as feministas negras demonstraram ser um conceito histórica e culturalmente específico e universalmente projetado,[101] mas também ignoraram a contingência histórica daquilo que é contabilizado ou responsabilizado

---

97. Moi, *Sexual/Textual Politics*, p. 109.
98. Collins, *Pensamento feminista negro*.
99. Spelman, *Inessential Woman*, p. 124.
100. Ibid.
101. Terei como base a crítica feminista decolonial da primeira edição da complicidade entre gênero e colonialismo mais tarde.

como "mulher". Veremos, através dos dois casos antigos que este livro estuda, que ambas as cosmologias desmentem o "método aditivo", particularmente no caso da cosmologia nahua e do seu sistema de escrita/pintura *tlacuilolli*, discutido na Parte II.

Não devemos esquecer que historicamente as mulheres negras foram violentamente expulsas da categoria de "mulher" pelos cientistas europeus. Sarah Baartman, a mulher khoikhoi sul-africana levada para ser exposta em Londres em 1810 e alguns anos depois, em 1814, vendida a Réaux, um empresário que estava envolvido no comércio de animais com o Musée National d'Histoire Naturelle em Paris. Contra a sua vontade, ela foi examinada de perto, especialmente a sua genitália supostamente "anormal", após a sua morte, pelos professores do museu Henri de Lainville e Georges Cuvier. Cuvier publicou um artigo, "Extraits d'observations faites sur le cadavre d'une femme connue à Paris et à Londres sous le nom de Vénus Hottentot" (1817), afirmando sua tese de que Sarah Baartman representa "um elo perdido vivo conectando animais e a humanidade".[102] Esta "verdade científica" abominavelmente racista, na forma de um molde de gesso das partes do corpo de Baartman, continuou a ser exibida no Musée de l'Homme em Paris até 1976. Foi apenas em 2002 que os seus restos mortais, armazenados no museu, foram devolvidos e enterrados na África do Sul. O caso de Sarah Baartman "tornou-se sinônimo da dor e do sofrimento de uma mulher negra de um povo colonizado" e "um excelente exemplo da criação do 'Outro'".[103]

Monique Wittig, em "Não se nasce mulher", afirma provocativamente que uma lésbica não é e não pode ser uma mulher, e que "uma lésbica tem que ser outra coisa, uma não mulher, um não homem, um produto da sociedade, não um produto da natureza". Ela argumenta ainda que "as mulheres são uma classe [... e] a

---

102. Clifton Crais e Pamela Scully, *Sara Baartman and the Hottentot Venus: A Ghost Story and a Biography* (Princeton: Princeton University Press, 2009), p. 154.

103. Ibid., 155.

categoria 'mulher', bem como a categoria 'homem', é uma categoria política e econômica, não uma categoria eterna".[104] Wittig questiona não apenas o aspecto "de gênero" da "mulher", mas também a predisposição biológica supostamente inquestionável da categoria: "[É] a civilização como um todo que produz esta criatura [ou seja, a fêmea humana], intermediária entre o homem e o eunuco, que é descrita como feminina".[105] Ela rejeita o tipo de teorização feminista que se baseia na explicação biológica, "uma vez que assume que a base da sociedade ou o início da sociedade reside na heterossexualidade".[106] Além disso, ela correlaciona a categoria de "sexo" e a categoria de "raça". Seguindo Colette Guillaumin, que demonstra que a "raça" era um conceito diretamente ligado à "realidade socioeconômica da escravidão negra" antes da qual não existia, Wittig argumenta que "sexo", como "raça", é mais tarde "tomado como 'dado imediato' [...], 'características físicas' pertencentes a uma ordem natural".[107] Isto nos traz de volta ao caso de Sarah Baartman. Não é difícil discernir a cumplicidade entre a produção de conhecimento científico no Ocidente e os seus interesses coloniais/capitalistas globais através da regulação do gênero heteronormativo.

Semelhante à crítica de Wittig da divisão binária da população humana – seja ao longo de linhas de gênero ou de sexo – em masculino e feminino, Judith Butler, no inovador *Problemas de gênero*, ataca o pressuposto heteronormativo que sustenta tal divisão. Butler argumenta que, considerando a historicidade do sexo, isto é, a compreensão de que este "dado" supostamente imutável, anatômico e natural não é sempre o mesmo, mas muda ao longo do tempo e através de diferentes geografias, devemos

---

104. Monique Wittig, "Não se nasce mulher (1981)", in *O pensamento hetero e outros ensaios* (São Paulo: Autêntica, 2022).

105. Ibid., 10.

106. Ibid.

107. Ibid., 11.

nos perguntar se "os fatos ostensivamente naturais do sexo produzidos discursivamente por vários discursos científicos [estão] ao serviço de outros interesses políticos e sociais".[108] A resposta é um "sim" definitivo, e o mais direto desses "interesses políticos e sociais" é a heteronormatividade, ou como Wittig ironicamente coloca, "quando pensada pela mente heterossexual, a homossexualidade nada mais é do que heterossexualidade".[109] No prefácio da reedição de 1999 de *Problemas de gênero*, Butler reconta suas razões para escrever o livro na década de 1980, isto é, "criticar um pressuposto heterossexual difundido na teoria literária feminista".[110] Ela lê essa suposição heterossexual, ou, como na sua terminologia, a "matriz heterossexual", como uma hegemonia epistêmica ou discurso por meio dos quais corpos, gêneros e desejos são naturalizados em termos duais, opostos e hierárquicos em macho/masculino/homem e fêmea/feminino/mulher.

Butler também critica a "disjunção radical" entre a heterossexualidade e homossexualidade inerente à explicação de Wittig, baseada na suposição problemática da "sistemática integridade da heterossexualidade", como isso "replica o tipo de disjunção binária que ela mesma caracteriza como gesto filosófico divisor da mente heterossexual".[111] Deveríamos adicionar aqui que isto não é apenas um gesto da "mente heterossexual" ou da heteronormatividade, mas também da categoria lógica moderna/colonial. Butler mais tarde complica a crítica à heteronormatividade ao apontar os limites psíquicos contingentes entre grupos aparentemente semelhantes, e propõe entendermos a heterossexualidade

---

108. Butler, *Problemas de gênero*.
109. Monique Wittig, "A mente hetero", in *A mente hetero e outros ensaios* (São Paulo: Autêntica, 2022).
110. Butler, *Problemas de gênero*.
111. Ibid., p. 154-155.

"tanto como um sistema compulsório e uma comédia intrínseca, uma constante paródia de si mesmo, como uma alternativa a perspectiva gay/lésbica".[112]

Butler e Wittig criticam a divisão de gênero/sexo principalmente do ponto de vista de uma preocupação com a sexualidade, que foi negligenciada ou simplesmente presumida ser heterossexual. Elas igualmente mostraram que a sexualidade está intrinsecamente ligada à maneira como entendemos o sexo, o que já é uma categoria de gênero. Em seu influente "Pensando o sexo: notas para uma teoria radical da política da sexualidade", publicado em 1984, Gayle Rubin demonstra a complexa realidade social da sexualidade, especialmente quando é considerada "perversa", por exemplo, tal como como o sadomasoquismo lésbico, o fetichismo de couro gay e a pornografia. Embora compartilhe de preocupações semelhantes às de Wittig e Butler quanto à sexualidade, Rubin propõe estabelecer um campo autônomo que estude a sexualidade "contra a essência de muito do pensamento feminista contemporâneo, que trata a sexualidade como uma derivação do gênero".[113] Ela argumenta que "ferramentas conceituais feministas [que] foram desenvolvidas para detectar e analisar hierarquias baseadas em gênero [... tornam-se] irrelevantes e muitas vezes enganosas [... por avaliar] relações críticas de poder na área de sexualidade".[114]

Este apelo à pesquisa independente sobre sexualidade, no entanto, foi mal interpretada como um chamado para o repúdio ao gênero e à separação do feminismo do campo de estudos lésbicos/gays, que "restringem o objeto adequado do feminismo ao gênero e [ ...] apropria-se da sexualidade como o objeto adequado

---

112. Ibid., p. 155.

113. Gayle Rubin, "Thinking Sex: Notes for a Radical Theory of the Politics of Sexuality", in *Pleasure and Danger: Exploring Female Sexuality,* org. Carole S. Vance (Boston: Routledge & Kegan Paul, 1984), p. 276-319, aqui p. 308.

114. Ibid., p. 309.

de [estudos lésbicos/gays]".[115] Judith Butler critica a descontextualização dos estudos lésbicos/gays no artigo de Gayle Rubin. Ela também avisa que os estudos lésbicos/gays não deveriam ignorar a importante contribuição dos estudos feministas sobre a sexualidade, reduzindo a teorização feminista apenas ao gênero. Também não devemos ignorar a diversidade de debates e vozes no feminismo, principalmente as feministas negras que teorizam a interseção de gênero e raça; feministas da classe trabalhadora que pensam em classe e gênero juntos; ou estudos feministas da Europa continental da "diferença sexual" como irredutíveis "a uma diferença biológica nem a uma noção sociológica de gênero".[116]

## Localizar e descolonizar o gênero

Se Gayle Rubin abre uma maneira de pensar além do conceito de gênero, ao mesmo tempo que preserva sua validade dentro do feminismo anglo-americano, outros grupos de feministas tendem a questionar a própria utilidade do gênero como um termo analítico para suas experiências integradas localmente. Por exemplo, algumas feministas da "diferença sexual" da Europa continental rejeitam a utilidade do gênero no contexto linguístico das línguas latinas. As feministas decoloniais que escrevem a partir das experiências de culturas colonizadas, principalmente na África e nas Américas, argumentam que a imposição do sistema de gênero (heteronormativo) é constitutivo do colonialismo moderno. Essas teorizações enfatizam a colonialidade do gênero e veem o gênero heteronormativo como um modelo moderno/colonial imposto às culturas colonizadas.

A *écriture féminine* dedica uma atenção especial ao papel desempenhado pela linguagem, os aspectos semióticos e simbólicos

---

115. Judith Butler, "Against Proper Objects: Introduction", *Differences: A Journal of Feminist Cultural Studies* 6, n. 2-3 (1994), p. 1-26, aqui p. 8.

116. Ibid., p. 16.

que estruturam as diferenças sexuais. Aliada à ênfase das feministas francesas nas diferenças sexuais, Toril Moi critica a oposição de "gênero" ao "sexo", que, para ela, resulta em "mulheres [sendo] divorciadas dos seus corpos e [...] 'mulher' [sendo] transformada em um efeito discursivo e performativo".[117] Ela é especialmente crítica ao relato performativo de "gênero" proposto por Judith Butler, e acredita que evitar essencialismo não deve levar a afirmar "que não existem mulheres, ou que a categoria 'mulher' por si só é ideologicamente suspeita".[118] Moi acusa injustamente a crítica de Butler à suposição heterossexual que sustenta o feminismo, que se reflete na questão da "mulher", de descartar ou suspender a "mulher". Nesse sentido, Moi trata a "mulher" como um conceito a-histórico isento de diferenças culturais e do funcionamento da raça e da sexualidade. Ela claramente não concorda que "a criação de 'mulheres' como categoria foi uma das primeiras realizações do estado colonial" na África pós-colonial.[119] Ela também não apreciaria o que Wittig chama de "nossa primeira tarefa [como feministas lésbicas radicais, que] devemos sempre dissociar as 'mulheres' (a classe dentro da qual lutamos) e 'mulher', o mito".[120] Vemos outro exemplo de "exclusão histórica e teórico-prática de mulheres não brancas [e não heterossexuais] de lutas liberatórias em nome das mulheres".[121]

Rosi Braidotti se distancia do conceito de "gênero" como um conceito útil principalmente a partir de duas preocupações. Primeiro, "como uma vicissitude da língua inglesa, [... gênero] carrega pouca ou nenhuma relevância para tradições teóricas nas línguas latinas", como o francês, espanhol ou italiano. Segundo,

---

117. Moi, *Sexual/Textual Politics*, p. 178.

118. Ibid.

119. Oyèrónké Oyèwùmí, *A invenção das mulheres: construindo um sentido africano para os discursos ocidentais de gênero* (Rio de Janeiro: Bazar do tempo, 2021).

120. Wittig, *Não se nasce mulher*.

121. Lugones, "Heterosexualism and the Colonial/Modern Gender System", p. 188-89.

a adoção de "estudos de gênero" em vez de "estudos feministas" ou "estudos femininos" em universidades "resultou em uma mudança de foco da agenda feminista em direção a uma atenção mais generalizada à construção social das diferenças entre os sexos", que amplia mas também reduz a agenda política, na medida em que o termo "estudos de gênero" promove a ilusão de simetria entre os sexos cuja diferença deve ser considerada "como um fator poderoso de dissimetria".[122] Braidotti argumenta que "essa maneira binária de pensar está de acordo com as suposições cartesianas de Beauvoir, que a levam a separar mente e corpo e construir a distinção entre gênero/sexo sobre uma fundação binária".[123]

María Lugones segue aquelas que se tornaram conhecidas como "feministas decoloniais", sugerindo que o gênero é inseparável da colonialidade e precisa ser criticamente engajado. Primeiro, ela aponta de maneira contraintuitiva que a resposta colonial para a pergunta de Sojourner Truth, "não sou eu uma mulher?", é um "não" enfático, porque "a consequência semântica da colonialidade de gênero é que 'mulher colonizada' é uma categoria vazia: nenhuma mulher é colonizada; nenhuma mulher colonizada é mulher".[124] Ela extrai essa conclusão de uma leitura atenta da lógica categórica da modernidade e argumenta que, "se mulher e negro são termos para homogeneidade atômica e categorias separáveis, então sua intersecção nos mostra a ausência de mulheres negras em vez de sua presença".[125]

Lugones defende uma leitura radical da categorização moderna de gênero/sexo ao lado da distinção de humano/não humano e heteronormatividade. Ela enfatiza que "transformar os colonizados em seres humanos não era um objetivo colonial" e que

---

122. Rosi Braidotti, *Nomadic Subjects: Embodiment and Sexual Difference in Contemporary Feminist Theory* (Nova York: Columbia University Press, 1994), p. 151.

123. Ibid., p. 262.

124. Lugones, "Toward a Decolonial Feminism", p. 745. Lugones se refere aqui à pergunta de Sojourner Truth, "Ain't I a Woman?", com a qual nos encontramos antes e discutiremos a seguir.

125. Ibid., p. 742.

atingir o gênero seria uma maneira de transformar não humano em humano. Como consequência, "o sexo foi feito para ficar sozinho na caracterização [isto é, bestialização] dos colonizados".[126] Sem rejeitar o "gênero" como um conceito relevante, Lugones adverte contra sua aplicação cega, sem o reconhecimento de que a imposição de uma dicotomia hierárquica de gênero é parte do projeto colonial de subjugar e desumanizar o colonizado. Ela sugere que devemos usar cuidadosamente "os termos *mulher* e *homem* e colocá-los entre colchetes quando necessário".[127] Em seu excelente relato da maneira como as identidades de gênero, costumeiramente assumidas como universais, foram formadas através da colonização europeia na Yorùbálândia, Oyèrónké Oyèwùmí afirma que "na sociedade yorùbá pré-colonial, o tipo de corpo não era a base da hierarquia social [...], não havia mulheres – definidas em termos estritamente de gênero – naquela sociedade".[128]

Além de analisar a formação colonial e a imposição dos gêneros binários ocidentais, os feminismos decoloniais se envolvem com as estratégias de resistência dos colonizados, cujas próprias cosmologias e maneiras de organizar o mundo, incluindo "gêneros" humanos incompatíveis com a dicotomia moderna do homem/mulher, sobreviveram e foram entrelaçados em uma relação de opressão-resistência à modernidade/colonialidade. Esse envolvimento ativo com a resistência, "a tensão entre a subjetivação (a formação/informação do sujeito) e a subjetividade ativa" deve ser considerado como um processo de

> adaptação, rejeição, adoção, ignorância e integração [que] nunca são apenas modos de isolamento de resistência, pois são sempre realizados por um sujeito ativo densamente construído por habitar a diferença colonial com um *locus* fraturado [... e] a multiplicidade na fratura do

126. Ibid., p. 743-44.

127. Ibid., p. 749.

128. Oyèrónké Oyèwùmí, *A invenção das mulheres: construindo um sentido africano para os discursos ocidentais de gênero* (Rio de Janeiro: Bazar do tempo, 2021).

*locus* [é] tanto a encenação da colonialidade do gênero quanto a resposta resistente de um sentido subalterno do eu, do social, do eu-em-relação, do cosmos, tudo fundamentado em uma memória povoada.[129]

Num sentido mais amplo, a história colonial moderna, para aqueles a quem Silvia Rivera Cusicanqui chama de "oprimidos mas não derrotados", é "simultaneamente uma arena de resistência e conflito, um local para o desenvolvimento de estratégias contra-hegemônicas abrangentes e um espaço para a criação de novas línguas indígenas e projetos de modernidade".[130] O objetivo do feminismo decolonial não é sugerir o regresso a um sistema de corporificação pré-colonial, "original", nem propor uma solução generalizável ou outra verdade universal. Ele nos convoca, antes de mais nada, a desaprender as categorias modernas/coloniais com as quais operamos aparentemente inevitavelmente, *aprendendo a aprender* com as diversas experiências de resistência (como locais de repressão contínua), que se baseiam em cosmologias e sistemas de gênero que nem sempre pressupõem a validação universal da "oposição binária", da "categorização hierárquica", da "diferença sexual encontrada na linguagem" ou do "patriarcado".[131] Apesar da importância da crítica pós-moderna e pós-colonial da "origem", ela é extremamente problemática e duvidosa quando qualquer tentativa de olhar para o "pré-colonial" é considerada uma tarefa impossível, ou pior, uma nostalgia nativista. Em outras palavras, a cautela de Judith Butler com o "recurso feminista a um passado imaginário [... para] não promover uma reificação politicamente problemática da experiência

---

129. Lugones, "Toward a Decolonial Feminism", p. 753-54.

130. Silvia Rivera Cusicanqui, *Ch'ixinakax utxiwa: uma reflexão sobre práticas e discursos descolonizadores* (São Paulo: n-1 edições, 2021).

131. Ver Oyèwùmí, *A invenção das mulheres*; Cecelia F. Klein, "None of the Above: Gender Ambiguity in Nahua Ideology", in *Gender in Pre-Hispanic America: A Symposium at Dumbarton Oaks*, org. Cecelia F. Klein (Washington, DC: Dumbarton Oaks, 2001), p. 183-254; Pete Sigal, "Latin America and the Challenge of Globalizing the History of Sexuality", *American Historical Review* 114 (2009), p. 1340-53.

das mulheres no decurso do desmascaramento das reivindica-ções autorreificantes do poder masculinista"[132] precisa de uma reviravolta decolonial através da qual as noções aparentemente evidentes de "feminista", "mulheres" e "masculinista" precisam ser qualificadas dentro do domínio do Ocidente moderno/colo-nial e talvez das suas consequências.

## Contra objetos apropriados e contra o mimetismo coercitivo

A "virada pluralista" na teoria crítica, reconhecendo diferenças localizadas, de gênero, racializadas e culturalmente específicas, foi uma grande conquista nas humanidades. Contudo, estes po-sicionamentos, tanto dentro como fora dos diferentes "grupos identitários", correm o risco de se tornarem parte de uma econo-mia de propriedade. Este risco envolve pelo menos duas questões: a de insistir nos "objetos de estudo apropriados", nas palavras de Judith Butler, e a de guetizar a enunciação "étnica" na forma de "mimetismo coercitivo", para usar o termo de Rey Chow.[133] No primeiro caso, sugere um relativismo cultural que funciona dis-cretamente, com o essencialismo exigindo, por exemplo, que para ser uma feminista genuína é preciso ser lésbica ou que é preciso ser "de cor" para falar sobre a questão racial. Este tipo de posição teórica perpetua o sistema policial de disciplina e punição. Além disso, sugere que tudo o que um grupo supostamente "minoritá-rio" ou "étnico" teoriza só é válido dentro desse grupo identitário, enquanto aqueles que habitualmente falam por todos mantêm o direito e a capacidade de serem universalmente aplicáveis.

Os debates sobre gênero a partir de diferentes pontos de vista no feminismo e nos estudos de gênero complicaram

132. Butler, *Problemas de gênero.*
133. Butler, "Against Proper Objects"; Rey Chow, *The Protestant Ethnic and the Spirit of Capitalism* (Nova York: Columbia University Press, 2002).

inestimavelmente a nossa compreensão da questão. Contudo, as recepções problemáticas destas diferentes posições, particularmente aquelas "outras posições", também prevalecem. Voltando ao caso de Sojourner Truth, a pergunta "Não sou eu uma mulher?" faria um leitor do século xx experimentar um *déjà vu*. Falando na convenção de mulheres em Ohio, em 1851, Sojourner Truth pede ao público que questione as suas suposições sobre as mulheres:

> Aquele homem ali diz que as mulheres precisam ser ajudadas a subir nas carruagens, erguidas sobre poças, e ter o melhor lugar em todos os lugares. Ninguém nunca me ajuda a entrar em carruagens, ou a passar por poças de lama, ou me dá um lugar melhor! E não sou eu uma mulher? Olhe para mim! Olhe meu braço! Eu arei e plantei, e colhi nos celeiros, e nenhum homem poderia me superar! E não sou eu uma mulher? Eu poderia trabalhar tanto e comer tanto quanto um homem – quando pudesse – e suportar o açoite também! E não sou eu uma mulher? Dei à luz a treze filhos e vi quase todos serem vendidos como escravos, e quando chorei com a dor de minha mãe, ninguém além de Jesus me ouviu! E não sou eu uma mulher?[134]

Em poucas palavras, isso resume a teoria da construção social do gênero que se diz ter começado apenas durante a "segunda onda" do feminismo da década de 1960. Por exemplo, na sua introdução clássica às teorias feministas, Rosemarie Tong introduz o sistema sexo/gênero sob a rubrica do feminismo radical-libertário, citando o livro *Contemporary Feminist Thought* (1983), de Herster Eisenstein:

> As feministas radical-libertárias rejeitaram a suposição da sociedade patriarcal de que existe uma conexão necessária entre o sexo (masculino ou feminino) e o gênero (masculino ou feminino) [...], elas afirmaram que o gênero é separável do sexo e que a sociedade patriarcal utiliza funções de gênero rígidas para manter as mulheres passivas [...] e os homens ativos.[135]

134. Sojourner Truth, "Ain't I a Woman?" discurso realizado em dezembro de 1851 na Convenção de Mulheres, Akron, Ohio. Ver "Sojourner Truth: 'Ain't I a Woman?' December 1851", *Modern History Sourcebook*, disponível online.

135. Rosemarie Tong, *Feminist Thought: A More Comprehensive Introduction*, 3. ed. (Boulder: Westview Press, 2009), p. 51.

O questionamento irrefutável de Truth é muitas vezes lido como a contestação de uma feminista negra à falsa irmandade daltônica das feministas brancas. Assim, sua fala tem sido consistentemente interpretada como "Não sou eu *também* uma mulher?". A sua afirmação é muito contundente em termos da denúncia da falácia gênero/sexo, "expondo um conceito [por exemplo, o de "mulher"] como uma construção ideológica ou cultural, e não como um reflexo natural ou simples da realidade".[136]

Apesar disso, Truth quase sempre foi lida como parte da negociação ou crítica da cegueira das feministas brancas em relação às mulheres negras no movimento sufragista e da abolição. Tong apresenta Sojourner Truth sob a rubrica do movimento pelo sufrágio e pela abolição e afirma desde o início que "as mulheres brancas e as mulheres negras da classe trabalhadora contribuíram para o movimento pelos direitos das mulheres do século XIX",[137] contra uma ideia comum de que as sufragistas do século XIX eram um movimento exclusivo de mulheres brancas de classe média. No entanto Tong racializa automaticamente a declaração de Truth ao visualizar e realçar a cor da pele de Truth em sua representação problemática do evento:

> Exigindo que o público olhasse para o seu corpo negro, Sojourner Truth proclamou que a sua "feminilidade", a sua "natureza feminina" nunca a impediu de trabalhar, agir e, sim, de falar como um homem.[138]

Truth pede: "Olhe para mim!". Ela não diz: "Olhe para mim, que sou negra!". Ela também não diz "como uma mulher negra". O relato fictício do evento em que Truth exige o escrutínio do seu "corpo negro" perpetua um olhar colonial obcecado pela "cor da pele", bem como uma ideia racista que equipara a feminilidade negra a uma natureza feminina diferente que precisa ser contida entre aspas.

136. Collins, *Pensamento feminista negro*.
137. Tong, *Feminist Thought*, 22.
138. Ibid., ênfase do autor.

Nell Painter, que escreveu uma biografia de Sojourner Truth (1994), mostrou a história da recepção extremamente problemática de Truth, na qual as suas próprias palavras e retratos fotográficos eram frequentemente "ocultados" (uma palavra usada pela própria Truth). Harriet Beecher Stowe, por exemplo, escreveu uma biografia intitulada *Libyan Sibyl* (1863), na qual Truth é retratada como personificando o "fervor da Etiópia, selvagem, feroz, caçada por todas as nações, mas ardendo por Deus no seu coração tropical".[139] A representação que Truth faz de si mesma no seu retrato fotográfico como uma mulher educada, de classe média, de óculos, que "não parece falar em dialeto"[140] contrasta totalmente com o "camafeu fictício e híbrido de [...] uma pessoa furiosa, Sojourner Truth, que rosna: 'E não sou eu uma mulher?', e depois exibe desafiadoramente o seu seio".[141]

Esta infeliz leitura de Truth não é um caso isolado. Suas palavras são continuamente vistas como tendo "comentado ironicamente e incisivamente sobre a irmandade fracassada que procurou silenciá-la de dentro e excluí-la do próprio movimento que mulheres como ela inspiraram, capacitaram e iniciaram".[142] Certamente como uma ativista abolicionista e feminista, a sua agenda política é de fato consciente interseccionalmente, abrangendo a complexidade da raça, classe e gênero (bem como da religião). Ela abre seu discurso afirmando: "Acredito que entre os negros do Sul e as mulheres do Norte, todos estão falando sobre direitos", e mais tarde pergunta: "O que isso tem a ver com

---

139. Stowe citada em Painter, "Sojourner Truth in Life and Memory", p. 9.

140. A então presidente da Convenção dos Direitos da Mulher, Frances Dane Gage, reescreveu o discurso de Sojourner Truth totalmente em dialeto. Para comparar as diferentes versões do discurso, ver "Compare the Two Speeches", *The Sojourner Truth Project*, disponível online.

141. Painter, "Sojourner Truth in Life and Memory", p. 464.

142. Ann Ducille, "On Canons: Anxious History and the Rise of Black Feminist Literary Studies", em *The Cambridge Companion to Feminist Literary Theory*, org. Ellen Rooney (Cambridge: Cambridge University Press, 2006), p. 29-52, aqui p. 37.

os direitos das mulheres ou com os direitos dos negros?".[143] No entanto aqui ela não está sendo "interseccional" na sua crítica: "A interseccionalidade é importante quando mostra as falhas das instituições em incluir a discriminação ou a opressão contra as mulheres negras".[144] A exigência de que Sojourner Truth fale de mulheres negras (apenas) mostra como a "análise interseccional" muitas vezes dá errado: a exigência de que pessoas negras, e somente elas, deem conta da interseccionalidade.[145] É surpreendente notar que, ao longo da história da recepção, Sojourner Truth foi apresentada principalmente como uma mulher negra que fala *apenas* (ou *só pode* falar) em termos de sua *negritude*, não porque seu discurso registrado tenha abordado diretamente a questão racial, mas porque sua negritude impede automaticamente o público (aqueles nas convenções onde ela falou e aqueles que a leram e a representaram depois) (branco) de permitir que ela fosse ouvida falando sobre "a questão das mulheres" e, portanto, reivindicando a posição universalista das feministas brancas. Consequentemente, a sua contribuição para a contestação do essencialismo de gênero "em geral" é negada.

É interessante relembrar aqui uma anedota de uma conferência feminista que ocorreu um século depois, na década de 1980, conforme reconta Michael Kimmel. A história conta que uma mulher negra respondeu a uma mulher branca que "afirmou que o fato de elas [a mulher negra e a mulher branca] serem ambas mulheres as unia". Ela ressalta que pela manhã, olhando no espelho, em vez de ver "uma mulher", como sua interlocutora branca supostamente o fez, "eu vejo uma mulher *negra*. Para mim, a raça é visível todos os dias, porque é com a raça que não sou privilegiada em nossa

---

143. "Sojourner Truth: 'Ain't I a Woman?' December, 1851".

144. Lugones, "Toward a Decolonial Feminism", p. 757-58, nota 9.

145. Para uma crítica astuta da interseccionalidade, ver Jasbir K. Puar, " 'I Would Rather Be a Cyborg than a Goddess': Intersectionality, Assemblage, and Affective Politics", *Transversal Texts by Eipcp – European Institute for Progressive Cultural Policies*, jan. 2011, disponível online.

cultura. A raça é invisível para você, porque é assim que você é privilegiada".[146] As leituras de "Não sou eu uma mulher?" que mudam para "Eu *também* não sou uma mulher?"[147] ressoam com esta anedota no sentido de que Sojourner Truth, assim como qualquer outra mulher negra, mulher lésbica/*queer*, mulher com deficiência, mulher da classe trabalhadora ou qualquer pessoa com um "extra" pode ser vista no espelho/olhos dos outros apenas em termos de suas diferenças. O que quer que tenham a dizer só pode ser lido através das lentes destas identidades, que são socialmente construídas, historicamente contingentes e, em última análise, abstrações.

Acho útil examinar mais detalhadamente a história da recepção de Sojourner Truth através do conceito de "mimetismo coercitivo" teorizado por Rey Chow, um tipo de mimetismo em que "o original que deveria ser replicado não é mais o homem branco ou sua cultura, mas sim uma imagem [do sujeito étnico]".[148] Este mimetismo é diferente daquele imperialista e imperativo que incita o colonizado a ser julgado contra ou a imitar o homem branco, mesmo que nunca alcancem o padrão, ou, como argumenta Homi Bhabha, ser "quase o mesmo, mas não exatamente".[149] Chow critica Bhabha e os teóricos culturais igualmente por terem negligenciado o fato de que "espera-se que a pessoa étnica se assemelhe ao que é reconhecidamente étnico [...], 'asiático', 'africano', 'árabe' e outros tipos semelhantes de natividade [estereotipada]", e que essa expectativa é o que o "mimetismo coercitivo" denota:

> [Um] processo (identitário, existencial, cultural ou textual) no qual se espera que aqueles que são marginais à cultura ocidental dominante [...] se assemelhem e repliquem os mesmos preconceitos banais que

---

146. Michael Kimmel, "Toward a Pedagogy of the Oppressor", *Tikkun* 17, n. 6 (2002), p. 42.

147. Nell I. Painter, "Representing Truth: Sojourner Truth's Knowing and Becoming Known", *The Journal of American History* 81, n. 2 (1994), p. 461-92, aqui p. 464, aponta que a frase "Ar'n't I a woman" "às vezes é traduzida de forma mais autenticamente negra como 'Ain't I a woman?'"

148. Chow, *The Protestant Ethnic and the Spirit of Capitalism*, p. 107.

149. Bhabha, *O local da cultura*.

lhes foram anexados, um processo em que se espera que eles se objetifi-
quem de acordo com o que já foi visto e, assim, autentiquem a habitual
imaginação deles como etnias.[150]

O caso de Truth, se me é permitido concluir com as palavras de
Chow, é aquele no qual "temas e textos étnicos, mesmo quando
não falam necessariamente sobre a sua suposta diferença étnica
per se, são habitualmente solicitados desta forma pelo público no
Ocidente e no mundo em geral".[151] As leituras predominantes de
Sojourner Truth são distorcidas de uma forma que a coloca "nati-
vamente" no seu lugar como feminista negra e simultaneamente
exclui a sua contribuição de falar sobre a questão da mulher "em
geral", que só pode ser enunciada a partir da posição da mulher
branca, heterossexual, saudável e de classe média, mesmo quando
é uma crítica a esse posicionamento universalista.[152]

Na conclusão do seu artigo "Against Proper Objects", Judith
Butler propõe uma "estratégia *queer*" que considero útil enfatizar,
porque expõe todas as diferentes perspectivas e posições sobre a
questão da "generi(ficação)" que parece muito exagerada e quase
cacofônica. Ela argumenta que

> essa complexidade e essa cumplicidade são chamadas a serem pensadas
> com maior urgência, o que significa pensar contra os separatismos
> institucionais que funcionam eficazmente para manter o pensamento
> estreito, sectário e egoísta [...], resistindo à domesticação institucional
> do pensamento *queer*.[153]

As feministas negras há muito mostram que as identidades produ-
zidas interseccionalmente excedem a lógica categórica moderna,
que "organiza o mundo ontologicamente em termos de catego-

150. Chow, *The Protestant Ethnic and the Spirit of Capitalism*, p. 107.
151. Ibid., 116.
152. Por exemplo, é possível alegar que a questão (universal) de Sojourner Truth sobre o
estereótipo das mulheres é universalista? Ou é possível ler "não se nasce mulher" como
se falasse apenas sobre as mulheres brancas?
153. Butler, "Against Proper Objects", p. 16.

rias atômicas, homogêneas e separáveis".[154] Cultivar formas de pensar que abranjam a fluidez transversal e pluriversal *queer* nos proporcionaria uma saída para a *creatio ex nihilo* teológico-política e monoteísta. Monoteísmo, universalismo, fixidez, verdade, todos parecem afastar-se de uma convicção resumida por Keller como "a verdade é Uma ou Nenhuma",[155] uma Verdade maiúscula milagrosamente isenta de qualquer contaminação da história, localização, perspectiva, linguagem, gênero, raça, classe, habilidade, sexualidade e assim por diante.

A rejeição de *uma* verdade última numa lógica linear de progressão está ligada ao chamado niilismo pós-moderno como uma resposta negativa à modernidade. Apesar de tal acusação ser impotentemente conservadora, é também extremamente etnocêntrica (de novo), porque o chamado "niilismo" pode ser encontrado no budismo, no taoísmo, na filosofia nahua, na teoria política zapatista, na hermenêutica judaica midrash, ou até mesmo na Bíblia, especialmente o Gênesis eloísta. A posição da rejeição à pluriversalidade como niilismo pós-moderno é eurocêntrica no sentido de que assume o ponto zero epistêmico ao longo de uma lógica linear, na qual o Ocidente é o único centro concebível de conhecimento legítimo e da sua crítica. Isto é, mesmo como crítica e apesar da existência de filosofias não ocidentais anteriores ou paralelas com preocupações e argumentos semelhantes, a Europa ainda acredita ter criado esses pronunciamentos análogos como se viessem do nada. A continuidade da doutrina teológico-política da *creatio ex nihilo* em sua roupagem colonial funciona especialmente bem no domínio da produção de conhecimento.

154. Lugones, "Toward a Decolonial Feminism", p. 742.
155. Keller, *Face of the Deep*, p. 39.

## Descolonizar a generificação ou avançar o decolonial com o *queer*

Envolvendo a estratégia *queer* de derrubar constantemente as fronteiras convencionais e a insistência decolonial em verdades pluriversais (em vez da verdade no singular como um universalismo abstrato), esta seção tratará da questão do gênero/sexo nos contextos específicos que este livro se propôs a examinar. Primeiro, pergunto o que queremos dizer com a "historicidade do sexo". Depois prossigo perguntando como pensar sobre o gênero pode influenciar ou mudar as nossas interpretações dos dois mitos e, acima de tudo, da sua recepção moderna/colonial.

Primeiro, voltemos aos debates feministas sobre o sistema gênero/sexo e concentremo-nos na historicidade do sexo e do gênero no contexto da cultura ocidental. Os historiadores demonstraram que o "feminino" nem sempre foi entendido como estando em oposição ontológica ao "masculino" ao longo da história ocidental. Na verdade, como argumenta Thomas Laqueur, desde a Grécia Antiga até ao século XVIII, o sexo era entendido através do "modelo de sexo único", no qual o corpo masculino era considerado a norma, enquanto o corpo feminino era visto como o corpo menos masculino, a inversão ou deformação.[156] Ou seja, durante muito tempo "a mulher não existia", parafraseando Jacques Lacan.

No seu artigo "The Five Sexes: Why Male and Female Are Not Enough", de 1993, a bióloga feminista Ann Fausto-Sterling faz uma pergunta semelhante à colocada por Michel Foucault na sua discussão sobre "o verdadeiro sexo".[157] Ela mostra a existência de corpos que não podem ser reduzidos a masculino ou feminino e aponta ainda que os "hermafroditas", ou pessoas "intersexuais",

---

156. Laqueur, *Making Sex*.

157. Michel Foucault, "Le vrai sexe", em *Dits et écrits IV, 1980-1988* (Paris: Gallimard, 1994), texto n. 287.

como são geralmente chamados, podem ser divididos em pelo menos três diferentes grupos.[158] Como ela observa, são muito comuns intervenções médicas que pretendem "corrigir" os corpos intersexuais para que se encaixem na rigidez binária de masculino/feminino, razão pela qual os corpos intersexuais são em grande parte desconhecidos da sociedade normativa. Ela relaciona esta disciplina coercitiva de corpos "indisciplinados" com "uma necessidade cultural de manter distinções claras entre os sexos, [...] a grande divisão [... e também porque] levantam o fantasma da homossexualidade".[159]

A pesquisa de Fausto-Sterling reúne gênero e sexualidade numa relação mutuamente construtiva subscrita pela "mente heterossexual" (Wittig) ou pela "matriz heterossexual" (Butler) subjacente à separação coercitiva da população humana em *apenas* dois sexos, masculino e feminino. Isto é, o corpo humano não está "naturalmente" dividido em dois sexos, mas é o imperativo dos papéis de gênero coagidos através da hegemonia heterossexista que regula a nossa compreensão dele, pelo menos a partir do século XVIII no contexto ocidental.

Os estudos acima citados preocupam-se principalmente com a compreensão de sexo/gênero/sexualidade na sociedade ocidental moderna. É plausível suspeitar que nas duas culturas antigas estudadas neste livro, babilônica e nahua, o sexo/gênero era entendido de formas muito diferentes. Uma vez que se olha cuidadosamente para os mitos, a divisão comum das divindades em deus ou deusa parece demasiadamente simplista, para dizer o mínimo.

Na Parte I, testemunhamos os gêneros ambíguos e em constante mudança das águas primordiais e as suas personificações divinas ao longo da *profunda* história da região. No mito sumério de *Enki* e *Ninmah* (ancestral do Enuma Elis babilônico), Nammu,

158. Fausto-Sterling, "The Five Sexes".
159. Ibid., p. 24.

a *mãe* primordial, personifica o *abzu*, onde se diz que os seres humanos foram formados pela primeira vez. Enquanto Nammu, originalmente uma faceta da água primordial Apsu, "reaparece" mais tarde no *Enuma Elis* e se torna Tiamat, Apsu (agora o "marido" de Tiamat) mantém sua conexão semântica com o mar primordial como o oceano de água doce e o útero aquoso como local de nascimento de Marduk, o deus rival que mais tarde mata Tiamat, que nessa mesma batalha retoma o gênero masculino. As divindades de gênero rígido – Apsu/deus/marido e Tiamat/deusa/esposa – só aparecem na recepção moderna/colonial do mito. Suas maneiras extremamente fluidas e "confusas" que, de modo bastante *queer*, se misturam dentro do épico e ao longo da história, enquanto ao mesmo tempo se separam e se fundem facilmente com "identidades" claramente demarcadas nas batalhas cósmicas, são suficientes para desafiar a categorização moderna/colonial e até perguntas como "quem *é* Apsu e qual é o seu gênero?".

Na Parte II, exploraremos os mitos de criação dos nahuas na América Central. Investigaremos o "estranho caso de Tlaltecuhtli". Muitas vezes traduzido como "deusa da terra", Tlaltecuhtli na verdade significa literalmente "senhor da terra" na língua náuatle, já que *tlal(li)* significa "terra" e *tecuhtli*, "senhor". A mãe de todos, Coatlicue, do ponto de vista puramente gramatical, não tem gênero, já que o náuatle não tem gênero gramatical para substantivos. Coatlicue é frequentemente traduzido como "*aquela* que tem a saia de serpente" ou "cobra-dela-saia".[160] Embora alguns argumentem que o "sistema de gênero" nahua usa diferenças de indumentária para indicar diferenças de gênero/sexo, sugerindo que, neste caso, *cueitl*, "saia", pode referir-se à feminilidade,[161] a complexidade (ou, de fato, a simplicidade) de sua enunciação nahua é perdida (ou

---

160. Por exemplo, Cecelia F. Klein, "A New Interpretation of the Aztec Statue Called Coatlicue", *Ethnohistory* 55, n. 2 (abr. 2008), p. 229-50.

161. Pete Sigal, "Imagining Cihuacoatl: Masculine Rituals, Nahua Goddesses and the Texts of the Tlacuilos", *Gender & History* 22, n. 3 (2010), p. 538-63, aqui p. 549.

silenciada) em traduções que lhe definem rigidamente o gênero com "ela". A questão fica ainda mais clara quando apresentamos Coatlicue Mayor, que se acredita ser uma representação artística de Coatlicue, que não transmite associação exclusiva com o feminino. Enquanto Coatlicue, uma palavra sem gênero, é feminizada, Tlaltecuhtli, um título marcadamente masculino da divindade da terra que aparece na parte inferior de Coatlicue Mayor, também é feminizada para se enquadrar no imaginário de um "arquétipo universal" da terra como a *vagina dentata*.

Não é surpreendente notar uma lógica colonial semelhante nos dois mitos de criação em consideração. Diz-se que Marduk criou o mundo, apesar de gerações de deuses terem nascido de Tiamat e Apsu, do drama do assassinato de Apsu, da revolta de Tiamat e de todas as batalhas que se seguiram. Embora o relato do *Enuma Elis* não negligencie deliberadamente o papel que Tiamat (agora reduzido ao caos puro e primordial) desempenha na criação creditada a Marduk, ele, no entanto, faz um esforço para apagar a importância daquilo que existia antes da criação de Marduk, tanto que se torna um caos-*qua-nihil*. *Creatio ex nihilo* é deliberadamente confundida com *creatio ex materia*.

No mito da criação nahua, podemos encontrar dois relatos semelhantes que se assemelham à *creatio ex nihilo* ou à tentativa de fazê-la. Uma é a criação do mundo pelos "deuses--irmãos" Quetzalcoatl e Tezcatlipoca ao matar a suposta "deusa"[162] Tlaltecuhtli, que habita o oceano primordial após o fim da quarta era cósmica.[163] A outra é a criação do universo por Huitzilopochtli, deus padroeiro dos astecas, que os guiou até a terra prometida de Tenochtitlán, local já habitado por diversas tribos indígenas.

---

162. No Capítulo 3 contestarei a associação de Tlaltecuhtli com "deusa", uma "questão estranha" na academia que parece ignorar o significado semântico do nome nahua Tlaltecuhtli, cujo significado literal é "Senhor da Terra" (*tlal*, terra; *tecuhtli*, senhor). Por enquanto, usarei aspas para lembrar ao leitor de dissociar Tlaltecuhtli da "deusa da terra".

163. Alfonso Caso, *El pueblo del sol* (México DF: Fondo de Cultura Económica, 1994).

Huitzilopochtli é o responsável por ter criado o universo matando sua irmã Coyolxauhqui, cuja cabeça se torna a lua e cujos aliados se tornam as "quatrocentas estrelas do sul". Embora isto não se qualifique como *creatio ex nihilo*, semelhante à "criação" de Marduk, os mundos que existiam antes ou paralelamente às suas "criações" não parecem importar.

Além da estratégia de apagamento total, ou seja, de redução ao nada, a redução do mundo conquistado a uma matéria feminizada supostamente vazia de sentido, uma *terra nullius* sem habitantes, também é uma tática comum. É o útero cósmico, o vazio penetrável do corpo feminino a partir de um imaginário heteronormativo e sexista. Não é de surpreender que, lidos à luz da crítica contemporânea, especialmente das teorias feministas, os mitos de criação se tornem falocentrismos típicos, com um cenário familiar do poder masculino/colonial penetrando no espaço feminino/colonizado. Ao analisar a fusão do controle colonial e masculino dos corpos/espaços feminizados/colonizados, considero mais proveitoso problematizar a dicotomia nítida entre o colonial/masculino e o colonizado/feminino.

Embora precisemos manter os argumentos aproveitáveis que as críticas ao falocentrismo e ao colonialismo moderno têm para oferecer, devemos também ler as cosmologias e complexidades não modernas das quais estes mitos de criação emergiram, tensionando com as suas recepções modernas/coloniais que inevitavelmente simplificaram e essencializaram os "gêneros" desses seres míticos.

Seria a crítica da violência falocêntrica que penetra o "corpo" feminino realmente útil ou mesmo relevante no caso do mito de criação nahua sobre o assassinato da "deusa" Tlaltecuthli pelos "irmãos" Quetzalcoatl e Tezcatlipoca, quando reconhecemos a complementaridade de gênero da cosmologia nahua, mas também, mais surpreendentemente, quando sabemos que Tlatecuhtli é o senhor (*tecuhtli*) da terra (*tlal*) e que tanto Quetzalcoatl como

Tezcatlipoca têm gêneros bastante ambíguos – na medida em que Tezcatlipoca foi chamado de viado afeminado (ou *puto* em espanhol) pelo frade franciscano Sahagún?[164]

Seria uma crítica que assume a separabilidade ontológica dos "rivais" de gênero, o herói masculino e o monstro feminino (ou vítima, dependendo de onde se posiciona), muito redutora e restritiva quando lermos *Enuma Elis* com atenção e percebermos que Marduk, que mata Tiamat, a outrora benevolente "mãe" (de modo que a representação "monstruosa" de Tiamat pode, na melhor das hipóteses, ser uma "monstrificação"), nunca nasceu de seu onipresente "estômago"? O estômago de Tiamat, o espaço aquoso penetrante, se mistura com outro espaço/divindade aquoso personificado e masculinizado, Apsu, seu "marido", morto anteriormente pelo pai de Marduk, Ea, mas permanece como uma habitação aquática "inanimada" dentro da qual Marduk teria nascido.

Embora seja extremamente improvável que alguém acredite ingenuamente que poderíamos retornar a um lugar de "origem" ou "essência" de culturas não modernas, um primo conceitual da Verdade una e imaculada, é uma coisa bem diferente questionar a utilidade das categorias de gênero/sexualidade moderno/colonial, destacando os modos de corporificação complementares e muitas vezes fluidos, especialmente no reino mítico, em textos e imaginários culturais não modernos, de uma forma que está abaixo da lógica de e/ou, como vimos na Parte I e discutiremos mais detalhadamente na Parte II.

Precisamos insistir, no entanto, que esta suposta fluidez não garante automaticamente menos violência (tanto na antiga Babilônia, especialmente durante o seu domínio regional, como em Cemanahuac nos séculos XIV-XVI, especialmente durante a expansão asteca). Isto é em si uma advertência contra a celebração

---

164. Pete Sigal, "Queer Nahuatl: Sahagún's Faggots and Sodomites, Lesbians and Hermaphrodites", *Ethnohistory* 54, n. 1 (2007), p. 9-34.

fácil de termos como "fluidez" nos discursos críticos contemporâneos. Os sistemas não dicotômicos têm nuances e relações de poder diferentes, como aprendemos e continuaremos a aprender nos capítulos seguintes, com e contra as suas recepções modernas/coloniais.

# PARTE II
# A TERRA

# O estranho caso de Tlaltecuhtli

> *Tezcatlipoca: ynin vel teutl ipan machoia, noujian ynemjian: mictla, tlalticpac, ylhujcac.*
> *el Dios, llamado tezcatlipuca: era tenido por verdadero dios, y inuisible: el qual andaua, en todo lugar: en el cielo, en la tierra, y en el infierno.*[1]
>
> BERNARDINO DE SAHAGÚN, *Códice florentino*[2]

Michael E. Smith apresenta um dos mitos de criação nahua, referente à batalha cósmica entre Quetzalcoatl, Tezcatlipoca e Tlaltecuhtli, da seguinte forma:

> O monstro terrestre gigante Tlaltecuhtli ("Senhor da Terra"), uma criatura semelhante a um crocodilo, nadava no mar em busca de carne para comer. Os deuses se transformaram em serpentes, entraram no mar e cortaram Tlaltecuhtli ao meio. A parte superior de seu corpo se tornou a terra, e a parte inferior foi lançada ao céu para se tornar as estrelas e os céus.[3]

Qual é exatamente o gênero desse monstro terrestre, Tlaltecuhtli, que, nesse breve parágrafo, aparece primeiro como "senhor", depois como uma criatura semelhante a um crocodilo de gênero não especificado e, finalmente, como um corpo feminino que é cortado ao meio pelos dois deuses Quetzalcoatl e Tezcatlipoca?

2. "Acreditava-se que o deus chamado Tezcatlipoca era um deus real e invisível. Ele anda em todos os lugares: em *mictlan*, o lugar dos mortos, na terra e em *ilhuicac*, o 'céu' ". Minha tradução aqui é baseada nos textos em nahua e em espanhol. Para uma comparação entre os dois, veja as discussões posteriores neste capítulo.

2. O *Códice florentino* foi escrito em espanhol e transcrito para o náuatle pelo frade franciscano Bernadino de Sahagún com a ajuda de vários estudiosos que falavam náuatle na escola de Tlatelolco. Devido às diferentes maneiras pelas quais a pronúncia nahua foi transcrita, há diferentes convenções ortográficas para o idioma náuatle.

3. Michael E. Smith, *The Aztecs* (Oxford: Blackwell, 1996), p. 206, ênfase do autor.

Neste capítulo, discutiremos o "estranho caso" de Tlaltecuhtli na história da recepção colonial/moderna das divindades nahua. Examinaremos os "quatro tipos de representação" de Tlaltecuhtli, definidos pelo arqueólogo mexicano Eduardo Matos Moctezuma, o que nos permite concluir que Tlaltecuhtli *poderia* ser identificada como uma divindade feminina, considerando um contexto e um estilo de representação específicos. No entanto, continuamos a nos perguntar como um "Senhor da Terra" (que é a tradução literal do nome nahua Tlaltecuhtli) passou a ser conhecido apenas como a "deusa" ou "senhora" da terra por meio de sua recepção. Analisaremos essa questão a partir de dois pontos diferentes, mas relacionados. Em primeiro lugar, insistiremos no "poder de significar" da língua náhuatl, um poder que foi negado nos estudos modernos e na curadoria de museus, onde Tlaltecuhtli é consistentemente mal traduzido como "Senhora da Terra". Em segundo lugar, exploraremos como a forma nahua de "dualismo" complementar foi dicotomizada em uma esfera celestial masculina e em uma esfera terrestre feminina. Essa crítica da história da recepção heteronormativa generificada de Tlaltecuhtli e da cosmologia nahua reflete sobre problemas maiores relativos à questão da "colonialidade", especialmente a colonialidade de gênero, ou o que chamo de "corte dicotômico heteronormativo". Por fim, propomos ler o caso de Tlaltecuhtli, ou precisamente sua "ambiguidade", aprendendo a aprender com a "gramatologia" da língua náhuatl, ou seja, sua forma particular de "escrever/pintar" (tlacuilolli), bem como a ausência do verbo de ligação "ser". Isso levará a uma preocupação ontoepistemológica que é radicalmente diferente da busca da filosofia ocidental: "o que é ...". Isso será mais explorado no próximo capítulo por meio da estátua (uma forma de *tlacuilolli*) Coatlicue Mayor.

# A classificação e a feminização de Tlaltecuhtli

Tlaltecuhtli aparece em muitas ocasiões e em uma grande variedade de lugares, muitas vezes representado como tendo um relacionamento íntimo com a terra. Por exemplo, na parte inferior da colossal estátua Coatlicue Mayor, Tlaltecuhtli é representado de frente para a terra. Graças a uma réplica do relevo colocado ao lado da estátua, podemos ver essa divindade da terra, que não deve ser vista pelo espectador não iniciado. Na mitologia nahua, Tlaltecuhtli representa a terra e as características associadas a ela, entendidas pelos nahuas como uma poderosa combinação de vida e morte, semelhante à figura de uma *vagina dentata* que simultaneamente concede e devora a vida.[4] Em náhuatl, o nome "Tlaltecuhtli" combina *tlal*, que significa "terra", e *tecuhtli*, que significa "senhor" ou "deus". Surpreendentemente, a combinação de fortes características femininas, especialmente o poder gerador de vida associado à terra, e o nome Tlaltecuhtli, ou "Senhor da Terra", parecem discordantes. Eduardo Matos Moctezuma, o proeminente arqueólogo mexicano que lidera a equipe de escavação que trabalha em estreita colaboração com artefatos e obras de arte nahua no Templo Mayor (Cidade do México), resume quatro tipos diferentes de representação de Tlaltecuhtli.[5] Apresentaremos essa divindade complexa fazendo referência ao relato de Matos Moctezuma e, ao mesmo tempo, analisaremos as pressuposições heteronormativas subjacentes que resultaram na problemática representação de gênero dessa divindade.

Em "Tlaltecuhtli: Señor de la tierra" (1997), publicado quase dez anos antes da escavação de 2006 de um disco gigante identificado como Tlaltecuhtli no Templo Mayor, Matos Moctezuma

---

4. Jill Raitt, " 'Vagina Dentata' and the 'Immaculatus Uterus Divini Fontis", *Journal of the American Academy of Religion* 48, n. 3 (2011), p. 415-31.

5. Eduardo Matos Moctezuma, "Tlaltecuhtli: Señor de la tierra", *Estudios de Cultura Náhuatl* 27 (1997), p. 15-40.

identifica quatro tipos de representação de Tlaltecuhtli: grupo A – figuras antropomórficas e masculinas; grupo B – figuras antropomórficas e femininas; grupo C – figuras zoomórficas e femininas; e grupo D – figuras com a face de Tlaloc, o deus da chuva. Em nenhum momento do artigo Matos Moctezuma identifica "Tlaltecuhtli" exclusivamente como uma *diosa* (deusa) e, de fato, ele sugere que "todas as representações do deus correspondem a momentos específicos e às diversas funções que ele tem".[6]

Referindo-se ao *Traité d'histoire des religions*, de Mircea Eliade, Matos Moctezuma confirma que "muitas divindades da terra e aquelas relacionadas à fertilidade", como a divindade da terra nahua Tlaltecuhtli, "são bissexuais".[7] Assim, seu estudo busca analisar a figura "bissexual" de Tlaltecuhtli.[8] No artigo, Matos Moctezuma não se refere à "bissexualidade" no sentido de orientação sexual, mas como a presença de ambos os sexos, masculino e feminino, identificáveis nas representações dessa divindade da terra. Voltaremos a essa interessante fusão de conceitos a seguir.

Matos Moctezuma sugere que as figuras do grupo A estão voltadas para a terra e, portanto, representam o aspecto masculino, enquanto as figuras do grupo B e do grupo C (embora representadas de forma zoomórfica) estão na terra voltadas para o céu e, portanto, representam o aspecto feminino.[9] Ao contrário de muitos pesquisadores que apressadamente silenciam o significado literal de Tlaltecuhtli e o feminizam como "Senhora da Terra",[10] Matos Moctezuma não rejeita o aspecto masculino da divindade. Com ele ficamos sabendo que Tlaltecuhtli significa

6. Ibid., p. 36: *todas estas representaciones del dios corresponden a determinados momentos y a las diversas funciones que tiene.*

7. Ibid., 24: *muchas divinidades de la tierra y relacionadas con la fecundidad son bisexuales.*

8. Ibid., 16.

9. Ibid., 25-30.

10. Veja, por exemplo, Elizabeth Baquedano e Michel Graulich, "Decapitation among the Aztecs: Mythology, Agriculture and Politics and Hunting", *Estudios de Cultura Náhuatl* 23 (1993), p. 163-77.

"Senhor da Terra" a partir de duas citações de diferentes autores. Frei Diego Durán afirma que "Tlaltecuhtli, composto de dois nomes, *tlalli* e *tecuhtli*, que significa 'grande senhor', significa, em conjunto, 'o grande senhor da terra' ".[11] E Manuel Orozco y Berra confirma que "Tlaltecuhtli, de *tlalli*, terra e *tecutli*, senhor, era um deus masculino".[12] Entretanto, apesar de ser esse um agrupamento masculino, sentimos que o tipo masculino está pairando fora dos possíveis significados da "divindade da terra", como o próprio Matos Moctezuma argumenta: "Esse grupo [A, identificado como masculino] acaba sendo muito especial e é essencialmente diferente dos outros três".[13] A "particularidade" do grupo A é ainda mais acentuada se acreditarmos que a terra é uma esfera exclusivamente feminina, em uma posição dita feminina, aguardando a inseminação.[14]

Mesmo um estudo complexo e rico como o de Matos Moctezuma não está imune à classificação dicotômica e à hierarquização das diferenças sexuais, acompanhadas de uma leitura que acaba por reduzir as nuances existentes. Essa "lógica categórica da modernidade", cúmplice da normatividade heterossexual ou do "heterossexualismo",[15] como María Lugones o chama, parece ter impedido Matos Moctezuma de aceitar o que deveria estar claro para ele: o significado semântico do nome nahua Tlaltecuhtli – Senhor da Terra. Ele traduz Tlaltecuhtli com precisão no título de seu artigo, "Tlaltecuhtli: Señor de la tierra". No entanto ele nunca sugeriu ou explicou por que, se a terra é tão

---

11. Friar Diego Durán, citado em Matos Moctezuma, "Tlaltecuhtli", p. 20: *Tlaltecuhtli, el cual vocablo se compone de dos nombres, que es tlalli y tecuhtli, que quiere decir 'gran señor' y, así quiere decir "el gran señor de la tierra".*

12. Manuel Orozco y Berra, citado em ibid., 24. *Tlaltecuhtli, de tlalli, tierra, y tecutli* [sic], *señor, era el dios varón.*

13. Ibid., 27: *este grupo [A, masculino] resulta muy particular y en esencia diferente a los otros tres.*

14. Ibid., p. 36.

15. María Lugones, "Heterosexualism and the Colonial/Modern Gender System", *Hypatia* 22, n. 1 (2007), p. 186-209.

identificada com a feminilidade, se a principal função da terra é esperar para ser fertilizada e se a divindade é representada de forma generalizada no ato de trabalhar com a *vagina dentata* (um motivo que sugere simultaneamente a morte),[16] os nahuas ainda deveriam chamar Tlaltecuhtli de *tecuhtli*, um senhor. Profundamente integrada nessa cegueira para a aparente discrepância entre "nome" e "natureza" está a heteronormatividade de gênero, segundo a qual "ter um gênero significa já ter entrado em uma relação heterossexual de subordinação".[17] Por exemplo, Matos Moctezuma identifica os que estão voltados para a terra como estando em uma posição penetrante, portanto, masculina; enquanto os que estão deitados na terra voltados para o céu são vistos como "capazes de serem possuídos sexualmente".[18] A posição superior não é apenas equiparada à penetrante, mas a penetrada, inferior, é imediatamente feminizada, "possuída".

Por meio dessa leitura de diferentes representações da divindade da terra como habitante de posições penetrantes e penetradas, entendemos que Matos Moctezuma, ao dizer "bissexual", na verdade quer dizer heterossexual (relação sexual). As divindades "bissexuais" não são apenas heterossexuais, mas são até mesmo heteronormativamente acopladas na mais autêntica posição missionária com o único propósito de reprodução.[19] Da mesma forma,

16. A imagem do aspecto de ameaça da morte da *vagina dentata* não é diretamente associada ao feminino. Entretanto, como mostramos na Parte I deste volume, por meio do caso da batalha entre Tiamat e Marduk, em uma cultura falocêntrica, a feminização e a monstrificação são um processo inseparável de construção que não só serve para manter o "falo/pênis" dominante, mas também para justificar a violência "fálica" em nome da ordem.

17. Catherine MacKinnon em Judith Butler, *Gender Trouble: Feminism and the Subversion of Identity* (Londres: Routledge, 1999), xiii.

18. Matos Moctezuma, "Tlaltecuhtli", p. 36: *para poder ser poseídas sexualmente.*

19. A "heteronormatividade reprodutiva" significa não apenas a interpretação compulsória de todos os tipos de sexualidade em termos de heterossexualidade, como Monique Wittig aponta sucintamente ("quando pensada pela mente heterossexual, a homossexualidade não é nada além de heterossexualidade"), mas também uma coerção que obriga as atividades sexuais a se "reproduzirem". Consultar Monique Wittig, "The Straight Mind", em *The Straight Mind and Other Essays* (Boston: Beacon Press, 1980), p. 21-32, aqui p. 28. Calvin Thomas amplia o conceito de "reprodução" e argumenta, de forma interessante, que "as pessoas

não apenas as representações zoomórficas da divindade estão incluídas no grupo feminino, mas também uma posição deitada dessas representações de Tlaltecuhtli identificada como feminina também é lida como um convite "para ser possuída sexualmente".

Podemos encontrar exemplos semelhantes em outras fontes. O deslize na frase de Smith, citada no início deste capítulo, transforma Tlaltecuhtli de senhor em monstro e, de repente, feminiza o senhor/monstro no momento exato em que a divindade é "despedaçada", em um ato que pode ser lido como uma penetração violenta. A conclusão final de Smith de que se trata de uma divindade feminina não é isolada. Isso não teria se tornado visível como um problema se Smith não tivesse acrescentado "desnecessariamente" uma tradução precisa do nome nahua Tlaltecuhtli. Muitos outros pesquisadores e apresentações de museus tornaram o problema invisível ao apresentar a divindade como uma "Deusa da Terra" chamada Tlaltecuhtli, sem sugerir que o nome tem um significado intrínseco diferente. Por exemplo, o acadêmico francês Michel Graulich explica que essa é a "mãe Tlaltecuhtli (Senhora da Terra)".[20] Em uma discussão sobre "Encontrando a Deusa no Planalto Central do México", Tlaltecuhtli também é identificada como "a deusa" da qual "a terra foi criada".[21] Os exemplos também são numerosos fora dos círculos acadêmicos, por exemplo, o disco gigante escavado em 2006 é exibido no Museo de Templo Mayor sob o título "Tlaltecuhtli: Diosa de la tierra" ("Tlaltecuhtli: Deusa da Terra"). Algumas publicações, como *La Jornada* e

---

que transam em nome da identidade, que criam uma identidade a partir de quem transam, que transam para reproduzir 'a pessoa', estão transando de forma heteronormativa [...] mesmo que 'a pessoa' ou 'identidade' reproduzida dessa forma seja 'homossexual' (Calvin Thomas, *Straight with a Twist: Queer Theory and the Subject of Heterosexuality* [Chicago: University of Illinois Press, 2000], p. 33).

20. Michel Graulich, "Aztec Human Sacrifice as Expiation", *History of Religions* 39, n. 4 (2000), p. 352-71, aqui p. 362.

21. Cecilia M. Corcoran, "Finding the Goddess in the Central Highlands of Mexico", *Feminist Theology* 8, n. 24 (2000), p. 61-81, aqui p. 68.

*Arqueología Mexicana*, bem como vários artigos introdutórios publicados pelo Instituto Nacional de Antropologia e História, representam Tlaltecuhtli de forma unívoca como *la diosa de la tierra*.[22] Certamente, podemos supor que os jornalistas que equiparam Tlaltecuhtli a *diosa de la tierra* estão apenas relatando o que os estudiosos e arqueólogos já concordaram oficialmente, sem necessariamente suspeitar o que essa "impronunciável"[23] palavra nahua possa significar. Mas é difícil imaginar que os especialistas nesta cultura sejam totalmente ignorantes em relação ao idioma, um dos mais falados na Mesoamérica antes da colonização espanhola e uma das inúmeras línguas indígenas ainda amplamente faladas na América Central.[24] Tlaltecuhtli pode ser literalmente

22. Ver Ana Mónica Rodríguez, "El hueco central de Tlaltecuhtli, misterio a debatir cuando se muestre al público", *La Jornada*, 23 mar. 2010; Eduardo Matos Moctezuma e Leonardo López Luján, "La diosa Tlaltecuhtli de la Casa de las Ajaracas y el rey Ahuítzotl", *Arqueología Mexicana*; e Instituto Nacional de Antropología e Historia, "Se cumplen 10 años del descubrimiento del monolito de la diosa Tlaltecuhtli", 1º. out. 2016, todos disponíveis online.

23. Por exemplo, em uma transmissão de rádio espanhola que convidou o antropólogo mexicano Marco Antonio Cervera para falar sobre a mitologia nahua, o apresentador perguntou ¿*Cómo era el lenguaje de los mexicas, porque claro los dioses y los nombres son como bárbaros* [...] *son complicadísimos de pronunciar?* ("Qual era o idioma daqueles mexicanos, porque, é claro, os deuses e seus nomes são como os bárbaros [...] são extremamente complicados de pronunciar?"). Ver "Los dioses de los Mexicas", *ABC Punto Radio*, 29 abr. 2012, disponível online.

24. Serge Gruzinski, *La colonisation de l'imaginaire: Sociétés indigènes et occidentalisation dans le Mexique espagnol XVIe-XVIIIe siècle* (Paris: Éditions Gallimard, 1988), p. 353, aponta, *la diffusion du castellan fut de tout temps un objectif qui hanta la Couronne espagnole. Elle y voyait le moyen d'étendre son emprise sur les populations indigènes et de raffermir sa domination* ("A difusão do castelhano foi sempre um objetivo que assombrou a Coroa espanhola. Ela via ali a maneira de estender sua influência sobre as populações indígenas e consolidar seu domínio"). O idioma nahua vive em um *status* ambíguo de um idioma não oficial, considerado como um idioma do passado asteca, embora ainda seja amplamente falado (quase 2 milhões de falantes, de acordo com León-Portilla) e, portanto, privado de seu *status* oficial como um dos muitos idiomas falados no México (Miguel León-Portilla, "El destino de las lenguas indígenas de México", in *De historiografía lingüística e historia de las lenguas*, orgs. Ignacio Guzmán Betancourt, Pilar Máynez e Ascensión H. de León-Portilla [México DF: Siglo XXI, 2004], p. 51-70). Somente em 1992, a Constituição mexicana sugeriu que a consciência da coexistência de outras línguas indígenas havia sido totalmente ignorada em termos legislativos. Foi somente em 2003 que a *Ley general de derechos lingüísticos de los pueblos indígenas* reconheceu direitos legais para os idiomas indígenas iguais aos do espanhol. Por exemplo, o artigo 7 afirma: *Las lenguas indígenas serán válidas, al igual que el español, para cualquier asunto o trámite de carácter público, así como para acceder plenamente a la gestión, servicios e información pública* ("As línguas indígenas serão válidas como o espanhol para qualquer assunto público ou processo administrativo, bem como para o acesso a qualquer gestão, serviço e informação pertencente ao setor público") ("Ley General de Derechos Lingüísticos de Los Pueblos Indígenas", 2003, disponível online.). No entanto o espanhol castelhano continua

traduzido como "Senhor da Terra", sem muito espaço para ambiguidade. Embora fosse de se esperar que a referência ao *señor de la tierra* usando o pronome *ella* ("ela") causasse consternação – a menos que fosse por justaposição poética ou algo como o *Elohim bara* bíblico –, Tlaltecuhtli é, de fato, continuamente mencionada como tal, sem causar sequer uma sobrancelha levantada ou precisar da desculpa da "justificativa poética".[25]

Vejamos outro exemplo de um verbete de enciclopédia, onde lemos: "o deus-serpente emplumado QUETZALCOATL e o deus do espelho fumegante TEZCATLIPOCA [...] viu Tlaltecuhtli e a agarrou pelas pernas".[26] Embora linguisticamente Quetzalcoatl e Tezcatlipoca não assumam ou transmitam automaticamente qualquer "masculinidade", porque a língua nahua não tem gênero gramatical e seus nomes, "serpente emplumada" (Quetzalcoatl) e "espelho fumegante" (Tezcatlipoca), não indicam um gênero específico, não é incomum que sejam chamados de "deuses". Especialmente quando a batalha cósmica contra a feminizada Tlaltecuhtli é contada, Quetzalcoatl e Tezcatlipoca são apresentados como divindades masculinas, apesar das características "andróginas" ou "bissexuais" de ambos os "deuses", como mostra Pete Sigal.[27] Certamente, não sugiro uma insistência na relação entre linguagem e gênero, fingindo que nenhum outro aparato linguístico ou ideológico sugeriria a classificação de certas palavras e expressões

---

dominante e o status monolíngue de fato do México não foi abalado. Essa dominação do espanhol sobre outras línguas indígenas pode ser lida em paralelo com o "colonialismo interno", nascido na mudança "do regime colonial governado a partir da metrópole para um regime nacional governado pelos crioulos", refletido em poucas palavras na "latinidade" da "América Latina" e no apagamento da população indígena e afrodescendente. Ver Walter Mignolo, *The Idea of Latin America* (Oxford: Blackwell, 2005), p. 65.

25. Consultar o Capítulo 2 deste volume para uma discussão sobre a função poética da discrepância gramatical no caso do Gênesis Eloísta.

26. Ann Bingham, *South and MesoAmerican Mythology A to Z* (Nova York: Facts on File, 2004), p. 109.

27. Ver Pete Sigal, "Queer Nahuatl: Sahagún's Faggots and Sodomites, Lesbians and Hermaphrodites", *Ethnohistory* 54, n. 1 (2007): 9-34, e Pete Sigal, "Imagining Cihuacoatl: Masculine Rituals, Nahua Goddesses and the Texts of the Tlacuilos", *Gender & History* 22, n. 3 (2010), p. 538-63.

como gênero. Muito menos defendo que uma linguagem sem gênero transmite uma visão mais igualitária ou menos preconceituosa sobre as diferenças sexuais ou de gênero. Em vez disso, pergunto como um nome claramente de gênero masculino como Tlaltecuhtli pode se tornar automaticamente feminizado no processo de tradução, enquanto os "neutros", gramaticalmente sem gênero e culturalmente "andróginos" Quetzalcoatl e Tezcatlipoca se tornam masculinizados.

De acordo com o estudo de Matos Moctezuma, a terra incorpora as seguintes funções:

1. A terra fertilizada;

2. A terra como *vagina dentata* que devora corpos mortos;

3. A terra como a transformadora que dá à luz aos mortos no Mictlan, lugar dos mortos;

4. A terra como o ponto central do universo, ligando o celestial e o terrestre; e

5. A terra que repousa sobre a água primordial.[28]

A única característica exclusivamente "masculina", de acordo com esse estudo, é aquela relacionada ao "centro do universo",[29] enquanto o que está relacionado à "feminilidade" é a "terra fertilizada". O "centro do universo", portanto, torna-se masculinizado, enquanto o feminino continua a ser reservado apenas para a reprodução, para ser fertilizado ou inscrito com um sentido vindo de cima.

De acordo com esse mito da criação em particular, os "irmãos" Tezcatlipoca e Quetzalcoatl, após se transformarem em serpentes gigantes, mergulham na água primordial e matam o monstro terrestre Tlaltecuhtli, que está comendo ossos humanos, um elemento essencial para a recriação dos seres humanos no início

---

28. Matos Moctezuma, "Tlaltecuhtli", p. 36.
29. Ibid., p. 35: *el centro del universo*.

da quinta era cósmica. Posteriormente, eles criam a terra e o céu, usando as partes do corpo abatidas de Tlaltecuhtli. Se assumirmos que a dupla Quetzalcoatl-Tezcatlipoca é masculina e Tlaltecuhtli é feminina (como na expressão de *diosa de la tierra*), o mito pode ser facilmente lido como um controle masculino de uma mãe[30] feminina/monstruosa por meio de assassinatos violentos e da apropriação do corpo feminino, como no caso do massacre de Tiamat por Marduk, analisado na Parte I. No caso da Babilônia, a feminização de Tiamat é cúmplice de sua monstrificação dentro do *Enuma Elis*, cujo tom colonial é repetidamente sustentado pela propaganda mito-política sexista durante o período do Império Babilônico e reforçado por leituras igualmente estereotipadas de gênero em sua história da recepção moderna. A feminização de Tlaltecuhtli, por outro lado, é amplamente exagerada em suas recepções modernas/coloniais, por meio do silenciamento da língua nahua e da cosmologia expressa nela.

O objetivo da minha crítica aqui não é nem uma "correção" do que os arqueólogos identificaram erroneamente, nem uma proposta de uma resposta "mais verdadeira" à pergunta "O que é Tlaltecuhtli?". Na verdade, o problema e a confusão podem muito bem se originar dessa pergunta em particular, que tenta ao máximo delimitar e controlar o(s) significado(s) de Tlaltecuhtli por meio do aparentemente inevitável verbo "ser" (voltarei a essa pergunta abaixo). Tlaltecuhtli, longe de ser apenas um nome, tem um significado semântico suficientemente claro para qualquer falante de náuatle: "Senhor da Terra". Da mesma forma, para um falante de hebraico, *'adam* no Gênesis significaria claramente "o humano" em vez do nome masculino Adão.[31] Enquanto *'adam*

---

30. Ver nota 97 sobre o trocadilho *(m)other*. [N. T.]

31. Ver Robert Alter, *Genesis: Translation and Commentary* (Londres: W.W. Norton & Company Inc., 1996), p. 5, e meu ensaio "*'adam* Is Not Man': Queer Body before Genesis 2:22 (and After)", em *Unsettling Science and Religion: Contributions and Questions from Queer Studies*, orgs. Whitney Bauman e Lisa Stenmark (Lanham: Lexington Books, 2018), p. 183-97.

é amplamente traduzido como Adão, sempre e certamente não por coincidência com o gênero masculino, Tlaltecuhtli tem sido amplamente representado também como meramente o nome de uma divindade da terra, desgenerificado (a parte *tecuhtli* que marca a masculinidade ignorada ou talvez "castrada") e regenerificado como feminino. Em ambos os casos, os significados inerentes das palavras em hebraico e náuatle são negligenciadas.

Os casos de Smith e Matos Moctezuma são, de certa forma, especiais, pois eles de fato traduzem a palavra corretamente, mas imediatamente parecem esquecer ou ignorar as implicações de gênero dessa tradução na mesma frase. O que queremos perguntar é como Tlaltecuhtli ficou conhecida como uma deusa e como o título de exposição de "Tlaltecuhtli: diosa de la tierra" se tornou possível. Argumento que tanto os trabalhos acadêmicos quanto as apresentações em museus não estão livres da matriz colonial de poder e conhecimento. Por isso, mesmo quando o significado da linguagem silenciada é esclarecido, sua especificidade cosmológica e filosófica não pode ter lugar nas interpretações das mitologias nela concebidas. O sistema de gênero moderno, com a sexualidade heteronormativa e os "arquétipos" universalistas como monopólio epistêmico, em que outros conhecimentos e formas de ser são ignorados, só permite a compreensão da divindade da terra como "deusa" ou a feminização de qualquer divindade relacionada à terra.

Ao mesmo tempo, precisamos complicar ainda mais a questão, reconhecendo o fato de que Tlaltecuhtli *pode* ser e muitas vezes é identificado como feminino. Ou seja, uma tradução "correta" de Tlaltecuhtli como "Senhor da Terra" seria igualmente inadequada para transmitir todos os possíveis significados, representações e metamorfoses dessa divindade terrestre. A próxima seção examinará o gênero moderno coercitivo baseado no dimorfismo dicotômico (biológico) por meio de uma crítica da classificação das divindades nahua nas chamadas divindades celestiais e terrestres, não surpreendentemente classificadas como gênero masculino e feminino, respectivamente.

## Performando a "castração" de Tlaltecuhtli

A pesquisa acadêmica e a curadoria de museus não fornecem "observações" meramente afirmativas sobre o que existe e como as coisas são representadas. Elas também são forças performativas e construtivas que inscrevem discursos normativos no que se diz que representam os "objetos de estudo" observados. Em outras palavras, as leituras de Smith e Matos Moctezuma, entre outros, anteriormente apresentadas estão imbuídas de suposições heterossexualistas, constroem um discurso normativo específico que ganha validade e inteligibilidade precisamente por meio da repetição ou reiteração.[32]

Essa construção de discurso implica um processo duplo de naturalização e exclusão. A naturalização assume a forma de afirmação de "como ele/ela é naturalmente"[33] e é acompanhada por uma exclusão de outras leituras possíveis que, por exemplo, considerariam a *tecuhtli*-dade de Tlaltecuhtli sem censurar esse elemento disruptivo específico. Nesta seção, analisaremos como os estudiosos modernos realizam a "atribuição de sexo" para Tlaltecuhtli por meio da castração (no sentido de cortar o pênis/falo), ou seja, o silenciamento do significado inerente de *tecuhtli*. Acentuaremos a voz disruptiva que se esforça para ser ouvida no momento cirúrgico da castração, quando Tlaltecuhtli é traduzido/transformado

---

32. Ver Butler, *Problemas de gênero*, p. 11.

33. Certamente, até mesmo o uso de "ela/ele/isto" tem que ser limitado dentro das possibilidades que a língua oferece, o que, de maneira semelhante, reiteraria a divisão "natural" entre ela e ele, entre ela/ele e isto etc. Os nahuas não têm esse problema linguístico, pois há apenas um pronome, independentemente do gênero. Por exemplo, ver James Lockhart, *Nahuatl as Written: Lessons in Older Written Nahuatl, with Copious Examples and Texts* (Stanford: Stanford University Press, 2001), p. 1.

em "*Senhora* da Terra", que deve ser abatida pelas divindades masculinizadas para se encaixar no mito heterossexualista da terra feminina e da monstruosa *vagina dentata*. Esse significado simbólico/fálico de *tecuhtli* tem de ser repetidamente castrado para feminizar o "monstro" (que, é claro, sempre serve para monstrificar o feminino ao mesmo tempo), de modo que a assombrada dissimetria sexual falocêntrica ainda possa funcionar para definir sua própria centralidade. Essa "castração do falo", temos de observar, é realizada em uma língua colonizada, o náuatle, e pelo sistema de conhecimento colonial/moderno escrito em línguas europeias. Essa feminização do colonizado não é uma história nova.[34] Certamente, essas operações discursivas funcionam sob uma ideia naturalizada de que existem dois "sexos opostos". Nas seções seguintes, revisitaremos algumas discussões sobre a atribuição coercitiva de sexo a indivíduos intersexuais na sociedade moderna e veremos como isso revela tanto a incerteza quanto a violência do sistema dimórfico moderno/colonial de gênero (e sexo).

## Cirurgia moderna de designação de sexo em indivíduos intersexuais

A ideia de intersexo funciona como abjeção, que é necessária para o surgimento dos dois sexos supostamente opostos. Assim, o intersexo marca a limiaridade dessa divisão dimórfica. O que acontece se levarmos em consideração o "gênero"? Por gênero, queremos dizer a prática discursiva que constrói performativamente os próprios corpos aos quais se diz que o gênero impôs suas "construções".[35] A construtividade do gênero não deixa a ideia de sexo intocada. Seguimos Butler para argumentar ainda que "as diferenças sexuais são indissociáveis das demarcações discursivas"

---

34. Ver Parte 0 e Anne McClintock, *Imperial Leather: Race, Gender and Sexuality in the Colonial Contest* (Nova York: Routledge, 1995), e María Lugones, "Toward a Decolonial Feminism", *Hypatia* 25, n. 4 (2010), p. 742-59, entre outros.

35. Judith Butler, *Problemas de gênero*.

e nunca são simplesmente um "fato ou condição estática de um corpo", mas se materializam "por meio de uma reiteração forçada de normas [... regulatórias]".[36] Levando em conta essas considerações, o intersexo aponta para as instabilidades que são inerentes e resistentes à materialização do cumprimento de uma norma regulatória que "nunca está totalmente completa".[37] Nas sociedades normativas modernas, as pessoas intersexuais são, em sua maioria, tratadas como anormais, necessitando de "correção" para satisfazer o dimorfismo sexual normativo. Seu destino mostra claramente o poder e a violência da hegemonia heteronormativa moderna, mas, ao mesmo tempo, revela sua instabilidade inata. É aí que residem as possibilidades de subverter a heteronormatividade.

A sociedade moderna continua a presumir que existem apenas dois sexos, apesar de uma parte considerável da população mundial ser intersexual.[38] Julie Greenberg mostra que as instituições jurídicas dos EUA "têm o poder de atribuir indivíduos a uma categoria racial ou sexual específica".[39] Ela argumenta que a suposição por trás dessas atribuições sexuais e raciais é o binarismo de raça e sexo, bem como a crença de que "raça e sexo podem ser determinados biologicamente [...] apesar das evidências científicas em contrário".[40]

A profunda ansiedade provocada pela existência de pessoas intersexuais fica evidente na prática das "correções" cirúrgicas de seus corpos. Chamamos essa intervenção de "atribuição de sexo", na qual o sexo do sujeito intersexo patologizado é alterado

---

36. Judith Butler, *Corpos que importam: os limites discursivos do sexo* (São Paulo: n-1 edições, 2019).

37. Ibid., p. 2.

38. Totalizando 4%, de acordo com John Money em Anne Fausto-Sterling, "The Five Sexes: Why Male and Female Are Not Enough", *The Sciences* (mar./abr. 1993): 20-25.

39. Julie Greenberg, "Definitional Dilemmas: Male or Female? Black or White? The Law's Failure to Recognize Intersexuals and Multiracials", in *Gender Nonconformity, Race, and Sexuality: Charting the Connections*, org. Toni Lester (Madison: University of Wisconsin Press, 2002), p. 102-24, aqui p. 102.

40. Ibid., p. 103

para se alinhar às expectativas normativas logo após o nascimento. Essa ansiedade é semelhante à "ansiedade colonial" analisada por Bhabha e revisada na Parte o. Ela é resultado da lógica categórica moderna. Isso nos leva de volta à questão da raça. Greenberg analisa a política de "uma gota" na política jurídica dos EUA, que classifica um bebê com "uma gota" de sangue de um pai ou ancestral negro como "negro" em vez de "branco". O puritanismo racial e o tom de antimiscigenação não podem ser mais claros. Entretanto, isso mostra que o medo dos homens brancos da "poluição" racial e da feminização em geral é um efeito da percepção de que o próprio conceito de "homem branco" é inerentemente instável e contestável.

Butler argumenta que "a castração não poderia ser temida se o falo já não fosse destacável, já estivesse em outro lugar, já estivesse despossuído".[41] Transpondo sua desconstrução do medo da castração para o caso da raça, logo percebemos que o conceito purista de "homem branco" não é anterior ao evento da "corrupção" ou ao medo do encontro com o "outro" monstrificado, que geralmente se afirma acontecer "mais tarde", mas é de fato construído no momento exato desse encontro, como *resultado* do medo da feminização/racialização.

A intervenção cirúrgica indesejada em corpos intersexuais é brutal, literalmente inscrita na carne. Ela reitera a normatividade e autoridade do dimorfismo de gênero às custas das vidas inconcebíveis por essa norma. Por inconcebível, quero dizer que um determinado corpo não conforme à norma reguladora não é considerado habitável ou legítimo e corre o risco de ser alterado ou morto.

O que está em jogo aqui é a percepção da própria contingência e inconsistência dentro da regra reguladora da heteronormatividade reprodutiva. Sem deixar isso claro, a fantasia ilusória do heterossexualismo nos levará a acreditar que o "problema genético" é um problema moderno, estritamente estranho a uma cultura

---

41. Butler, *Corpos que importam.*

não moderna e pré-colonizada, como a dos nahua. E se a ilusão do heterossexualismo não for reconhecida, as culturas indígenas colonizadas podem ser perigosamente consideradas como estando em um "estado natural" de "heterossexualidade", porque a mente colonizadora heterossexual "toma como certo que o que funda a sociedade, qualquer sociedade, é a heterossexualidade".[42] As leituras que dividem a teologia orgânica e transformadora dos nahua (e, às vezes, a mesma divindade, como Tlaltecuhtli) em deuses e deusas acoplados reiteram o clichê sexista da mulher passiva que convida à penetração, como se a heterossexualidade e o estilo missionário fossem realmente a-históricos e transculturais.

## "Corrigindo" o sexo de Tlaltecuhtli

A referência às intervenções cirúrgicas modernas é pertinente à nossa discussão sobre a divindade nahua da terra, porque os estudos e a curadoria de museus continuam a realizar a "atribuição de sexo" em Tlaltecuhtli, cujo "gênero" e "sexo" não parecem corresponder perfeitamente um ao outro. A atribuição de sexo é realizada por meio da "castração" para se adequar à expectativa heterossexualista da terra, um símbolo monstruoso, destrutivo, mas produtivo, como *exclusivamente* feminino. O discurso é bem protegido pela retórica da "exceção"[43] quando a evidência do contrário é revelada ao pesquisador. É por isso que acredito, como no caso

---

42. Wittig, "A mente hetero", A mente colonizadora heterossexual, na verdade, não é tão *direta* quanto se quer acreditar. Hoje, a homossexualidade, ou mais precisamente a chamada "tolerância em relação aos homossexuais", tornou-se evidência do desvio de uma determinada cultura. Enquanto os viajantes britânicos do século XIX condenam a sexualidade "imoral" da sodomia na sociedade muçulmana como prova de sua decadência, o discurso neoliberal contemporâneo usa a mesma retórica para alimentar a imaginação islamofóbica. Ver Joseph Andoni Massad, org., *Desiring Arabs* (Chicago: University of Chicago Press, 2008) e Jin Haritaworn, *Queer Lovers and Hateful Others: Regenerating Violent Times and Places* (Londres: Pluto Press, 2015).

43. Por exemplo, conforme mencionado anteriormente, Matos Moctezuma, "Tlaltecuhtli", p. 27, acredita que o Grupo A de representações de Tlaltecuhtli, identificado como masculino, "acaba sendo muito especial e é essencialmente diferente dos outros três [grupos]".

da política legal dos EUA sobre atribuição racial e sexual, que mostrar "evidências científicas em contrário"[44] por si só não poderia impedir adequadamente a imposição da lei normativa de gênero.

Cixous resume como o falogocentrismo funciona por meio de dualismos hierárquicos e argumenta que, na filosofia ocidental, a mulher está sempre do lado da "passividade".[45] Zainab Bahrani, em sua exploração de gênero e representação na arte babilônica, observa de forma semelhante que "a mulher serve para definir o masculino no Simbólico, e tudo o que é excesso ou falta pode ser localizado nela como Outro: assim, a ansiedade, a ameaça, os extremos do bem e do mal são todos localizados no corpo da mulher, como o local da alteridade".[46]

Curiosamente, em nosso "estranho caso", a centralidade simbólica masculina é alcançada não por causa da posse de um "falo", mas como resultado da castração do falo/logos nahua. Se compararmos a incômoda parte *tecuhtli* do Senhor da Terra Tlaltecuhtli ao falo ou ao poder simbólico de significar, o próprio *tecuhtli* precisa ser castrado, ou seja, silenciado e erradicado do significado. Só então é possível que os "deuses da criação" Quetzalcoatl e Tezcatlipoca, identificados como masculinos, sejam considerados as figuras centrais. O mais interessante é que uma compreensão heteronormativa que associa a terra (ou a "esfera terrestre") como exclusivamente feminina à posição de espera pela penetração pelos deuses celestiais, consequentemente masculinizados, é paradoxalmente comprada a um preço: a castração do falo de Tlaltecuhtli.

Matos Moctezuma argumenta que o *aspecto* masculino de Tlaltecuhtli representa o "centro do universo".[47] Se ele estiver

---

44. Greenberg, "Definitional Dilemmas", p. 103.

45. Hélène Cixous e Catherine Clément, *La jeune née* (Paris: Union Générale d'Éditions, 1975), p. 116-17: *la pensée a toujours travaillé par opposition, Parole/Écriture* [... *par*] *oppositions duelles, hiérarchisées* [... *et*] *dans la philosophie la femme est toujours du côté de la passivité.*

46. Zainab Bahrani, *Women of Babylon: Gender and Representation in Mesopotamia* (Londres: Routledge, 2001), p. 36.

47. Matos Moctezuma, "Tlaltecuhtli", p. 35: *centro del universo.*

certo, a desejável centralidade masculina, que podemos chamar de falocentrismo, é, na verdade, assombrada pelo próprio *tecuhtli*- -falo. Isso porque o poder simbólico, ou seja, fálico, de significar de Tlaltecuhtli não mostra nada mais do que o fato de que a divindade da terra é um *tecuthli*, um "senhor", e não uma "deusa" feminizada, como o gênero heteronormativo quer que seja. Para ele, o falo *tecuhtli* torna-se simultaneamente o símbolo abominável que resiste a todo momento a qualquer associação direta com a terra (e, portanto, com as chamadas divindades terrestres) e o feminino. Paradoxalmente, o falo semântico de *tecuhtli* tem de ser castrado para manter o falo colonial do poder masculino no/como o centro do universo.

Essa "castração" é muitas vezes realizada secretamente nas equações de Tlaltecuhtli com a "*deusa* da terra", embora de forma explícita, mas muito rápida, em alguns outros casos.[48] Elizabeth Baquedano e Michel Graulich, por exemplo, nos convidam a imaginar "como exatamente Tlalteotl foi morto" por meio da "decapitação" supostamente representada pela estátua Coatlicue Mayor, que discutiremos em detalhes no próximo capítulo. Eles se referem a Tlaltecuhtli como Tlalteotl e traduzem a palavra nahua como "Deidade da Terra", ou seja, sem gênero. O massacre cósmico de Tlalteotl é, no entanto, narrado com uma clara definição de gênero: "No início dos tempos, Quetzalcoatl e Tezcatlipoca trouxeram dos céus uma 'besta selvagem' com juntas cheias de olhos e bocas, Tlalteotl ('Deidade da Terra'), e *a* colocaram na água primordial".[49] Em suma, a divindade abatida é feminizada.

A opinião de Matos Moctezuma é mais complexa. Na análise separada de cada um dos quatro grupos de sua classificação, ele afirma que o grupo D (representações de Tlaltecuhtli com a face de Tlaloc, a divindade da chuva) é claramente feminino, mas tem

---

48. Baquedano e Graulich, "Decapitation among the Aztecs"; Smith, *The Aztecs*. Retornarei ao artigo de Baquedano e Graulich no próximo capítulo.

49. Baquedano e Graulich, "Decapitation among the Aztecs", p. 164, ênfase do autor.

as características típicas das figuras do grupo A, ou seja, o masculino. Ele conclui, citando Bonifaz, embora com reservas, que Tlaltecuhtli-Tlaloc é "feminino e masculino, como gostaria de ser visto; os dois são o mesmo: Tlaloc é Tlaltecuhtli, Tlaltecuhtli é Tlaloc".[50] No entanto, quando se trata de decidir as funções essenciais, o autor atribui masculinidade exclusiva ao grupo de Tlaloc porque se acredita que a "chuva" ou água/sêmen celestial cai do alto para fertilizar a terra (grupos B e C, o "feminino" e o "zoomórfico"). Em outras palavras, o grupo A (masculino) e o grupo D (com a face da entidade da chuva, Tlaloc) ascendem repentinamente ao nível celestial masculinizado para fertilizar os grupos B e C, os feminizados (é claro, ignorando o zoomorfismo do grupo C).[51] Ao serem submetidas a uma posição supostamente penetrativa, essas diferentes representações do mesmo "Senhor da Terra" inevitavelmente se transformam nos machos penetrantes e nas fêmeas que estão "voltadas para cima, na posição de parto [materno], mas também na posição de serem fertilizadas".[52]

Em suma, a sexualização/generificação hierarquizada e dicotômica das representações da mesma divindade torna-se naturalizada espacial e simbolicamente como a separação entre o céu e a terra. Seguindo Lugones, argumentamos várias vezes que a heteronormatividade é interseccionada com a colonialidade, para a qual ela cunhou a palavra "heterossexualismo". O agrupamento altamente problemático dos Tlaltecuhtlis em torno da ideia de "penetração vaginal" deve ser analisado por essa lente do heterossexualismo. Em sua discussão sobre o desafio que as relações

---

50. Matos Moctezuma, "Tlaltecuhtli", p. 29-30: *Feminino y masculinos, como quiera que se vistan, ambos son lo mismo: Tlaloc es Tlaltecuhtli, Tlatecuhtli es Tlaloc.*

51. Quando digo negligenciar, não quero dizer simplesmente ignorar, mas transmitir outro ponto interessante a ser explorado, ou seja, a relação entre feminilidade e animalidade. Entretanto, o envolvimento com essa crítica vai além do escopo deste livro.

52. Matos Moctezuma, "Tlaltecuhtli", p. 30: *personajes femeninos que están boca arriba, en posición de parto, pero también en posición de ser fecundadas.*

sexuais latino-americanas representam para a globalização da história da sexualidade, Pete Sigal cria o conceito de "colonialismo do intercurso vaginal". Ele explica:

> [Tanto] os padres católicos quanto as pessoas hispanizadas de todas as esferas da vida forneceram uma estrutura cultural na qual as relações carnais mais íntimas entre as pessoas deveriam se concentrar na penetração da vagina pelo pênis. [... No entanto, a] cerâmica moche e o ritual nahua sugerem que centralizar a sexualidade na relação sexual vaginal foi uma *manobra colonial* fundamental que causou violência epistêmica à relação entre sexualidade e história em sociedades não ocidentais.[53]

O mimetismo coercitivo da "relação sexual vaginal" também está relacionado à categorização simplista do cosmo nahua nas esferas celestial e terrestre, que, sem surpresa, são respectivamente masculinizadas (a celestial) e feminizadas (a terrestre). A fim de contestar essa divisão coercitiva e a definição de gênero, voltamos à cosmologia nahua e a Ometeotl, a suposta divindade terrestre. Com o feminino Omecihuatl e o masculino Ometecuhtli, Ometeotl *in tlalxicco ónoc* – "se espalha do umbigo da terra".[54] De acordo com a explicação de León-Portilla, com base no *Códice florentino* de Bernardino de Sahagún, o supostamente celestial Ometeotl e seus dois aspectos de gênero, Ometecuhtli e Omecihuatl, que habitam o nível mais alto dos treze céus, também se originam (*ono*) do umbigo da terra (*tlalxicco*: *tlal*, "terra"; *xictli*, "umbigo"). Surpreendentemente, também descobrimos que o senhor e a senhora do "submundo" (mais precisamente, "lugar dos mortos"), Mictlantecuhtli e Mictlancihuatl (ou Mictecacihuatl),[55] habitam o sexto nível dos

---

53. Pete Sigal, "Latin America and the Challenge of Globalizing the History of Sexuality", *American Historical Review* 114 (2009), p. 1340-53, aqui p. 1341.

54. Miguel León-Portilla, *Aztec Thought and Culture: A Study of the Ancient Nahuatl Mind*, trad. Jack Emory Davis (Norman: University of Oklahoma Press, 1963), p. 32.

55. Não há nenhuma explicação acadêmica disponível para as diferentes versões da "senhora do lugar dos mortos", mas, etimologicamente, *mictlan* significa o "lugar dos mortos", enquanto *micteca* significa "pessoas do lugar dos mortos" (como nos termos

"céus" dos adolescentes, supostamente reservados apenas para as divindades "celestiais".[56] Por exemplo, no manuscrito francês do século xvi, *Histoyre du Mexique*, possivelmente uma tradução do livro perdido *Antigüedades Mexicanas*, do frade franciscano André de Olmos,[57] encontramos a seguinte descrição:

> Os mexicanos e muitos de seus vizinhos acreditavam que havia treze céus, [...] no sexto [céu vivia] Mictlantentli, que é o deus do inferno, [... e no] oitavo, Tlalocatentli, deus da terra.[58]

De acordo com esse relato, não apenas Mictlantecuhtli, a divindade do "submundo", mas também Tlaltecuhtli vive em um dos treze níveis do "céu". Coatlicue, como veremos no próximo capítulo, é frequentemente considerada uma *Deusa da Terra* pertencente à esfera terrestre. Por exemplo, no grupo "Os Deuses da Terra", Alfonso Caso argumenta que "três deusas, que aparentemente são apenas três aspectos diferentes da mesma divindade, retrataram a terra em sua dupla função de criador e destruidor: Coatlicue, Cihuacóatl e Tlazoltéotl".[59] "Ela" também é considerada uma dessas "outras divindades noturnas, terrestres e do submundo (como Mictecacíhuatl, Coatlicue, o *cihuateteo*, Itzpapálotl e os outros *tzitzimime*)".[60] Enquanto isso, a Coatlicue "terrestre" também

geográficos: Tepozteca são pessoas ou coisas de Tepoztlan). Portanto, sugiro que a diferença entre Mictecacihuatl e Mictlancihuatl parece ser apenas uma variação linguística. Aqui, para mostrar sua relação com Mictlantecuhtli, opto pela versão "Mictlancihuatl".

56. Para uma discussão detalhada sobre a questão dos "treze níveis" do universo nahua, consultar Alfredo López Austin's "La verticalidad del cosmos", *Estudios de Cultura Náhuatl* 52 (2016), p. 119-50.

57. Para mais informações sobre essa questão, consultar o artigo do editor "Introduction" in M. Édouard de Jonghe, org., "Histoyre du Mechique, manuscrit français inédit du xvie siècle", *Journal de la Société des Américanistes, nouvelle série* 2 (1905), p. 1-41, aqui p. 1-8.

58. Ibid., 22: *Croioyent les Mechiquiens et beaucoup de ses circunvoisins qu'il y avoyt treze cieux, [...] au sixiesme Mictlantentli, qui est dieu des enfers [... et à] l'huictiesme Tlalocatentli, dieu de la terre.* "Mictlantentli" no manuscrito refere-se a Mictlantecuhtli ou "Mictlanteutli", como está escrito na nota do editor (ibid., p. 22, nota 7); "Tlalocatentli" refere-se a Tlaltecuhtli ou "Tlalocan teutli", como está escrito na nota do editor (ibid., p. 22, nota 9).

59. Alfonso Caso, *The Aztecs: People of the Sun*, trad. Lowell Dunham (Norman: University of Oklahoma Press, 1958), p. 53.

60. Leonardo López Luján e Vida Mercado, "Dos esculturas de Mictlantecuhtli encontradas

é a mãe de Huitzilopochtli (representando o sol), Coyolxauhqui (a lua) e Centzonhuitznahuac (as quatrocentas estrelas do sul), todas divindades celestiais e, na verdade, todo o universo.

Ometeotl, a divindade sem gênero/além do gênero que manifesta aspectos masculinos e femininos, foi reduzida a um "ele" (tanto linguística quanto ideologicamente) da mesma forma que Gruzinski e outros tornam a palavra nahua *teotl* masculina.[61] Por um lado, a esfera celestial, masculinizada por meio da representação moderna, exclui Coatlicue (mãe do universo), Coyolxauhqui (deusa da lua) ou qualquer outra "deusa". Por outro lado, a esfera terrestre, simultaneamente feminizada, pode acomodar o *Senhor da Terra* Tlaltecuhtli somente sob a condição de que ele (a divindade e a palavra *tecuhtli*) seja castrado e se torne um mero nome sem significado, a *deusa da terra*.

Para encontrar possíveis pistas para esses enigmas, gostaria de voltar ao *Códice florentino*, citado no início deste capítulo. No Livro I, Capítulo 3 do *Códice*, lemos uma descrição da divindade Tezcatlipoca em espanhol, no lado esquerdo: *el Dios, llamado tezcatlipuca: era tenido por verdadero dios, y inuisible: el qual andaua, en todo lugar: en el cielo, en la tierra, y en el infierno*; e em náuatle, no lado direito: *Tezcatlipoca: ynin vel teutl ipan machoia, noujian ynemjian: mictla, tlalticpac, ylhujcac*. O texto em espanhol diz o seguinte: "O deus chamado tezcatlipuca era tido como o deus real e invisível: aquele que marchava em todos os lugares: no céu, na terra e no inferno". O texto em náuatle diz: "Tezcatlipoca: esse velho deus em todas as partes por onde andou: o lugar dos mortos, a terra e o 'céu' ".[62]

en el recinto sagrado de México-Tenochtilan", *Estudios de Cultura Náhuatl* 26 (1996), p. 41-68, aqui p. 50: *otras deidades nocturnas, terrestre y del inframundo (como Mictecacíhuatl, Coatlicue, la cihuateteo, Itzpapálotl y las demás tzitzimime)*.

61. Para uma discussão detalhada sobre o "gênero" de *ometeotl, ometecuhtli* e *omecihuatl*, e a masculinização dessa divindade nos estudos acadêmicos modernos, consultar o próximo capítulo.

62. Estritamente falando, a palavra *ylhujcac* não significa "céu" no sentido que entendemos,

O texto em espanhol mostra o caminho de Tezcatlipoca como se ele caminhasse do céu, passando pela terra, até o inferno, uma sequência que é concebível e compatível com a cosmologia espanhola/católica. O texto em espanhol, portanto, apresenta o texto em náuatle em uma ordem invertida. Não é necessário exagerar ou enfatizar a sequência diferente desses lugares, porque, afinal de contas, Tezcatlipoca pode andar por onde quiser. No entanto León-Portilla afirma que "[os] textos originais em náuatle [...] não são obra de Sahagún, mas de seus informantes nativos mais velhos de Tepepulco e Tlateloco (sic)".[63] Podemos pelo menos perceber uma tensão entre os textos em espanhol e em náuatle colocados lado a lado no manuscrito. Então, podemos inferir que Sahagún, no texto em espanhol, que certamente seguiu o texto nahua, e não o contrário, sentiu a necessidade de fazer com que o "céu" (mesmo que seja o céu nahua, *ilhuicatl*)[64] aparecesse primeiro, enquanto seus informantes, os pintores/escritores nahua (tlacuilo), naturalmente assumiram a prioridade de *mictlan* e *tlalticpac*, porque a terra desempenha um papel central na cosmologia nahua.[65]

Outro problema surge quando comparamos as duas versões do mesmo texto na tradução. *Mictlan* é traduzido em espanhol como *infierno*, um conceito cristão, *inferno*, e também é frequentemente traduzido como *inframundo* ou "submundo". Embora na cosmologia cristã o *infierno* e o *inframundo* sejam intercambiáveis, o *mictlan*, ou o lugar (*tlan*) dos mortos (*micto*), não está exatamente situado "embaixo da terra". *Ilhuicatl* (o "céu" nahua) e *mictlan* (o "inferno"

---

mas o espaço acima da terra. Consultar Katarzyna Mikulska Dąbrowska, "El concepto de Ilhuicatl en la cosmovisión nahua", *Revista Española de Antropología Americana* 38, n. 2 (2008), p. 151-71.

63. León-Portilla, *Aztec Thought and Culture*, p. 9.

64. *Ilhuicatl, ylhujcac* ou *ilvicac* são variações da mesma palavra, traduzidas como "céu". Seguindo a convenção ortográfica do nahuatl que escolhemos seguir, a menos que se trate de citações de textos originais, usarei a ortografia *ilhuicatl*.

65. Consultar Sylvia Marcos, "Mesoamerican Women's Indigenous Spirituality: Decolonizing Religious Beliefs", *Journal of Feminist Studies in Religion* 25, n. 2 (2009), p. 25-45, e José Rabasa, *Tell Me the Story of How I Conquered You: Elsewheres and Ethnosuicide in the Colonial Mesoamerican World* (Austin: University of Texas Press, 2011).

nahua) podem não estar na mesma relação espacial que o céu e a terra cristãos. Caso contrário, seria absurdo que o Ometeotl celestial "se espalhasse do umbigo da terra", enquanto o Tlaltecuhtli terrestre, ou mesmo o Mictlantecuhtli e o Mictlantecihuatl infraterrestres habitassem em diferentes níveis do "céu".

Em *La filosofía nahuatl*, publicado pela primeira vez em 1956, Miguel León-Portilla analisa a expressão nahua *topan, mictlan*, que ele acredita ser uma das "buscas" fundamentais do sábio *tlalmatini*. León-Portilla traduz *topan, mictlan* como "saber o que está além de nós (e) o lugar dos mortos".[66] Ele explica que *topan* significa "o que está além de nós", e *mictlan*, "o lugar dos mortos".[67] Podemos encontrar uma expressão semelhante no *Códice florentino*, por exemplo, *in topan in mictlan in ilvicac*, que significa "além de nós (no) *mictlan*, (no) *ilhuicatl*".[68] De fato, como argumenta Mikulska Dąbrowska, tanto *in mictlan* (o lugar dos mortos) quanto *in ilvicac* (o "céu") "parecem estar situados em *topan*, 'além de nós', o que sugere uma localização 'acima', onde se imaginaria ser o oposto de '*Mictlan*'".[69] Ou seja, o "céu" (*ilhuicatl*) não está necessariamente acima (*topan*) e o "inferno" (*mictlan*) não está necessariamente abaixo. A tradução cuidadosa de León-Portilla *topan, mictlalan* (*lo sobre nosotros, lo que se refiere al más allá, a la región de los muertos*),[70] sugerindo não apenas o espacial, mas também o metafísico "além" (*topan*), no entanto, tornou-se espacializado como acima e abaixo na versão em inglês como *topan, mictlan, what is above us and below us, in the region of the dead* ("*topan, mictlan*, o que está acima de nós e abaixo de nós, na re-

---

66. Miguel León-Portilla, *La filosofia nahuatl: Estudiada en sus fuentes* (México DF: Universidad Nacional Autónoma de México, 1956), p. 70: *Conoce lo (que) está sobre nosotros (y), la región de los muertos.*

67. Ibid.: *lo que nos sobrepasa; la región de los muertos.*

68. Gostaria de lembrar ao leitor que *dentro* em nahuatl significa "o", não "dentro".

69. Mikulska Dąbrowska, "El concepto de Ilhuicatl en la cosmovisión nahua", p. 154: *aparecen situado topan, "sobre nosotros", lo cual sugiere una ubicación "arriba", donde uno se imaginaría que debería de estar el lugar opuesto a Mictlan.*

70. "*Topan, mictlan* (o que está além de nós, que se refere ao *au-delà*, na região dos mortos)".

gião dos mortos") pelo tradutor Jack Emory Davis.[71] De repente, os nahuas parecem indecisos sobre se a "região dos mortos" está "acima" ou "abaixo" de nós. Mas o que os filósofos nahuas estavam ponderando era a questão do *topan*, ou seja, "o além metafísico".[72] León-Portilla traduz *topan mictlan* como *más allá* ou *au-delà* de *mictlan*. No entanto a tradução em inglês expressa a necessidade de acrescentar uma preposição espacial que não pode sugerir nenhuma especulação metafísica, *below us* (abaixo de nós), para se adequar à expectativa de que *mictlan*, a região dos mortos, deveria estar lá embaixo.

Pete Sigal argumenta que a mitologia nahua "alude a um conjunto de divindades poderosas que afirmavam uma terra feminina e um céu masculino".[73] No entanto eles não pararam por aí; as divindades eram capazes de "mudar de gênero e identidade para acessar níveis relevantes do cosmos [e as] substâncias reais que compunham esses deuses podiam ser trocadas quando o deus quisesse".[74] Como essa "mutabilidade" é mantida? Para responder a essa pergunta, precisamos examinar atentamente a cosmofilosofia nahua, que será o foco do próximo capítulo. Antes de podermos aprender com a cosmofilosofia nahua e, portanto, com suas divindades *queer*, precisamos desaprender certos hábitos epistêmicos tão arraigados na modernidade colonial.

## A questão da escrita

Tlaltecuhtli, Senhor da Terra, é consistentemente traduzido como Senhora da Terra em trabalhos acadêmicos e textos curatoriais. Apesar do fato de Tlaltecuhtli, como já vimos, poder ser consi-

---

71. Jack Emory Davis, citado em León-Portilla, *Aztec Thought and Culture*, 15.

72. Marcos, "Mesoamerican Women's Indigenous Spirituality", p. 33.

73. Pete Sigal, *The Flower and the Scorpion: Sexuality and Ritual in Early Nahua Culture* (Durham: Duke University Press, 2011), p. 3.

74. Ibid.

derado uma figura feminina, "mãe da terra" ou *vagina dentata*, parece não existir um título que leve em conta a complexidade de gênero da divindade. Como já vimos, não há apenas representações femininas de Tlaltecuhtli, mas também masculinas, zoomórficas e com a face de Tlaloc. De acordo com Matos Moctezuma, as categorizações que não se enquadram na "natureza" naturalizada geral de Tlaltecuhtli, que liga intimamente a divindade à terra, como o grupo masculino A e, até certo ponto, o grupo D, com rosto de Tlaloc masculinizado, devem, portanto, ser tratadas como especiais ou excepcionais. Por um lado, essa "exceção", também assumida em outras pesquisas e apresentações curatoriais, é realizada por meio do que chamei de "atribuição sexual por castração", sob a rubrica de *Tlaltecuhtli: Diosa de la tierra*. Por outro lado, apesar da tentativa de negar qualquer interpretação associada à heteronormatividade, temos de aceitar o fato de que uma função feminina da terra, a saber, sua função de dar à luz, é inegável. Sendo uma divindade da terra, Tlaltecuhtli é Tonantzin, nossa mãe benevolente, e Tlaltecuhtli é feminina.[75]

Surpreso ao saber que Tlaltecuhtli não é *Senhora da Terra*, comecei a investigar o estranho caso de Tlaltecuhtli. Minha inquietação ao ver o idioma nahua silenciado, mesmo em algumas pesquisas de campo muito sofisticadas, fez com que eu me perguntasse o motivo por trás disso. Nas seções anteriores, apresentei um exame "arqueológico" de como o sistema de gênero heterossexual moderno/colonial impôs uma "atribuição de sexo" a Tlaltecuhtli, cujo "sexo" (*tecuhtli* sendo masculino) e "gênero" (a terra e as imagens relacionadas à *vagina dentata* sendo femininas) não parecem estar de acordo um com o outro. Essa coercitiva "correção" moderna acontece às custas do poder de significação do náuatle.

---

75. Volto ao uso de "é" (uma técnica conhecida como *sous rature* ou rasura) na próxima seção.

Nesta seção, gostaria de problematizar as questões ontológicas: "quem é Tlaltecuhtli" e "qual é o seu 'verdadeiro sexo' "?[76] Farei isso, primeiramente, voltando-me para a crítica de Jacques Derrida à metafísica ocidental ou ao logocentrismo e à crítica adicional de Hélène Cixous ao falogocentrismo. Entretanto, desconfio da aplicabilidade universal do trabalho de Derrida e do trabalho de Cixous. Ao contrário de Gordon Brotherston, que em seu trabalho inicial afirma que "nenhuma abordagem literária dos textos do Novo Mundo pode evitar o problema da 'gramatologia' levantado por Derrida em seu livro com esse título",[77] menciono essas importantes críticas à metafísica ocidental não porque sejam de alguma forma universais, mas precisamente porque mostram que nem a metafísica falogocêntrica nem as críticas a ela devem ser aplicadas cegamente ao contexto nahua. Como sugere Elizabeth Boone, a "necessidade de registrar a fala não é sentida universalmente".[78] Portanto, vamos primeiro entender como funciona a cosmologia nahua. Pete Sigal a resume apropriadamente da seguinte forma:

> um amálgama complexo de diferentes conceitos nos quais as divindades tinham a capacidade de se transformar em praticamente qualquer coisa [... com um] conjunto de crenças subjacentes sobre as interconexões entre a terra, os céus e a terra dos mortos.[79]

---

76. Michel Foucault, "Le vrai sexe", in *Dits et écrits IV, 1980-1988* (Paris: Gallimard, 1994), texto n. 287.

77. Gordon Brotherston, "Towards a Grammatology of America: Lévi-Strauss, Derrida and the Native New World Text", em *Literature, Politics and Theory: Papers from the Essex Conference, 1976-1984*, orgs. Francis Barker et al. (Londres: Methuen & Co.Ltd, 1986), p. 190-209, aqui p. 190. Mignolo relata que Brotherston "abandonou sua reivindicação de uma 'gramatologia' das Américas e a substituiu, em vez disso, por uma longa discussão sobre o papel social dos escribas mesoamericanos e dos portadores de sinais" (Walter Mignolo, "Writing and Recorded Knowledge in Colonial and Postcolonial Situations", em *Writing without Words: Alternative Literacies in Mesoamerica and the Andes*, orgs. Elizabeth Hill Boone e Walter Mignolo [Durham: Duke University Press, 1994], p. 293-313, aqui p. 310, nota 5).

78. Elizabeth Hill Boone, "Writing and Recording Knowledge", em *Writing without Words: Alternative Literacies in Mesoamerica and the Andes*, orgs. Elizabeth Hill Boone e Walter Mignolo (Durham: Duke University Press, 1994), p. 3-26, aqui p. 20.

79. Sigal, *The Flower and the Scorpion*, p. 3.

Essa cosmologia extremamente flexível e certamente também seu sistema de gênero complementar são refletidos e construtivos de sua própria forma de "escrita", *tlacuilolli*, que significa tanto "escrever" quanto "pintar", um conceito ao qual retornaremos com mais detalhes no capítulo seguinte. O fato de os nahuas não terem desenvolvido um sistema de escrita para registrar a fala palavra por palavra sugere que as preocupações filosóficas e cosmológicas dos nahuas são muito diferentes da tradição metafísica europeia, que considera a fala como a presença da verdade mais bem registrada pela linguagem alfabética. Nesse contexto, vamos nos concentrar na importância e na ausência do verbo "ser" nas filosofias ocidental e nahua, respectivamente. Por fim, voltaremos à nossa preocupação com o(s) gênero(s) e discutiremos como Tlaltecuhtli e outras divindades nahuas em geral resistem às categorias modernas de gênero. Não devemos nos esquecer de que, no México-Tenochtitlan pré-Conquista, Tlaltecuhtli, o nome dessa importante divindade da terra, não era "escrito" da forma como o pronunciamos e conhecemos, ou seja, em caracteres latinos. Em vez disso, foi registrado no sistema de escrita/pintura *tlacuilolli* do náuatle pré-Conquista.

## A questão instituinte da filosofia (ocidental)

A busca ontológica por "o que é?" da tradição metafísica ocidental não é compartilhada, ou pelo menos não é compartilhada da mesma forma, pelos nahuas. Seu idioma, o náuatle, não atribui nenhuma importância ao verbo essencial da filosofia ocidental, *ser*. A pergunta "o que é Tlaltecuhtli?" ou a afirmação "Tlaltecuhtli é..." já está presa em um tipo particular de busca filosófica que prefigura suas possíveis respostas. Cixous relaciona corretamente a pergunta "o que é?" à construção filosófica da masculinidade e argumenta: "Assim que a pergunta 'O que é?' é colocada, a partir do momento em que uma pergunta é feita, assim que uma resposta é solicitada, *já estamos envolvidos em um interrogatório masculino*".[80] Para explorar adequadamente essa questão, sigo a sugestão de Cixous de realizar uma análise linguística: "Devemos tomar a cultura em sua palavra, pois ela nos leva em sua palavra, em sua língua [*langue*]. Vocês entenderão por que penso que nenhuma reflexão política pode prescindir da reflexão sobre a linguagem [*langage*], do trabalho sobre a língua [*langue*]".[81]

Os nahuas têm uma preocupação filosófica diferente, que constrói a própria materialidade de sua língua como não alfabética. Enquanto a metafísica ocidental considera necessário registrar a fala como uma espécie de presença da verdade, os nahuas não abordam o mundo dessa forma. Pelo menos, parece que o *tlacuilolli* deles não procura registrar a fala palavra por palavra.

Derrida ressalta que "a pergunta que institui a filosofia [é]: 'o que é...?'".[82] Essa questão pode ser entendida como uma preocupação com o "Ser" e uma busca ontológica por um Deus, uma Verdade ou um Significado supremo imune às "distorções" mundanas, cuja influência subjacente é a do conceito teológico-político de *creatio ex nihilo*, conforme discutido na Parte 0. Acredita-se que a escrita alfabética seja capaz de imitar perfeitamente a fala, e acredita-se que a fala *entendu(e)* (ouvida e entendida) esteja "mais próxima do eu como o apagamento absoluto do significante".[83] Evidentemente, o eurocentrismo dessa crença fica claro quando privamos a chamada "questão constituinte da filosofia" de seu pressuposto universalista e a situamos como local da filosofia

---

80. Hélène Cixous, "Castration or Decapitation?", trad. Annette Kuhn, *Signs: Journal of Women in Culture and Society* 7, n. 1 (1981), p. 41-55, aqui p. 45, originalmente publicado como "Le sexe ou la tête", *Les Cahiers du grif* 13 (1976), p. 5-15, aqui p. 7: *dès qu'on pose la question de 'qu'est-ce que c'est?', dès qu'on pose une question, dès qu'on demande une réponse, [...] on est déjà pris dans l'interpellation masculine.*

81. Cixous, "Castration or Decapitation?" 45 [7]: *il faut prendre la culture au mot, comme elle nous prend dans son mot, dans sa langue [...et] une réflexion politique ne peut pas se dispenser d'une réflexion sur le langage, d'un travail sur la langue.*

82. Jaques Derrida, *Of Grammatology*, trad. Gayatri Chakravorty Spivak (Baltimore: Johns Hopkins University Press, 1997), 19.

83. Ibid., 20.

ocidental e a tradição logocêntrica. E, no entanto, até mesmo a explicação pós-colonialista de Spivak sobre a técnica heideggeriana/derridiana de *sous rature*, uma rebelião contra o logocentrismo, cai em uma armadilha universalista:

> Heidegger risca a palavra "Ser" e deixa tanto a exclusão quanto a palavra permanecerem. É impreciso usar a palavra "Ser" aqui, pois a diferenciação de um "conceito" de Ser já se afastou da questão pré-compreendida do Ser. No entanto é necessário usar a palavra, *pois a linguagem não pode fazer mais do que isso.*[84]

Uma rápida contestação da crença de Spivak na necessidade absoluta da palavra "ser" na "linguagem [que] não pode fazer mais" pode ser encontrada no náuatle, no qual essa palavra simplesmente não existe. Anteriormente, afirmamos que "Tlaltecuhtli é Tonantzin e, portanto, Tlaltecuhtli é feminino". Aqui, a técnica de *sous rature* ou rasura, usada primeiro por Martin Heidegger e depois por Jacques Derrida, é adotada. Spivak explica essa técnica de forma concisa: "Escreva uma palavra, risque-a e, em seguida, imprima a palavra e a exclusão. (Como a palavra é imprecisa, ela é riscada. Como ela é necessária, permanece legível)".[85] Como o náuatle não usa o verbo "ser" e permite que cada substantivo funcione como um predicado nominal autônomo, a expressão nahua *tlaltecuhtli tonantzin* deve ser traduzida como "Tlaltecuhtli é Tonantzin", se quisermos respeitar a lógica interna do idioma.

Para contornar ou ir além da pergunta logocêntrica "o que é Tlaltecuhtli?", é necessário ter uma visão geral crítica do logocentrismo e das diferentes preocupações filosóficas da metafísica ocidental e da cosmofilosofia nahua. Uma discussão comparativa do verbo "ser" nas línguas ocidentais e sua ausência no náuatle nos ajudará a explorar melhor a "escrita" do náuatle

---

84. Gayatri Chakravorty Spivak, "Translator's Preface", em Derrida, *Of Grammatology*, xv, ênfase minha.

85. Ibid., xiv.

sem palavras". Sua representação pictórica e função linguística proporcionam a fluidez que permite a representação feminina de Tlaltecuhtli, o Senhor da Terra.

Derrida chama a busca filosófica da metafísica ocidental pelo *logos* de "metafísica da presença". Ele afirma que "é preciso haver um significado transcendental para que a diferença entre o significante e o significado seja absoluta e irredutível".[86] Por meio de seu exame gramatical, Derrida sugere que essa tradição metafísica é caracterizada pelo "logocentrismo", uma teoria que privilegia a fala em detrimento da escrita, seguindo a lógica da oposição binária. Os filósofos logocêntricos consideram a linguagem escrita um modo inferior de transmitir a verdade, em oposição à fala, que se acredita ser uma expressão não mediada do pensamento e da verdade. Seguindo a mesma linha hierárquica de pensamento, as diferentes linguagens escritas são classificadas de tal forma que as linguagens alfabéticas são colocadas no topo, acreditando-se que sejam as mais desenvolvidas. Os alfabetos são privilegiados porque se acredita que são a melhor maneira de registrar a fala. Como resultado dessa hierarquização, os sistemas de escrita como o *tlacuilolli* nahua são descartados como "escritas primitivas", ainda em um período inicial de desenvolvimento do sistema pictográfico para o alfabético, se é que têm o privilégio de serem considerados escritos.

O modelo evolutivo nos estudos de sistemas de escrita apresenta uma lógica linear. Acredita-se que todos os sistemas de escrita não alfabéticos se desenvolvem inevitavelmente da chamada pictografia "primitiva" para os ideogramas e, finalmente, chegam à linha de frente do desenvolvimento, a escrita alfabética. Até mesmo alguns estudiosos altamente especializados em sistemas de linguagem não alfabéticos caem na armadilha desse modelo evolutivo construído dentro da tradição logocêntrica.

86. Derrida, *Of Grammatology*, p. 20.

Por exemplo, em seu influente *The Chinese Language: Fact and Fantasy*, publicado em 1984, John DeFrancis sugere que o sistema de escrita chinês baseado em caracteres fracassou em termos de alfabetização em massa e, posteriormente, defende uma reforma linguística (na verdade, uma alfabetização) do idioma chinês. O argumento de DeFrancis sobre a viabilidade da alfabetização é com base em sua teoria de que "os caracteres chineses são um sistema de escrita fonético, e não ideográfico".[87]

Do outro lado do Pacífico, acredita-se que as línguas indígenas americanas, como o náuatle, o maia e o quíchua, para citar apenas as mais faladas, não são desenvolvidas, não porque não desenvolveram um sistema de escrita, mas porque o preconceito colonial afirma que elas não são capazes de desenvolver tal sistema. Em *A Study of Writing*, Ignace Gelb expressa um etnocentrismo típico sem muitas reservas:

> Não seria surpreendente [...] se os índios pré-colombianos, que produziram uma cultura frequentemente comparada às culturas plenamente desenvolvidas do antigo Oriente Próximo, não tivessem uma escrita do mesmo nível dos sistemas encontrados no Oriente? A resposta que eu daria é que as culturas ameríndias não podem ser adequadamente comparadas com as culturas do Oriente Próximo. [...] O sistema de calendário altamente desenvolvido é a característica mais notável das culturas ameríndias e se destaca como uma conquista única em meio à escassez de outras realizações culturais. Um nível tão alto de desenvolvimento em um campo especializado é surpreendente, mas não único. [...] Além disso, mesmo um conhecimento superficial das inscrições dos astecas e maias é suficiente para nos convencermos de que elas nunca poderiam ter se desenvolvido em uma escrita real sem influência estrangeira. As características das formas escritas, estagnadas por cerca de setecentos anos, a criação de formas grotescas variantes de cabeça com sua característica superabundância de detalhes desnecessários – um pecado capital na escrita do ponto de vista da economia – são todas indicações de um desenvolvimento decadente, quase barroco.[88]

87. John DeFrancis, *The Chinese Language: Fact and Fantasy* (Honolulu: University of Hawai'i Press, 1984), p.133.

88. Ignace J. Gelb, *A Study of Writing* (Chicago: University of Chicago Press, 1974), p. 57-58.

Os "índios pré-colombianos" (como ele denomina a soma dos diversos grupos de povos indígenas, condenando-os à inevitabilidade da linearidade temporal expressa em "pré-colombiano") não desenvolveram a "escrita" porque, de acordo com a lógica circular do autor, eram culturalmente decadentes. Sua decadência ou impotência cultural, de acordo com Gelb, teria mantido sua escrita estagnada e grotesca, "quase barroca". Não é feito nenhum esforço para entender as razões filosóficas, culturais e históricas do possível desinteresse em desenvolver um sistema de escrita comparável ao dos "orientais". O autor tampouco investigou a importância, precisamente, do "barroco" na formação e na resistência das Américas coloniais. Certamente, não ocorre a Gelb comparar a escrita maia com outros sistemas de escrita conhecidos. Outro paradoxo interessante é que, enquanto a escrita é condenada como não confiável e inferior dentro da tradição metafísica ocidental, formas de escrita que não sejam alfabéticas ou línguas sem certas formas "escritas" são condenadas como indicadores da inferioridade dessas culturas, povos e "raças".

Embora Gelb e outros afirmem que os astecas não tinham uma "escrita real", eles tinham um conceito para ela em náuatle, o *tlacuilolli*. *Tlacuilolli* deriva do verbo *icuiloa*, que significa, grosso modo, "escrever" e "pintar". Além disso, de acordo com Marc Thouvenot, *tlacuilolli* de fato engloba uma ampla gama de outros significados que vão além de texto ou pintura, por exemplo: esculturas feitas de madeira ou pedra, ou até mesmo tatuagens.[89] Em contraste com a ideia condescendente de que a escrita nahua é feita de "pequenos desenhos" mnemônicos, os escribas nahua desenvolveram um sistema complexo de transmissão de significado e som que é tanto logográfico quanto logossilábico, "escrito" com "recursos escribas como a recombinação e a complementação

---

89. Marc Thouvenot, "Imágenes y escritura entre los nahuas del inicio del XVI", *Estudios de Cultura Náhuatl* 41 (2010), p. 169-77.

fonética, as convenções de transcrição e transcriação, [e] a composição de sinais em blocos glíficos".[90] Por exemplo, o sinal nahua que se assemelha a uma mão humana é uma representação de *atl* (água). E o sinal *atl* não apenas transmite o significado de "água", mas também é o sinal de um dos vinte dias do calendário. Por outro lado, embora haja uma representação mnemônica de *xochitl* (flor) como a figura de uma flor, o sinal tem funções diferentes. Ele pode designar uma flor ou um dos vinte dias do calendário, como faz o *atl*. Além disso, a imagem de uma flor pode servir apenas como um fonema, fazendo parte de um glifo que pode ou não transmitir o significado de uma flor ou de um dia do calendário. Um glifo que diz *Xochimilco* (o nome de um lugar) é formado usando as figuras de "flor" (*xochitl*) e "campo cultivado" (*milpa*). Brotherston argumenta, com razão, que "devemos estar cientes de negar algum princípio sistêmico interno até mesmo aos grafismos de aparência mais primitiva [*sic*]".[91]

### ~~Ser~~

Farei um desvio para um caso semelhante com suas próprias nuances, ou seja, a recepção da escrita chinesa no Ocidente. Rey Chow resume a "alucinação chinesa" (um termo cunhado por Derrida) da seguinte forma:

> A "escrita" chinesa tem sido uma fonte de fascínio para filósofos e filólogos europeus desde o século XVIII, porque sua escrita ideográfica parece (pelo menos para aqueles que não a usam de fato como idioma) um testemunho de um tipo diferente de idioma – um idioma sem a mediação do som e, portanto, sem história.[92]

90. Alonso Lacadena, "Regional Scribal Traditions: Methodological Implications for the Decipherment of Nahuatl Writing", *The PARI Journal* 8, n. 4 (2008), p. 1-22, aqui p. 8.

91. Brotherston, "Towards a Grammatology of America", p. 200.

92. Rey Chow, *Writing Diaspora: Tactics of Intervention in Contemporary Cultural Studies* (Bloomington: Indiana University Press, 1993), p. 18.

"Pessoas sem história" é uma ideia enraizada na teoria eurocêntrica "de acordo com [a qual] o conceito de história, conforme definido no mundo ocidental desde a Grécia Antiga até a França do século xx, toda sociedade que não tinha escrita alfabética [...] não tinha história".[93] Hegel fez uma afirmação semelhante sobre a inadequação do chinês para o pensamento lógico sem se dar ao trabalho de estudar o idioma chinês. Por exemplo, ele afirma que somente a língua alemã é capaz de ter dois significados contrários em uma única palavra, um atributo que nem mesmo o latim possui.[94] Qian Zhongshu, em seu trabalho seminal 管錐編 (*Limited Views: Essays on Ideas and Letters*) expõe o preconceito de Hegel:

> Como sabemos, o filósofo alemão Hegel escreveu de forma depreciativa sobre o idioma chinês, dizendo que ele não era adequado para o raciocínio lógico. Ao mesmo tempo, ele se vangloriava de que o alemão tinha a capacidade de captar verdades inefáveis e citava *Aufheben* como exemplo, observando que combinava dois significados contrários em uma única palavra [*ein und dasselbe Wort für zwei entgegengesetzte Bestimmungen*], e afirmava que nem mesmo o latim tem concentrações tão ricas semanticamente.[95]

Citando Hegel em alemão, Qian propõe um exemplo semelhante ao *Aufheben* e mostra que a palavra 易 (*yi*), como no clássico 易經 (*O livro das mutações*), significa simultaneamente "simples", "mudar" e "imutável":

> Em comparação com "imutável" e "simples", *yi* 易 no sentido de "mudar" é um significado antônimo, enquanto "imutável" e "simples" são significados distintos, mas sinônimos de *yi*. A afirmação de que "o

---

93. Mignolo, *The Idea of Latin America*, xii. Por uma abordagem mais radical sobre isso, ver: José Rabasa, *Without History: Subaltern Studies, the Zapatista Insurgency, and the Specter of History* (Pittsburg: University of Pittsburgh Press, 2010).

94. Hegel em Zhongshu Qian, *Limited Views: Essays on Ideas and Letters*, trad. Ronald Egan (Cambridge: Harvard University Asia Center/University Press, 1998), p. 203.

95. Ibid., p. 203, publicado originalmente como 管錐編, vol. 1 (Beijing: Sanlian Shudian Press, 2007), p. 5: "黑格爾訾謷鄙薄吾國語文, 以為不宜思辨; 又自誇德語能冥契道妙, 舉"奧伏赫變" (*Aufheben*) 為例, 以相反兩意融會於一字 (*ein und dasselbe Wort für zwei entgegengesetzte Bestimmungen*), 拉丁文中亦無意蘊深富爾許者".

único nome de *yi* contém três significados" refere-se, portanto, conjuntamente a significados antônimos e sinônimos, bem como ao fato de que todos são usados simultaneamente.[96]

Não é de surpreender que aqueles que depreciam desesperadamente outras culturas nem sequer consideram necessário consultar algum conhecimento básico sobre essas culturas.[97] Entretanto a ignorância nem sempre resulta em difamação direta, como no caso de Gelb ou Hegel, que condenam idiomas que não conhecem. Às vezes, ela também leva a fantasias exóticas. Derrida ressalta, por exemplo, que "o conceito de escrita chinesa [...] funcionava como uma espécie de alucinação europeia [que] traduzia menos uma ignorância do que um mal entendido [e] não era perturbado pelo conhecimento da escrita chinesa".[98] Ler na superfície de um idioma desconhecido, especialmente quando se alega que ele é "pictórico", é uma prática comum.

Um caso famoso é a "tradução" de Ezra Pound de poemas chineses sob a influência de Ernest Fenollosa, que acreditava que os "ideogramas" chineses eram "imagens abreviadas das operações da natureza".[99] Ao contrário da alegação de Derrida de que a "invenção da poesia chinesa" de Pound deve ser considerada como "a primeira ruptura na tradição ocidental [logocêntrica] mais arraigada",[100] a análise de Zhang Longxi do caso Pound-Fenollosa sugere que

---

96. Ibid., 204 [12]: "『變異'與`不易', `簡易'背出分訓也; `不易'與`簡易', 並行分訓也。`易一名而含三億'者, 兼背出與並行之分訓而同時合訓也". Para uma leitura trans/*queer* de *yi*, ver meu artigo "Transdualismo: em direção a uma corporificação material-discursiva". São Paulo: n-1 edições, 2023.

97. Qian desculpa Hegel por não saber chinês com uma crítica diplomática suave: "Agora, Hegel não pode ser culpado por não saber chinês. Ostentar a própria ignorância de forma descuidada, fazendo dela a base de um grande pronunciamento, também é algo que os acadêmicos e especialistas fazem o tempo todo, e isso também não pode ser considerado contra ele" (Qian, *Limited Views*, p. 203).

98. Derrida, *Of Grammatology*, p. 80.

99. Ernest Fenollosa, "Os Caracteres da Escrita Chinesa como Instrumento para Poesia", em *Ideograma: lógica, poesia, linguagem*, org. Haroldo de Campos (São Paulo: Editora da Universidade de São Paulo, 2000).

100. Derrida, *Of Grammatology*, p. 92.

eles não devem [ser] considerados livres do tipo de preconceito chinês que Derrida detectou em Leibniz, porque para eles [...] "o que libera a escrita chinesa da voz é também aquilo que, arbitrariamente e pelo artifício da invenção, a arranca da história e a lança à [poesia]".[101]

Os debates sobre a "ideograficidade" do idioma chinês são numerosos. Embora eles não sejam a principal preocupação do presente estudo, uma rápida pesquisa ajudará nossa discussão sobre o caso do nahua. Afinal, não é incomum que me façam perguntas como "seu idioma não é feito de pequenos desenhos?", ecoando a teoria de Fellonosa sobre o idioma chinês. O entendimento errôneo dos hieróglifos nahua *tlacuilolli* e maia como "imagens" silenciosas também se alinha a essa teoria. DeFrancis chega a afirmar que "nunca houve, e nunca poderá haver, algo como um sistema ideográfico de escrita".[102]

O fato de essas chamadas escritas pictóricas ou pictográficas transmitirem ou não o som é uma questão irrelevante. De fato, elas podem muito bem *não* transmitir som. É claro que qualquer pessoa que conheça chinês sabe que a escrita registra o som, mas não é redutível ao som. Como diz Shang Wei: "[A] correspondência direta entre a escrita e o som e a congruência geral entre a escrita e a fala [...] não existiam no início da China moderna e pré-moderna".[103] A observação de Shang não inclui o ato de ler. Podemos encontrar

---

101. Longxi Zhang, *The Tao and the Logos: Literary Hermeneutics, East and West*.

102. DeFrancis, *The Chinese Language*, p. 133. Várias páginas depois, após analisar as teorias etnocêntricas de Gelb e Mallery sobre os escritos "ameríndios" como "meramente mnemônicos", ele argumenta que "juntar a escrita dos índios americanos e dos primeiros chineses e egípcios por causa de alguma semelhança nas formas gráficas é ser vítima do tipo de pensamento confuso que é indicado ao chamar todos eles de pictográficos ou ideográficos" (ibid., p. 137-38).

103. Wei Shang, "Writing and Speech: Rethinking the Issue of Vernaculars in Early Modern China", in *Rethinking East Asian Languages, Vernaculars, and Literacies, 1000-1919*, org. Benjamin A. Elman (Leiden; Boston: Brill, 2014), p. 254-301, aqui p. 256. Shang continua: "o próprio fato de que uma determinada palavra ou morfema é frequentemente associado a mais de uma pronúncia e que o mesmo texto pode estar sujeito a diferentes vocalizações complica inevitavelmente, se não totalmente, o esforço para encontrar o equivalente exato dos vernáculos europeus no sistema de escrita chinês. Em outras palavras, é enganoso levantar a questão da vernacularização ao discutir a escrita chinesa, já que a escrita chinesa quase sempre está em desacordo com a língua falada e, portanto, tem uma relação diferente com a fala do que o latim".

em Hegel algumas afirmações infundadas de que "a leitura de hieróglifos é, por si só, uma leitura surda e uma escrita muda".[104] Zhang Longxi responde a esse preconceito com bom senso:

> [A] leitura de qualquer idioma [...] é um ato linguístico de compreensão do significado de uma sucessão de sinais, seja com a compreensão silenciosa ou com a pronúncia dos sons [e] não é um ato arqueológico de desenterrar algumas raízes etimológicas obscuras sob uma espessa camada de abstração distante.[105]

Voltemos agora ao caso dos nahuas para pesquisar como o *tlacuilolli*, a forma de escrita mais importante dos nahuas, bem como de outros grupos vizinhos, é lida (fora). Elizabeth Boone, especialista em escrita nahua, explica que

> essas histórias pictóricas não permaneceram mudas. Os historiadores astecas não se limitavam a consultá-las discretamente em bibliotecas ou escritórios, nem liam as histórias para si mesmos [...]. [Em vez disso, as histórias pictóricas estão mais próximas de serem roteiros, e sua relação com seus leitores está mais próxima da relação entre o roteiro de uma peça e seus atores.[106]

Da mesma forma, Pete Sigal situa a discussão da atividade da escrita/pintura dentro do ambiente religioso e ritual, onde os sacerdotes nahua " 'liam' esses documentos em voz alta em uma variedade de cerimônias expandindo as imagens apresentadas na página".[107] Essas "imagens" eram *tlacuilolli*, que não deveriam "ser lidas como afirmações transparentes de uma realidade que eles haviam testemunhado [ou] como narrativas completas".[108] *Tlacuilolli* não era uma atividade amplamente praticada, mas era

104. Hegel, in Zhang, *The Tao and the Logos*, p. 25.
105. Ibid., p. 25-26.
106. Elizabeth Hill Boone, "Aztec Pictorial Histories: Records without Words", in *Writing without Words: Alternative Literacies in Mesoamerica and the Andes*, orgs. Elizabeth Hill Boone e Walter Mignolo (Durham: Duke University Press, 1994), p. 50-76, aqui p. 71.
107. Sigal, *The Flower and the Scorpion*, p. 33.
108. Ibid.

reservada aos escribas profissionais chamados *tlacuilo*: "[Um] bom *tlacuilo* contrasta com o ruim não no que poderíamos chamar de sua capacidade de representar com precisão uma determinada realidade, mas sim em seu mérito artístico. Assim, diz-se que um *tlacuilo* ruim é 'monótono' e que 'pinta sem reflexão' ".[109] O que Gelb considera o "pecado capital" de sua escrita "quase barroca" é claramente um trunfo.

Em náuatle, não existe equivalente ao verbo "ser". "Eu sou uma pessoa" seria *nitlacatl*, com o prefixo de primeira pessoa do singular *ni-* anexado ao substantivo *tlacatl* ("pessoa"). No caso da terceira pessoa do singular, como "ele/ela é Tlaltecuhtli", basta dizer *tlaltecuhtli*. James Lockhart explica essa particularidade de que "cada substantivo em um enunciado é, pelo menos potencialmente, uma declaração equativa completa em si mesmo", com o exemplo da "palavra para 'casa' em sua forma de dicionário, *calli*, [que] tem um sujeito de terceira pessoa e por si só significa 'é uma casa' ou, como em muitos casos não há distinção entre singular e plural, 'são casas' ".[110] Em outras palavras, a relação entre o sujeito e o predicado em náuatle não pressupõe fixidez. Nas palavras de Gaston Bachelard: "Não é o ser que ilustra a relação, longe disso; é a relação que ilumina o ser".[111]

Essa relacionalidade gramatical se reflete na conexão generalizada entre a terra e o céu, o homem e a mulher, o bem e o mal em todos os aspectos da cosmologia nahua, especialmente em seu conceito de divino.[112] Como uma relação mutuamente dependente, dá a possibilidade de "humanos e animais, sob certas

---

109. Catherine Keller, *Face of the Deep: A Theology of Becoming* (Londres: Routledge, 2003), p. 64.

110. Lockhart, *Nahuatl as Written*, p. 1.

111. Gaston Bachelard, *Le nouvel esprit scientifique* (Paris: PUF, 1971), p. 148: *loin que ce soit l'être qui illustre la relation, c'est la relation qui illumine l'être.*

112. Sylvia Marcos, *Taken from the Lips: Gender and Eros in Mesoamerican Religions* (Leiden: Brill, 2006), p. 36.

circunstâncias [...] se tornarem deuses"[113] e vice-versa. Basta ver quantos governantes se autodenominaram Quetzalcoatl, imaginando ser as "encarnações" dessa divindade suprema. Novamente, isso é diferente da ideia de um Deus transcendental (com letra maiúscula, singular, mas talvez não o plurissingular *elohim*) que criou o mundo *ex nihilo* e o indivíduo humano como uma projeção da imagem de Deus. Keller cunhou a fórmula "Gênesis 1 + onipotência + ontologia = *creatio ex nihilo*", que pode ser reproduzida como *creatio ex nihilo* condicionada pela doutrina cristã que leva à "ontologia": "O que é?".[114]

A própria contradição entre Tlal*tecuhtli* e *Deusa* da Terra não existe em náuatle, não porque o substantivo *tecuhtli* possa ser "deusa" ou "senhora", mas porque, em sua própria raiz, o gênero de Tlaltecuthli é incerto. Como uma das divindades mais importantes da cosmologia nahua, considerando a sua associação direta com a terra, Tlaltecuhtli não está confinado a nenhum "sexo". Os nahuas produziram um sistema coerente no qual a complementaridade, a relacionalidade e a comunalidade, em vez da oposição, da ontologia e da individualidade, são enfatizadas e representadas por meio da escrita/pintura *tlacuilolli* e de seu panteão altamente mutável. Por essas razões, os nahuas parecem se sentir perfeitamente à vontade para chamar o Senhor da Terra: Tonantzin Tlaltecuhtli, "Nossa Mãe: O Senhor da Terra", na *Canção de Teteoinnan*.[115] O fato de "o senhor da terra ser nossa mãe" pode, no mínimo, causar especulação ou desconforto para um falante moderno de inglês (assim como a citação de Smith com a mescla hipnotizante de gêneros no início deste capítulo gerou todas as especulações para nós ao longo do tempo). "Tonantzin Tlaltecuhtli", entretanto, poderia ser traduzido também como

113. Sigal, *The Flower and the Scorpion*, p. 3.
114. Catherine Keller, *Face of the Deep: A Theology of Becoming* (Londres: Routledge, 2003), p. 64.
115. Sigal, *The Flower and the Scorpion*, p. 152-53.

"Nossa mãe é o senhor da terra" ou "o senhor da terra é nossa mãe (benevolente)". Sem a fixação do verbo "ser", Tlaltecuhtli se torna Tonantzin, o que é perfeitamente legítimo em náuatle.

A cosmologia nahua afirma que uma terra feminina não é contraditória com o nome masculino da divindade da terra, Tlaltecuhtli. Em termos gramaticais, "a maneira náuatle de dizer que uma coisa 'é' outra coisa é a conjunção sem verbo ou a referência recíproca de dois substantivos da mesma pessoa e número".[116] Entretanto a criatividade do náuatle parece ir além disso. A coexistência de masculinidade, feminilidade, zoomorfismo e renderização de Tlaloc nas representações de uma divindade, Tlaltecuhtli, pode ser lida como uma possibilidade de transmitir o que chamei em outro lugar de lógica de "ou... e".[117] Tlaltecuhtli é (ou) feminino (e) masculino. E como nem o *tonantzin* nem o *tlaltecuhtli* estavam presos a alfabetos e à gramática compatível do sujeito-predicado ligado ao "ser", a fixação monolítica é ainda menos palpável. Todos estão emaranhados, por meio da terra, por meio "figura da mãe", por meio de Ometeotl. Esse forte senso de conexão ou emaranhamento da filosofia nahua, sem surpresa, determina e é reproduzido em sua sintaxe:

> [Na] ausência de caso ou de uma ordem fixa de palavras, muitas vezes é difícil determinar a função dos substantivos de terceira pessoa em náuatle, principalmente quando há vários em uma frase. Objeto e sujeito são particularmente difíceis de distinguir. [...] Em casos como esse, devemos esperar que o contexto resolva a questão para nós.[118]

Uma filosofia da linguagem que se baseia no contexto só responderia à pergunta "o que é Tlaltecuhtli?" com um "relativismo" quase pós-moderno – *depende*. Peter van der Loo acredita que o que

---

116. Lockhart, *Nahuatl as Written*, p. 11.
117. Xiang, "Transdualismo".
118. Lockhart, *Nahuatl as Written*, p. 11-12, ênfase do autor.

ele chama de "sistema de notação pictórica" mesoamericano[119] tem o privilégio de ser lido "não apenas pelo pintor de fato, mas também por muitos outros povos mesoamericanos que podem ter falado idiomas muito diferentes".[120] Dentro dos limites convencionais (ou seja, nem tudo vale), ela permite "interpretações regionais e também pessoais dos elementos importantes da religião [... e] a flexibilidade necessária para a adaptação regional e pessoal".[121] Além disso, "a implicação do nome, as imagens e as parcerias de Tlaltecuhtli sugerem uma identidade que [...] não pode ser apenas feminina. Em vez disso, Tlaltecuhtli significava uma figura, uma divindade cujo gênero não pode ser nomeado".[122]

"Quem é Tlaltecuhtli?" acaba sendo uma pergunta enganosa, especialmente quando eles são isolados dos contextos ritualísticos, mitológicos, filosóficos e linguísticos dos nahuas. Como Tezcatlipoca, aquele que mata Tlaltecuhtli no início da Quinta Era, eles também *noujian ynemjian: mictla, tlal-ticpac, ylhujcac*, "andam em qualquer lugar: em *mictlan*, o lugar dos mortos, na terra e em *ilhuicac*, o 'céu'".

Tlaltecuhtli é imensamente livre.

---

119. Não apenas os nahuas, mas também outros povos indígenas, como os zapotecos, desenvolveram sistemas de escrita e pintura semelhantes.

120. Peter L. van der Loo, "Voicing the Painted Image: A Suggestion for Reading the Reverse of the Codex Cospi", em *Writing without Words: Alternative Literacies in Mesoamerica and the Andes*, orgs. Elizabeth Hill Boone e Walter Mignolo (Durham: Duke University Press, 1994), p. 77-86, aqui p. 84.

121. Ibid., p. 85.

122. Sigal, *The Flower and the Scorpion*, p. 304, nota 68.

# Coatlicue Mayor: outras maneiras de reler o mundo

> *Me quitaran a quererte Llorona,*
> *Pero olvidarte nunca*[1]
> "La Llorona", canção popular mexicana

William Bullock escreveu em seu relato de viagem de 1824, *Six Months' Residence and Travels in Mexico*, sobre ter testemunhado a exumação de Coatlicue Mayor, a estátua colossal dos astecas atribuída a Coatlicue ou "aquela com saias de serpente", no pátio da Real e Pontifícia Universidade do México. Bullock considerava Coatlicue, a "Tonantzin" (nossa mãe benevolente) dos nahuas, uma "divindade horrível, diante da qual dezenas de milhares de vítimas humanas foram sacrificadas, no fervor religioso e sanguinário de seus adoradores apaixonados".[2] O colecionador inglês contou como os "índios" reagiram à "raiva e ao desprezo" dos estudantes universitários quando a estátua foi exposta:

> Observei atentamente seus semblantes; nenhum sorriso lhes escapou, nem mesmo uma palavra – tudo era silêncio e atenção [...]. Em resposta a uma piada de um dos alunos, um velho índio disse: "É verdade que temos três deuses espanhóis muito bons, mas ainda poderíamos ter a permissão de manter alguns dos deuses dos nossos ancestrais!", e fui informado de que ramalhetes de flores haviam sido roubados ali,

---

1. "Eles me impediram de te amar, Llorona / Mas (eu) nunca vou te esquecer". Essa é uma das várias versões da canção folclórica "La Llorona", dentre as quais a excelente interpretação de Chavela Vargas.

2. William Bullock, *Six Months' Residence and Travels in Mexico* (Londres: John Murray, 1824), p. 338.

sem serem vistos, à noite, com esse propósito; uma prova de que, apesar da extrema diligência do clero espanhol por trezentos anos, ainda resta alguma mancha de superstição pagã entre os descendentes dos habitantes originais.[3]

No relato, os "índios" sérios foram distinguidos dos estudantes desdenhosos, que aparentemente achavam suas crenças ridículas. Os nativos mexicanos foram cuidadosamente mantidos longe dos estudantes da universidade católica, não em termos de espaço – pois estavam todos presentes na mesma multidão –, mas em termos de cosmologia e religião. Enquanto os descendentes dos habitantes originais de língua náuatle do México-Tenochtitlan continuavam com seus cultos pagãos, os estudantes ficavam irritados ou faziam piadas sobre a fé nativa e a *Weltanschauung* evidenciada por Coatlicue Mayor. Não sabemos se Bullock simplesmente inventou essa história para reforçar a ideia do apego obstinado dos indígenas à sua "superstição pagã", mas certamente é verdade que ele tomou o partido dos alunos irritados ou entretidos, cuja origem étnica permanece desconhecida.

Neste capítulo, tentarei explorar uma maneira profundamente diferente de entender o mundo, por meio de um aprender a aprender decolonial com a cosmofilosofia nahua. Esse "aprendizado" requer, em primeiro lugar, um processo de desaprendizagem, um processo de suspensão da certeza das categorias modernas e coloniais por meio das quais operamos em nossa maioria. No entanto não me contento em apenas "criticar" o que supostamente deu errado. Em vez disso, na segunda metade deste último capítulo, lerei a partir do que poderia ser chamado de "cosmofilosofia nahua", especificamente com a ajuda da leitura de Coatlicue Mayor como uma forma de *tlacuilolli*, e não como uma

---

3. Ibid., p. 341-42.

mera representação artística. Em última análise, procuro mostrar que a "escrita pictográfica" dos nahuas é um sistema adequado e eficiente de "escrita" para sua cosmologia e filosofia.

## Coatlicue e Coatlicue Mayor

Por volta de 1540, logo após a queda de Tenochtitlan e do Império Asteca no ano de 1521, o frade franciscano Bernardino de Sahagún começou a compor o *Códice florentino*,[4] na forma de um relato historiográfico pictórico asteca conhecido como *códices*, auxiliado por *tlacuilos* (escribas, historiógrafos e ilustradores) nahua trilíngues (náuatle, espanhol e latim). O *Códice florentino* também é conhecido como *Historia general de las cosas de Nueva España*[5] (daqui em diante, *Historia*). O *Códice* de três volumes descreve detalhadamente muitos aspectos da sociedade asteca recém-conquistada e renomeada como Nova Espanha (*Nueva España*). A maioria dos códices pré-*Conquista* foi destruída pelos colonizadores espanhóis, que os consideraram idolatria pagã. Sahagún lamenta: "Eles e suas coisas foram tão maltratados e destruídos que nada foi deixado para eles da mesma forma como era antes".[6] Tornou-se uma tese amplamente aceita que nosso conhecimento sobre o México pré-hispânico está inevitavelmente entrelaçado com escritos etnográficos e historiográficos pós-conquista, como o *Códice florentino* (ou apenas conhecível por meio deles).

---

4. Esse códice específico é chamado de *Códice florentino* porque a cópia mais antiga (1577) é mantida na Biblioteca Medicea Laurenziana em Florença, Itália.

5. Para uma discussão sobre as diferentes versões do *Códice florentino* e da *História*, consulte *El "Códice florentino" y la "Historia general" de Sahagún* (México DF: Archivo General de la Nación, 1989).

6. Bernardino de Sahagún, *Historia general de las cosas de Nueva España* (México DF: Imprenta del Ciudadano Alejandro Valdés, 1829), p. 2: *fueron tan atropellados y destruidos ellos y todas sus cosas, que ninguna apariencia les quedó de lo que eran antes.*

A *Historia* é uma das duas etnografias coloniais em que aparece a figura mítica de Coatlicue. O livro três da *Historia* conta a história do nascimento de Huitzilopochtli, uma das mais importantes divindades dos astecas:

> De acordo com o que os antigos nativos disseram e souberam sobre o nascimento do demônio Huitzilopochtli, a quem os mexicanos devotavam honra e respeito, existe uma montanha chamada Coatepec próxima à aldeia Tula, onde vive uma mulher chamada Coatlicue, que era a mãe de alguns índios chamados Centzonhuitznahuac, que tinham uma irmã chamada Coyolxauhqui.[7]

A *Historia* designa Coatlicue como *una muger*, "uma mulher", que é mãe de "alguns índios" com o nome de Centzonhuitznahuac (que significa "quatrocentos sulistas", representando as estrelas do sul em náuatle). Eles também têm uma irmã, Coyolxauhqui, que é a deusa da lua. Diz-se que um dia Coatlicue pega uma bola de penas que cai do céu e a coloca perto de sua barriga quando está varrendo o templo. Ao tocar nessa bola de penas, ela fica grávida de Huitzilopochtli.[8]

Essa gravidez inesperada supostamente irrita seus quatrocentos filhos e sua filha Coyolxauhqui, que incita seus quatrocentos irmãos a matar a mãe. Mas Huitzilopochtli, então ainda no ventre de Coatlicue, ouve o plano deles. Huitzilopochtli é o deus patrono

---

7. Ibid., p. 234: *Según lo que dijeron y supieron los naturales viejos del nacimiento y principio del Diablo que se decia Vitzilopuchtli, al cual daban mucha honra y acatamiento los mexicanos es: que hay una sierra que se llama Coatepec, junto al pueblo de Tulla, donde vivía una muger que se llamaba Coatlycue que fue madre de unos indios, que se decia Centzonxitznaoa, los cuales tenían una Hermana que se llamaba Coyolxauhqui.* Observação: na versão traduzida, alterei algumas das grafias antigas dos nomes em náuatle para versões mais comuns. Por exemplo, "Vitzilopuchtli" foi alterado para "Huitzilopochtli".

8. A influência cristã em ver essa gravidez milagrosa como um nascimento virginal não pode ser exagerada. Bierhorst John Bierhorst argumentou que há um simbolismo rico e discreto de diferentes elementos, como *xochitl*, flor, que pode conotar poder sexual. Ver John Bierhorst, *Cantares Mexicanos: Songs of the Aztecs* (Stanford: Stanford University Press, 1985). Também gostaria de salientar que não devemos nos apressar em equiparar o evento a um repertório católico do "nascimento virginal". Tanto a "pena" quanto a "varredura do templo" têm fortes conotações sexuais nos rituais nahua. Veja Pete Sigal, *The Flower and the Scorpion: Sexuality and Ritual in Early Nahua Culture* (Durham: Duke University Press, 2011), e Pete Sigal, "Imagining Cihuacoatl: Masculine Rituals, Nahua Goddesses and the Texts of the Tlacuilos", *Gender & History* 22, n. 3 (2010), p. 538-63.

dos astecas, que, segundo a lenda, levou a tribo nômade asteca a conquistar o vale do México e construir a capital Tenochtitlán em uma ilha do lago Texcoco, onde encontraram uma revelação divina: uma águia devorando uma cobra em cima de um cacto nopal. Também deus do sol e da guerra, Huitzilopochtli nasce no exato momento em que o grupo liderado por Coyolxauhqui chega a Coatepec para se preparar para o matricídio. Huitzilopochtli nasce totalmente armado e mata sua irmã e a maioria de seus irmãos, os quatrocentos sulistas.

Podemos observar o significado político dessa história em particular, dedicada principalmente a registrar o nascimento mítico de Huitzilopochtli, conforme foi contada e recontada em Tenochtitlan. Os arqueólogos descobriram que o mito era repetidamente representado na forma de sacrifício humano no Templo Mayor.[9] Não muito diferente do Festival de Ano Novo da Babilônia, no qual o *Enuma Elis* e a vitória de Marduk sobre Tiamat eram recitados, o sacrifício asteca baseado no mito da vitória de Huitzilopochtli sobre Coyolxauhqui e Centzonhuiznahuac pode ser lido como um discurso que reitera e justifica a subjugação colonial asteca dos habitantes nativos.

Podemos concluir, a partir desse relato, que Coatlicue é a mãe do sol (representada por Huitzilopochtli), da lua (representada por Coyolxauhqui) e das estrelas (representadas por Centzonhuitznahuac). Embora ela seja frequentemente chamada de mãe da terra, já que seu nome, Coatlicue, contém o animal terrestre *coatl*, "cobra" em náuatle, ela parece ter dado origem a todo o universo.

O Frei Diego Durán fornece uma história mais detalhada sobre Coatlicue em *Historia de las Indias de Nueva-España y Islas de Tierra*

---

9. Consulte Eduardo Matos Moctezuma, *Vida y muerte en el Templo Mayor* (México DF: Editorial Océano, 1986).

*Firme*, escrita aproximadamente na mesma época que *a Historia* de Sahagún. Aqui, Coatlicue parece ser uma figura semimítica e semi-histórica.

No capítulo XXVII, somos informados de que Montezuma, o grande rei do México-Tenochtitlan, deu ordens a seu coadjutor Tlacaelel para que descobrisse onde viviam seus ancestrais e, especificamente, para que procurasse a mãe de seu deus padroeiro Huitzilopochtli, Coatlicue, que se diz ainda estar viva. Um velho historiador chamado Çuauhcoatl informa ao rei Montezuma que os ancestrais vieram de um lugar chamado "Aztlan", que também é a origem de seu nome, "Azteca", povo de Aztlan. Tlacaelel então envia vários mágicos ou magos para procurar Coatlicue nesse lugar lendário. Eles levam consigo os tesouros mais preciosos para a mãe de seu deus patrono.[10]   Ao chegarem a Coatepec, o servo de Coatlicue lhes diz que a pobre Coatlicue ainda está esperando tristemente pelo retorno de seu filho, Huitzilopochtli, já que ele prometeu a ela que voltaria com glória.

Coatlicue parece estar muito velha e "a mais feia e suja que se possa pensar e imaginar".[11] Ela diz a esses jovens que não lavou o rosto, nem penteou o cabelo, nem trocou de roupa por causa do luto por seu filho Huitzilopochtli, e que esse luto e tristeza não terminarão a menos que ele retorne. Ela é então informada de que Huitzilopochtli já está morto. Os magos lhe mostram os tesouros que trouxeram e lhe dizem que Huitzilopochtli era o rei de todos eles. Ela se acalma, mas depois começa a se queixar de toda a tristeza e solidão que seu filho lhe causou.[12]

---

10. Diego Durán, *Historia de las Indias de Nueva España y Islas de Tierra Firme*, tomo I (1867; rpt. Alicante: Biblioteca Virtual Miguel de Cervantes, 2005), p. 220: *y mandó luego sacar gran cantidad de mantas, de todo género elas, y de vestiduras de muger y de piedras ricas de oro y joyas muy preciosas, mucho cacao y teonacaztli, algodon, rosas de vainillas negras, muchas en cantidad, y plumas de mucha hermosura, las mejores y más grandes; en fin, de todas las riqueças de sus tesoros, lo mejor y más precioso.*

11. Ibid., p. 223: *la más fea y sucia que se puede pensar ni imaginar.*

12. Ela diz que Huitzilopochtli também previu a guerra e a conquista no vale do México: *en el qual tiempo tengo de hacer guerra á todos las prouincias y ciudades, villas y lugares,*

Os magos voltam para Tenochtitlan e repetem para Montezuma a maldição de Coatlicue:

> Em um determinado momento, ele [o povo mexicano] será expulso da terra e retornará àquele lugar [Aztlan] porque, pela mesma razão que subjugou os outros povos, será expulso e [destituído] do domínio que tinha sobre os outros.[13]

Depois de ouvir isso, o rei e seu coadjutor começaram a chorar. Assim, o relato de Diego Durán traz a figura mítica de Coatlicue para a história. Coatlicue parece ter previsto a queda de Tenochtitlan. Durán continua a história da conquista no capítulo seguinte, XXVIII: "[A]inda naquela época, ela [a maldição] estava se tornando realidade, havia sinais e cometas que previam a chegada dos espanhóis".[14] É muito provável que a história tenha sido contada a fim de justificar a *conquista* espanhola como uma espécie de destino predeterminado. Entretanto, o tema do "retorno do oprimido" parece já assombrar os astecas muito antes de começar a assombrar os espanhóis.

Coatlicue retorna em uma forma diferente dois séculos depois. Em 1790, uma descoberta acidental revelou a estátua monolítica

---

y traellos y sujetallos á mi seruicio; pero por la mesma órden que yo los ganare, por esa mesma órden me los ande quitar y tornar á ganar gentes estrañas, y me an de echar de aquella tierra; entonces me vendré acá y me voluevé á este lugar, porque aquellos que yo sujetare con mi espada y rodela, esos mesmos se an de voluer contra mí y an de empeçar desde mis piés a echarme caueça abaxo, y yo y mis armas irémos rodando por el suelo: entonces, madre mia, es cumplido mi tiempo y me volueré huyendo á vuestro regaço, y hasta entonces no hay que tener pena; pero lo que os suplico es que me deis dos pares de çapatos, los unos para ir y los otros para voluer ("como naquele tempo, farei guerra contra todas as províncias e cidades, vilas e lugares, e os derrubarei e os submeterei ao meu serviço; mas pela mesma ordem que os vencerei, por essa mesma ordem os estrangeiros se livrarão e voltarão para me vencer e me expulsar daquele lugar. Então, voltarei para este lugar, porque aqueles que eu tiver subjugado com minha espada e meu escudo, esses mesmos [povos] se voltarão contra mim e começarão, com meus pés, a jogar minha cabeça para baixo, e eu, com minhas armas, estarei me virando para o chão. Como resultado, minha mãe, quando chegar a minha hora, voltarei escapando para o seu colo e, até lá, por favor, não fique triste; mas o que eu lhe peço são dois pares de sapatos, um par para ir e outro par para voltar".) (ibid., p. 225).

13. Ibid., p. 227-28: *cierto tiempo auia de ser echado desta tierra y que se auia de volver á aquel lugar, porque por la mesma órden que auia de sujetar las naciones [...] le auian de ser quitadas y priuado del dominio y señorío que sobre ellas tenía.*

14. Ibid., p. 229: *en aquel tiempo [la maldición] se iba cumpliendo, uvo señales y cometas que pronosticaron la venida de los españoles.*

Coatlicue Mayor, que desde então foi reconhecida como representando Coatlicue, a mãe de Huitzilopochtli, na Plaza Mayor, perto do Templo Mayor, na Cidade do México. Apenas dois anos depois, o arqueólogo Antonio León y Gama publicou um estudo, *Descripción histórica y cronológica de las dos piedras* (1792), com descrições detalhadas dessa estátua colossal, bem como da Piedra del Sol (também conhecida como a pedra do calendário asteca). De fato, León y Gama achava que a estátua não representava Coatlicue, mas a esposa de Huitzilopochtli, Teoyamiqui. Mais tarde, o humanista alemão Alexander von Humboldt, que leu o trabalho de León y Gama, também acreditava que essa era uma estátua de Teoyamiqui.[15] Tanto o Coatlicue Mayor quanto a Piedra del Sol são obras de arte emblemáticas da civilização asteca e agora estão alojados um ao lado do outro na Sala Mexica do Museo Nacional de Antropología na Cidade do México, como símbolos importantes do glorioso passado asteca do México.

Enterrada e exumada várias vezes durante sua permanência na universidade, a Coatlicue Mayor foi transferida pela primeira vez para a Galería de Monolitos como parte da campanha do presidente Benito Juárez para "formar um senso de identidade nacional mexicana", fomentando "um interesse pelo passado pré-hispânico".[16] No final, ela foi transferida para o recém--construído Museo Nacional de Antropología. A Coatlicue Mayor passou por uma turbulenta história de recepção desde que foi exumada pela primeira vez.

Para desenterrar algo, é preciso enterrá-lo primeiro. Não sabemos ao certo por que exatamente a estátua foi enterrada em primeiro lugar. É razoável especular que Coatlicue Mayor tenha sido deliberadamente enterrada para protegê-la contra atos bárbaros da Igreja Católica conquistadora. Hoje, no museu, podemos

---

15. Ann de León, "Coatlicue or How to Write the Dismembered Body", *Modern Language Notes* 125 (2010), p. 259-86, aqui p. 269.

16. Ibid., p. 260.

ver a escultura "irmã" de Coatlicue, Yolotlicue (a que tem a saia de corações), que foi muito danificada durante aquele desastroso vandalismo em nome de Deus. Cerca de duzentos anos após a *Conquista* espanhola, o vice-rei do então vice-reinado da Nova Espanha, Revillagigedo, chamou a recém redescoberta Coatlicue Mayor de "um monumento da Antiguidade americana" e a enviou para a Real e Pontifícia Universidade do México. No entanto, os frades e professores da universidade logo consideraram a estátua como uma presença demoníaca do paganismo asteca com "alguma motivação religiosa secreta"[17] tão perigosa que o "ídolo" poderia contaminar a juventude mexicana.[18] Por esse motivo, esse "símbolo satânico" logo foi enterrado novamente. O fato de o "monstro demoníaco" nunca ter sido destruído, mas constantemente exumado e enterrado novamente, leva a especular que aqueles que supostamente sentiam repulsa ou se sentiam ameaçados por ele também estavam, pelo menos até certo ponto, sujeitos a um certo medo dessa "motivação religiosa secreta".

Alguns anos depois, em 1803, Alexander von Humboldt viajou para a Cidade do México e foi autorizado a desenterrar o *demônio* para examiná-lo antes de ser rapidamente enterrado novamente porque "a presença da terrível estátua era insuportável".[19] Humboldt acreditava que a estátua era uma "representação incorreta" do corpo humano, o que, por sua vez, provava a barbárie do povo conquistado.[20] Vinte anos depois de Humboldt, o colecionador

17. Moxó y Francoly em Eduardo Matos Moctezuma, *Las piedras negadas: De la Coatlicue al Templo Mayor* (México DF: Consejo Nacional para la Cultura y las Artes, 1998), p. 39: *algún secreto motivo religioso*. A "invocação do fantasma" pode ser lida como uma estratégia anticolonial. Veja José Rabasa, *Tell Me the Story of How I Conquered You: Elsewheres and Ethnosuicide in the Colonial Mesoamerican World* (Austin: University of Texas Press, 2011). Até certo ponto, os frades e professores da universidade estavam certos sobre essa "motivação secreta".

18. Matos Moctezuma, *Las piedras negadas*, p. 41.

19. Octavio Paz, "Diosa, demonia, obra maestra", in *México en la obra de Octavio Paz III: Los privilegios de la vista* (México DF: Fondo de Cultura Económica, 1977), p. 39-52, aqui p. 40: *la presencia de la estatua terrible era insoportable*.

20. Alexander von Humboldt, *Vues de Cordillères et monuments des peuples indigènes de l'Amérique* (Paris: Librairie Grecque–Latine–Allemande, 1816).

inglês William Bullock teve a chance de fazer uma cópia da estátua exumada em 1823 e a transferiu para sua exposição no Egyptian Hall, em Londres. Da mesma forma que os europeus perplexos que o precederam, Bullock aproveitou a oportunidade para desmascarar a estátua como uma forma de argumentar contra aqueles que "acusaram os autores espanhóis de exagero em seus relatos sobre as cerimônias religiosas desse povo, em outros aspectos, esclarecido". Seu argumento foi que "uma visão do ídolo [Coatlicue Mayor] em questão será suficiente para dissipar qualquer dúvida sobre o assunto".[21] Ele também interpretou a estátua como um reflexo do horror que Hernán Cortés e suas tropas enfrentaram na "Noche Triste":

> [O] aventureiro Cortez e seus poucos companheiros de armas restantes ficaram horrorizados ao testemunhar a maneira cruel com que seus companheiros de aventura cativos foram arrastados até a pedra do sacrifício e seus corações, ainda quentes de vitalidade, foram apresentados pelos sacerdotes aos deuses; e quanto mais a sede separada da vida fervilhava de animação, mais bem-vinda era a oferenda à deusa.[22]

O conquistador é apresentado como um herói "aventureiro" submetido a um horror insuportável diante dos bárbaros astecas sanguinários, quase canibais. A cena ecoa a pintura de Jan van der Straet, *America* (*c.* 1575), dos primeiros dias da "descoberta" da América, bem como a definição de colonialismo pela *Encyclopedia Columbia* como resultado de "humanitarismo mais ou menos agressivo e um desejo de aventura ou melhoria individual", como vimos na Parte 0.[23]

Em contraste com a repulsa e o medo evidentes de um "monstro" pagão expressos pelos frades católicos e pelos dois viajantes europeus do século xix, Humboldt e Bullock, Octavio Paz elogia a

21. Bullock, *Six Months' Residence and Travels in Mexico*, p. 339-40.
22. Ibid., p. 339.
23. Barbara A. Chernow e George A. Vallasi, orgs., *The Columbia Encyclopedia*, 5. ed. (Nova York: Columbia University Press, 1993), p. 600-601.

estátua como uma obra-prima de arte. Em sua introdução ao livro *Arte Mexicana*, escrita para o catálogo da *Exposición de Arte Mexicano en Madrid* (1977), Paz dedicou uma seção especial intitulada "Diosa, demonia, obra maestra" ("Deusa, demônio, obra-prima") a uma análise da história da recepção de Coatlicue Mayor. O ganhador do Prêmio Nobel de Literatura de 1990 argumenta que Coatlicue Mayor é uma presença sobrenatural, um "mistério terrível" (*misterio tremendo*) tanto para os sacerdotes astecas quanto para os frades católicos espanhóis. De acordo com ele, as especulações intelectuais e estéticas dos séculos XVIII e XX abandonaram o território magnético do sobrenatural: "Ao deixar o templo e ir para o museu, [a estátua] mudou de natureza, mas não de aparência".[24] Mais adiante nesse breve ensaio, Paz lê as mudanças de atitude em relação à estátua como um reflexo do que a consciência europeia vivenciou antes da chamada "descoberta da América".[25] Como Coatlicue Mayor, ele argumenta que "essas civilizações da América não eram mais antigas do que a europeia; elas eram diferentes. Sua diferença era radical, uma verdadeira alteridade".[26]

Há vários trabalhos sobre a Coatlicue Mayor. Embora a maioria tenha levado em conta a complexidade da estátua, que engloba toda a cosmologia nahua, um ponto que discutiremos com mais profundidade nas próximas seções, poucos questionaram completamente a representação estritamente feminina da estátua. Por meio de uma discussão sobre a "decapitação" supostamente representada por Coatlicue Mayor, espero mostrar que, assim

---

24. Paz, "Diosa, demonia, obra maestra", p. 40-41: *[al] dejar el templo por el museo, [la estatua] cambia de naturaleza ya que no de apariencia.*

25. Ibid., p. 42: *descubrimiento de América.*

26. Ibid., p. 43: *las civilizaciones de América no eran más antiguas que la europea: eran diferentes. Su diferencia era radical, una verdadera otredad.* Alguns anos depois, o filósofo franco-búlgaro Tzvetan Todorov propôs uma tese semelhante com relação à questão do Outro. Consulte Tzvetan Todorov, *A Conquista da América: a questão do outro* (São Paulo: WMF Martins Fontes, 2019).

como a representação feminina direta, a suposição de que a estátua representa um corpo humano decapitado deriva de uma expectativa eurocêntrica de representação mimética.

No artigo de Elizabeth Baquedano e Michel Graulich sobre decapitação entre os astecas, Coatlicue Mayor é listada como evidência material do importante papel que a decapitação desempenhava na cultura e na prática religiosa asteca. Como afirmam os autores, "várias estátuas astecas famosas da deusa da terra, em particular as colossais Coatlicue e Yollotlicue, representam uma mulher decapitada com olhos e boca em todas as articulações".[27] Os autores também se referem à história que analisamos acima sobre o "nascimento virginal" de Huitzilopochtli por Coatlicue e sua decapitação de Coyolxauhqui, o que significa que eles estão cientes de que Coyolxauhqui, e não Coatlicue, foi decapitado. Além disso, a decapitação de Coyolxauhqui por Huitzilopochtli, de acordo com o relato feito por Sahagún, foi feita para proteger sua mãe, Coatlicue, e não para matá-la. Simplificando, uma interpretação de Coatlicue Mayor como "decapitada" não é, de fato, compatível com a história mítica.

Elizabeth Boone está ciente dessa discrepância entre a representação da Coatlicue Mayor supostamente decapitada e o mito em que sua filha Coyolxauhqui é decapitada. Para resolver esse quebra-cabeça, ela sugere que ambas as estátuas "decapitadas", Coatlicue Mayor e Yolotlicue, pertencem à "ampla categoria de mulheres sobrenaturais poderosas e potencialmente perigosas [...] que Huitzilopochtli, como deus do sol, deve evitar e tornar impotente".[28] Essa especulação também não é convincente, pois Cecelia Klein ressalta que "de acordo com os *Anales de Quauhtitlan*

---

27. Elizabeth Baquedano e Michel Graulich, "Decapitation among the Aztecs: Mythology, Agriculture and Politics and Hunting", *Estudios de Cultura Náhuatl* 23 (1993), p. 163-77, aqui p. 165.

28. Elizabeth Hill Boone, "The 'Coatlicues' at the Templo Mayor", *Ancient Mesoamerica* 10, n. 2 (1999), p. 189-206, aqui p. 204.

[...] Huitzilopochtli estava entre as divindades que se sacrificaram para colocar o sol em movimento, um papel que o tornaria seu colaborador [de Coatlicue e Yolotlicue] e não seu inimigo".[29]

Klein propõe uma interpretação alternativa, a saber, que Coatlicue Mayor pode representar "uma de um grupo de mulheres heroicas cuja morte coletiva não só possibilitou a criação e a sobrevivência do universo, mas também do governo".[30] Ela prossegue com a leitura do simbolismo codificado da saia trançada e argumenta que "essas saias não apenas soletraram figurativamente seus nomes, mas também simbolizaram seus poderes femininos de criação".[31] Em seguida, ela chega à conclusão de que

> Coatlicue não é aqui (apenas) a mãe de Huitzilopochtli, mas sim uma grande criadora, a mãe de todos os seres e objetos que habitavam o universo asteca. [...] Coatlicue e suas estátuas companheiras celebram as mulheres primordiais como doadoras altruístas de tudo o que os astecas tinham motivos para valorizar. [...] Se essa leitura da estátua Coatlicue estiver correta, os poderes das mulheres para gerar nova vida em todos os níveis eram, entre os mexicas, realmente muito grandes.[32]

Coatlicue Mayor de fato representa mais do que apenas a mãe de Huitzilopochtli, a mítica e histórica Coatlicue, registrada nas etnografias de Sahagún e Durán. A interpretação de Klein, no entanto, simplifica a complexidade do gênero nahua, que a própria autora argumenta que desmente o gênero dicotômico moderno/colonial.[33] Um único poder de criação "feminino" gerado por "mulheres" martirizadas, por mais tentador ou familiar que possa parecer para um leitor moderno (feminista),

---

29. Cecelia F. Klein, "A New Interpretation of the Aztec Statue Called Coatlicue, 'Snakes-Her-Skirt'", *Ethnohistory* 55, n. 2 (abr. 2008), p. 229-50, aqui p. 243.

30. Ibid.

31. Ibid., p. 244.

32. Ibid., p. 245.

33. Ver Cecelia F. Klein, "None of the Above: Gender Ambiguity in Nahua Ideology", in *Gender in Pre-Hispanic America: A Symposium at Dumbarton Oaks*, org. Cecelia F. Klein (Washington, DC: Dumbarton Oaks, 2001), p. 183-254.

provavelmente não é um relato adequado da cosmofilosofia nahua. Mesmo que se possa ler temporariamente as estátuas como representações de mulheres guerreiras que se sacrificam, isso não pode explicar de forma convincente a suposta "aparência desmembrada e decapitada" de Coatlicue e Yolotlicue".[34] Mesmo que a decapitação seja importante nos rituais de sacrifício, como argumentaram Baquedano e Graulich, nenhuma evidência mostra que as divindades sacrificadas tenham se decapitado ou se desmembrado no início da Quinta Era.

Em um estudo mais recente, publicado em 2010, Ann de León também supõe que Coatlicue Mayor representa uma "deusa" e que essa "deusa" Coatlicue é decapitada. Embora ela não cite o artigo anterior de Boone, temos motivos para suspeitar que De León concordaria com ela, já que ela também contou uma história de matricídio ligeiramente equivocada: "O corpo de Coatlicue mutilado [...] como ocorreu com a estátua, [... foi projetado] para narrar como os filhos de Coatlicue a mataram".[35] Com exceção do relato de Sahagún, em que os filhos de Coatlicue, liderados pela irmã, pretendem apenas matar a mãe, não temos nenhum relato em que Coatlicue seja de fato morta. Além disso, se compararmos o relato de Sahagún com o de Durán, devemos presumir que Coatlicue é imortal e permanece viva em Coatepec.

O suposto matricídio no artigo de León e a interpretação de Klein da estátua como uma representação de uma mulher abnegada explicam o motivo pelo qual Coatlicue Mayor representa um corpo "desmembrado e decapitado".[36] Ann de León apresenta um argumento convincente a esse respeito. Ao traçar a história da recepção do Coatlicue Mayor no México pós-Conquista, ela critica as recepções europeias coloniais do México que retratam

34. Klein, "A New Interpretation of the Aztec Statue Called Coatlicue", p. 243.
35. De León, "Coatlicue or How to Write the Dismembered Body", p. 283.
36. Klein, "A New Interpretation of the Aztec Statue Called Coatlicue", p. 229.

seu passado indígena como bárbaro com base em duas acusações principais: a falta de escrita (alfabética) e a incapacidade de representação mimética.[37] No caso de Humboldt, ela argumenta:

> [O que] Humboldt parece nos dizer é que o grau de "civilidade" de uma sociedade se traduz em suas manifestações artísticas e culturais [...]. Os astecas se tornam bárbaros por causa de sua estética "incorreta" [sic], [quanto a] Humboldt, o corpo de Coatlicue apresenta uma estética "incorreta" porque não apresenta uma representação mimética ou naturalista do *corpo humano feminino*.[38]

Ela continua: "Isso revela que Humboldt, usando suas lentes estéticas eurocêntricas, não conseguiu entender a ideologia asteca e a representação do corpo humano por meio da cultura material".[39] O que me interessa nesse debate é a questão de por que "ela" deveria ter uma cabeça humana e por que a ausência de uma cabeça humana deveria necessariamente significar que "ela" foi decapitada? Coatlicue Mayor tem pernas de águia, "braços" formados por cobras e uma saia feita de serpentes, o que é decisivo para a associação da estátua com Coatlicue. *Coatl* significa "cobra", *-i* é o pronome possessivo de terceira pessoa, sem gênero,[40] e *cuetli* significa saia. Tudo isso parece sugerir que essa não é uma representação de um corpo humano, muito menos de um "corpo humano feminino".

Embora Ann de León ressalte, com razão, que a estética europeia do século XIX que Humboldt tinha em mente "favorecia a representação mimética do corpo humano na arte com proporção correta",[41] ela curiosamente supõe que Coatlicue Mayor tem um corpo mutilado e decapitado. Por exemplo, ela afirma que "a cabeça decapitada de Coatlicue [é] representada por duas cobras unindo perfis".[42]

37. De León, "Coatlicue or How to Write the Dismembered Body", p. 262-64.
38. Ibid., p. 266 ênfase do autor.
39. Ibid., p. 267.
40. James Lockhart, *Nahuatl as Written: Lessons in Older Written Nahuatl, with Copious Examples and Texts* (Stanford: Stanford University Press, 2001), p. 1.
41. De León, "Coatlicue or How to Write the Dismembered Body", p. 267.
42. Ibid., p. 280.

Tanto de León quanto Klein seguiram o ensaio seminal de Justino Fernández sobre Coatlicue Mayor, que argumenta que as duas cobras no lugar de uma "cabeça decapitada" representam duas correntes de sangue.[43] Se esse fosse o caso, poderíamos seguir Baquedano e Graulich para interpretar a cobra que sai da saia de serpente na parte inferior da estátua, entre as duas pernas da águia, como menstruação.[44] Essa interpretação, no entanto, é contrária à própria teoria de Fernández em outra parte: "[A] sua divindade [...] também é masculina e, por essa razão, uma grande serpente pode ser vista sob a saia".[45] Embora Baquedano e Graulich pareçam aceitar a teoria de Fernández de que, além do sangue, "a serpente também era associada ao pênis", eles logo afirmam que as duas serpentes entre as pernas da estátua "representam o sangue menstrual, pois a garganta cortada e o órgão sexual feminino eram considerados da mesma forma, já que ambos eram fontes de vida".[46] A analogia entre a "garganta cortada" e o "órgão sexual feminino" lembra a ideia falocêntrica que vê as mulheres como "naturalmente castradas" por causa de seu pênis supostamente desapropriado.

Nesses importantes estudos, que inspiram em grande parte meu próprio interesse na questão, a conhecida dicotomia de gênero moderna/colonial e heteronormativa tem sido altamente operante e, embora esteja longe de minha intenção levar adiante a tarefa desse estudo, espero que esteja claro que as categorias modernas/coloniais e o julgamento estético eurocêntrico têm pouco a dizer sobre a complexidade da estátua. Esses aparatos teóricos, na melhor das hipóteses, reciclam clichês de gênero re-

43. Justino Fernández, *Coatlicue: Estética del arte indígena antiguo* (México DF: Instituto de Investigaciones Estéticas, Universidad Nacional Autónoma de México, 1959).

44. Elizabeth Baquedano e Michel Graulich, "Decapitation among the Aztecs: Mythology, Agriculture and Politics and Hunting", *Estudios de Cultura Náhuatl* 23 (1993), p. 163-77, aqui p. 169.

45. Justino Fernández, *A Guide to Mexican Art: From Its Beginnings to the Present*, trad. Joshua C. Taylor (Chicago: University of Chicago Press, 1969), p. 44.

46. Baquedano e Graulich, "Decapitation among the Aztecs", p. 169.

lacionados à reprodução, ao conflito geracional ou à decapitação. O que é alarmante talvez não seja, ou não seja apenas, o eurocentrismo contundente que encontramos na denominação de Huitzilopochtli como *demônio* feita por um frade católico, mas sim em um gesto benevolente de "reconhecimento". Ann de León, cujo artigo critica astutamente o eurocentrismo nas recepções de Coatlicue Mayor, por exemplo, sugere que "Fernández estava em dívida com os movimentos de vanguarda das décadas de 1920 e 1930 [... que] desenvolveram uma nova estética 'ocidental' em que o 'primitivo' era visto e avaliado de uma maneira diferente daquela da época de Humboldt".[47] O pequeno ensaio de Octavio Paz assumiu de forma semelhante essa posição ocidental de julgamento (estético).[48] Por que Coatlicue Mayor ou qualquer obra de arte não ocidental tem que esperar centenas de anos para que as vanguardas ocidentais do século xx – que não só estavam lidando com seus próprios problemas estéticos e políticos, mas também estavam em grande parte em dívida com a chamada arte "primitiva" do não Ocidente – sejam finalmente aceitas? O *locus* da enunciação permanece no Ocidente, o ponto zero epistêmico que julga a *arte do outro* – antes condenada como "primitiva" e "monstruosa", agora uma "obra-prima", como Paz a chama.

## Traduzindo Ometeotl, ou o problema de gênero do "dualismo" nahua

Ometeotl, a divindade suprema da cosmologia nahua, tem dois aspectos de gênero: o feminino, Omecihuatl, e o masculino, Ometecuhtli. Eles também são reconhecidos como Tonacacihuatl e Tonacatecuhtli, Senhora e Senhor da Nossa Existência (*to-*, "nosso"; *nacatl*, "aquilo que cresce da terra e sustenta a vida, ou seja, o milho"). Ometeotl, a dualidade divina, é tão importante

47. De León, "Coatlicue or How to Write the Dismembered Body", p. 280.
48. Ver Paz, "Diosa, demonia, obra maestra".

que Miguel León-Portilla argumenta que todas as divindades nahua são manifestações diferentes de Ometeotl,[49] uma tese aceita por Henry Nicholson.[50] Richard Haly, no entanto, duvida muito da existência de Ometeotl com base em uma teoria de que a cultura nahua é uma tradição oral.[51] Ometeotl, ou seus aspectos correlatos de gênero, geralmente traduzidos como Senhora e Senhor da Dualidade, Omecihuatl e Ometecuhtli, à primeira vista pode parecer semelhante ao colonial/moderno: dois gêneros, um casal heterossexual, senhora e senhor, mulher e homem. Uma segunda olhada na forma como a tríade divina foi traduzida nos estudos modernos pode convencer ainda mais as pessoas de que o *ometeotl* nahua não é diferente do dualismo colonial/moderno. Antes mesmo de começar a falar sobre Ometeotl, somos confrontados com pelo menos três respostas possíveis à pergunta de quantas divindades existem. Três, se considerarmos Ometeotl, Omecihuatl e Ometecuhtli como seres divinos individuais, separados e autônomos; duas, se Omecihuatl e Ometecuhtli forem considerados componentes aditivos de Ometeotl; uma, se todos os três forem vistos como aspectos diferentes de uma única divindade.

A decisão entre essas opções determina como as três palavras, a teologia nahua e, especialmente, o "dualismo" nahua, ao qual nos referiremos como *ometeotl*, são compreendidos e traduzidos. Omecihuatl e Ometecuhtli são frequentemente traduzidos sem ambiguidade como Deusa ou Deus da Dualidade, respectivamente, ou como o aspecto feminino ou masculino de Ometeotl,

---

49. Miguel León-Portilla, *La filosofia nahuatl: Estudiada en sus fuentes* (México DF: Universidad Nacional Autonoma de México, 1956); Miguel León-Portilla, "Ometéotl, el supremo dios dual, y Tezcatlipoca 'dios principal,' " *Estudios de Cultura Náhuatl* 30 (1999), p. 133-52.

50. León-Portilla, *La filosofia nahuatl*; León-Portilla, "Ometéotl"; Henry B. Nicholson, "Religion in Pre-Hispanic Mexico", in *Handbook of Middle American Indians, Volumes 10 and 11: Archeology of Northern Mesoamerica*, orgs. Gordon F. Ekholm e Ignacio Bernal (Austin: University of Texas Press, 1971), 10:395-446, aqui p. 409-10.

51. Richard Haly, "Bare Bones: Rethinking Mesoamerican Divinity", *History of Religions* 31, n. 3 (1992), p. 269-304, aqui p. 269.

o supremo.[52] Como mostrarei na segunda parte deste capítulo, Omecihuatl e Ometecuhtli não existem independentemente um do outro e o *ometeotl* precisa ser entendido dentro da própria estrutura cosmofilosófica do náuatle que se reflete em seu sistema textual-visual *tlacuilolli*. O princípio da dualidade nahua funciona da seguinte forma: o fato de Ometecuhtli assumir o aspecto masculino está amplamente relacionado ao fato de Omecihuatl assumir o feminino, e "ambos estão em constante interação mútua, fluindo um para o outro".[53] O próprio Ometeotl não tem gênero – ele está além do gênero.

Infelizmente, quando Ometeotl é traduzido para idiomas modernos como o espanhol, o inglês e o francês como *dios*, *god* ou *dieu*, Ometeotl se torna uma divindade masculina que finge ser genérica. Serge Gruzinski, investigando a "colonização do imaginário", produziu masculinidade para Ometeotl, uma divindade da dualidade, ao torná-lo *le Seigneur de la Dualité*.[54] O "complexo de dualidade", conforme resumido por Nicholson, tornou-se "o complexo de Ometecuhtli (deus da dualidade)" no trabalho de Ortiz de Montellano e Schussheim sobre a medicina asteca.[55] O aspecto masculino de Ometeotl, o Ometecuhtli de gênero masculino (lembre-se de que *tecuhtli* significa "senhor" em náuatle), é forçado a assumir a tarefa de representar todo o princípio da dualidade, apagando tanto o Ometeotl sem gênero quanto o Omecihuatl de gênero feminino. Além disso, o aspecto feminino de Ometeotl, Omecihuatl, é frequentemente tratado como o

---

52. Neste capítulo, uso a versão em maiúsculas "Ometeotl" para designar a divindade e a versão em itálico *ometeotl* para me referir ao princípio da dualidade nahua, que está intimamente relacionado e também representado por Ometeotl, mas não relacionado à "tríade" divina.

53. Sylvia Marcos, *Taken from the Lips: Gender and Eros in Mesoamerican Religions* (Leiden: Brill, 2006), p. 36.

54. Serge Gruzinski, *La colonisation de l'imaginaire: Société indigènes et occidentalisation dans le Mexique espagnol XVIe-XVIIIe siècle* (Paris: Éditions Gallimard, 1988), p. 241.

55. Bernardo R. Ortiz de Montellanoe Victoria Schussheim, *Medicina, salud y nutrición azteca* (México DF: Siglo Veintiuno, 2003), p. 63: "Complejo de Ometecuhtli (dios de la dualidad)".

consorte de Ometecuhtli. Lemos essa representação assimétrica da tríade de Ometeotl por Bernadino de Sahagún da seguinte forma: "O nome do Deus dos céus era Ometecuhtli, e o nome de sua consorte, a mulher dos céus, era Omecihuatl".[56] O aspecto feminino de Ometeotl, portanto, torna-se "diferente da norma".[57] A diferença sexual falocêntrica e dissimétrica, um problema local do Ocidente colonial/moderno, produzido nas línguas e cosmologias que condicionam ou concebem tais diferenças, foi transplantada para o contexto nahua e, literalmente, separa e hierarquiza os dois aspectos de gênero de Ometeotl.[58] Essa imposição não apenas dos hábitos linguísticos de um indivíduo, mas também de verdades *e* problemas cosmológicos sobre o outro no processo de tradução, especialmente de um idioma imperialista para um indígena, é o que chamo de colonialidade da tradução.

A colonialidade da tradução opera em diferentes níveis, incluindo o linguístico e o epistêmico. No nível linguístico, o problema já é bastante difícil de resolver. Em inglês, pode-se usar *it*, como quando nos referimos ao milho ou a um animal. No entanto, o *it* em inglês conota uma falta de agência plena e a própria "vida". Como um ser divino, Ometeotl não é um *it*, não porque Ometeotl possa não ser milho ou um animal (de fato, Ometeotl como Tonacatecuhtli-Tonacacihuatl, que sustenta a vida, é milho), mas porque dentro da cosmologia da língua inglesa e de seus hábitos linguísticos, o *it* inglês sem ação e sem vida dificilmente pode fazer justiça ao divino Ometeotl. Com o espanhol, para o qual muitos textos nahua foram traduzidos, a questão é ainda

56. Haly, "Bare Bones: Rethinking Mesoamerican Divinity", p. 279, nota 39.

57. Braidotti afirma, seguindo Derrida, que "pode-se argumentar que o pensamento ocidental tem uma lógica de oposições binárias que trata a diferença como aquilo que é diferente da norma aceita" (*Nomadic Subjects: Embodiment and Sexual Difference in Contemporary Feminist Theory* [Nova York: Columbia University Press, 1994], p. 78).

58. Para discussões detalhadas sobre a cumplicidade entre o colonialismo moderno e a heteronormatividade, consulte, por exemplo: Oyèrónké Oyèwùmí, *A invenção das mulheres: construindo um sentido africano para os discursos ocidentais de gênero*, e María Lugones, "Heterosexualism and the Colonial/Modern Gender System", *Hypatia* 22, n. 1 (2007), p. 186-209.

mais complicada. Como a obrigatoriedade de gênero masculino ou feminino é uma característica gramatical do espanhol e de muitos outros idiomas europeus, Ometeotl foi coercitivamente traduzido como *dios de la dualidad*, o deus *masculino* da dualidade.

Essas questões que envolvem o "problema de gênero" de Ometeotl, não devemos esquecer, são feitas em inglês ou espanhol, e não em náuatle, uma língua sem gênero "escrita" de maneiras radicalmente diferentes das línguas alfabéticas que registram a fala, como o espanhol ou o inglês. Enquanto isso, Ometeotl, ou qualquer outro ser divino no universo nahua, constantemente ultrapassa as fronteiras de gênero e as distinções entre animais, humanos e divinos.[59] Entretanto, traduzir Ometeotl como "Deus da Dualidade" *não* é uma escolha sem escolha, embora no espanhol moderno o uso do masculino para designar o genérico seja uma prática comum. Aqui passamos para o segundo nível da colonialidade da tradução, o do epistêmico. O problema de gênero de Ometeotl não se limita às características particulares de alguns idiomas, como o espanhol e o francês. Como vimos no capítulo anterior, Tlaltecuhtli, a divindade da terra, cujo nome é literalmente "Senhor da Terra", foi continuamente traduzido como "Deusa da Terra" na maioria das recepções modernas. Ometecuhtli, "Senhor da Dualidade", pode ter compartilhado o mesmo destino de Tlaltecuhtli e se tornado "Senhora da Dualidade". Porém, essa hipotética "tradução errônea" que emascula Ometecuhtli, ou Ometeotl, jamais aconteceria.

À luz da consistente tradução feminizante de Tlaltecuhtli como "deusa", não se pode dizer que a tradução de Ometeotl como um deus masculino da dualidade seja o mero resultado das características coercitivas da língua espanhola. Em vez disso, ela aponta para a colonialidade da tradução no nível epistêmico. Embora a mitologia nahua "faça alusão a um conjunto de divindades poderosas

---

59. Sigal, *The Flower and the Scorpion*, p. 3.

que afirmavam uma terra feminina e um céu masculino",[60] é a lógica categórica colonial/moderna subjacente aos estudos de recepção que já predefiniu a chamada esfera "celestial" como exclusivamente masculina e a esfera "terrestre" como exclusivamente feminina. Da perspectiva dessa estrita divisão de gênero entre o céu e a terra, Ometeotl (e Omecihuatl/Ometecuhtli), que vive em Omeyocan, ou o Lugar da Dualidade, pertence, portanto, à esfera celestial. Pertencendo à esfera celestial, Ometecuhtli nunca poderá compartilhar o destino de feminização de Tlaltecuhtli.

A diferença do *ometeotl* nahua, mapeada na relação entre o céu e a terra, é que as partes com gênero não existem independentemente umas das outras. As divindades são capazes de "mudar de gênero e identidade para acessar níveis relevantes do cosmos".[61] De fato, o Ometeotl celestial, *in tlalxicco ónoc,* se espalha a partir do umbigo da *terra.*[62] A Coatlicue foi "rebaixada" para a esfera terrestre e se tornou fixa como uma das "divindades terrenas", apesar de ser a mãe da lua (Coyolxauhqui), das estrelas (Centzonhuitznahuac) e do sol (Huitzilopochtli). Sua filha, Coyolxauhqui, não conseguiu se salvar da restrição terrestre, embora seja a divindade da lua. Enquanto isso, Omecihuatl, a Senhora da Dualidade, que indevidamente habita em Omeyocan no nível celestial, que na mentalidade colonial/moderna é reservado para as divindades masculinas, foi representada como tendo um papel tão trivial que muitos estudos e enciclopédias simplesmente a deixam de fora.

Agora deve estar mais claro como a tradução moderna de palavras e conceitos nahua para idiomas europeus perpetuou a ilusão de uma aplicabilidade universal da cosmologia ocidental local e negligenciou a desigualdade conceitual entre os dois mundos. Essa im-

60. Ibid.
61. Ibid.
62. Miguel León-Portilla, *Aztec Thought and Culture: A Study of the Ancient Nahuatl Mind,* trad. Jack Emory Davis (Norman: University of Oklahoma Press, 1963), p. 32.

posição simbólica, no entanto, não foi bem-sucedida. As limitações intelectuais da cosmologia ocidental com relação à compreensão do complexo sistema de articulações transgênero e até mesmo transespécie são exemplificadas no caso de Tlaltecuhtli. Embora seja principalmente uma divindade associada a características femininas e representada em muitas ocasiões como uma deusa, Tlaltecuhtli também é uma divindade masculina com um título masculino, *tecuhtli*, sem mencionar as representações zoomórficas e com a face de Tlaloc.[63] O fato de Tlaltecuhtli assumir múltiplas formas, concomitantemente com *tlacuilolli*, não é de fato nada estranho.

Se o decolonial é uma "opção" em desacordo com as "missões" que buscam converter a diferença em homogeneidade ou em sujeitos reconhecíveis e, portanto, controláveis, uma metodologia decolonial precisa entender os próprios modos de resistência que já ocorreram. Portanto, uma abordagem decolonial tem mais a ver com aprender a aprender com os modos indígenas de descolonização do que com a prescrição de teorias e métodos de resistência. Significa também aprender a desaprender os conceitos, as pressuposições, e a própria linguagem que empregamos para pensar e teorizar na modernidade/colonialidade heterossexualista.

Antes de continuar nossa exploração descolonial de *ometeotl*, examinarei brevemente um caso recente em que a colonialidade do conhecimento é explícita. O estudioso do nahua Miguel León-Portilla escreveu um livro chamado *La filosofía nahua* já em 1959, quando "o debate filosófico sobre a descolonização estava apenas em seu início".[64] Seu esforço para trazer o pensamento nahua para o esplendor da "filosofia" logo foi criticado, e "as principais críticas [estavam] preocupadas [com] seu uso 'imprudente'

---

63. Para uma discussão abrangente sobre as diferentes representações de TlalTecuhtli como homem, mulher, animal e Tlaloc (deus da chuva), consultar Eduardo Matos Moctezuma, "Tlaltecuhtli: Señor de la tierra", *Estudios de Cultura Náhuatl* 27 (1997), p. 15-40.

64. Walter Mignolo, "Philosophy and the Colonial Difference", in *Latin American Philosophy: Currents, Issues, Debates*, org. Eduardo Mendieta (Bloomington: Indiana University Press, 2003), p. 80-86, aqui p. 82.

do termo 'filosofia' para designar algo em que os astecas ou os povos de língua náuatle poderiam estar envolvidos".[65] Esse influente livro foi posteriormente traduzido para o inglês como *Aztec Thought and Culture: A Study of the Ancient Nahuatl Mind* (1963), para o francês como *La pensée aztèque* (1985), e para o alemão como *Das vorspanische Denken Mexikos: Die Nahuatl-Philosophie* (1970). Apenas a versão alemã manteve o termo "filosofia", insistindo na filosofia nahua como uma forma de "pensamento pré-hispânico". Mignolo usa o caso referente ao "nome próprio" de "filosofia" usado no contexto nahua para falar sobre "filosofia e a diferença colonial". Ele afirma,

> [León-Portilla] não perguntou se os nahuatl [*sic*] tinham filosofia. Ele supôs que sim, mas, ao fazer isso, teve que fazer um enorme esforço para colocar os nahuatls [*sic*] ao lado dos gregos e, em seguida, defender sua posição diante de críticos ferozes – ou seja, diante do "mal-estar" produzido pela diferença colonial.[66]

Cunhei a palavra "cosmofilosofia" para dar conta da *pensée aztèque*. Faço isso intencionalmente para embaralhar a pureza de terminologias como "mitologia", "cosmologia" e "filosofia", que supostamente não são a mesma coisa em um contexto ocidental moderno. Não se trata de um compromisso com o discurso colonial, que pressupõe que os nahuas não tinham filosofia ou nenhuma capacidade de produzir algo como filosofia, mas de uma tentativa de ver a diferença colonial como um local de resistência e descolonização. A observação perspicaz de José Rabasa nos ajuda aqui:

> [Não há] nenhuma indicação de que eles [os nahuas] se sentiram pressionados a provar que o náuatle era uma língua capaz de fazer história, literatura e filosofia, *como se essas distinções bem definidas fossem atuais no século XVI europeu.*[67]

65. Ibid., p. 80.
66. Ibid., p. 85.
67. Rabasa, "Thinking Europe in Indian Categories", p. 48.

A clara compartimentalização do conhecimento que separa os esforços de pensamento em disciplinas devidamente nomeadas não é questionada pelo próprio Mignolo quando ele fala de "filósofos espanhóis do século xvi". O esforço de descolonização para desvincular o pensamento da lógica categórica moderna não é uma tarefa fácil.[68]

## Relendo Coatlicue Mayor com/como *Ometeotl*

Omecihuatl e Ometecuhtli "dão à luz" quatro deuses. Eles são, do mais velho para o mais novo, Tezcatlipoca em vermelho, Yayauqui-Tezcatlipoca em preto, Quetzalcoatl em branco e Huitzilopochtli em azul.[69] Existem muitos outros mitos de criação no exuberante cosmo nahua, mas uma figura se destaca: Coatlicue (aquele com o *cuetli*, "saia" de *coatl*, "cobras"). Como sabemos pelos relatos etnográficos de Sahagún y Durán analisados acima, cujas histórias básicas são aceitas pela maioria dos estudos modernos, Coatlicue dá à luz Huitzilopochtli.[70] A batalha entre Huitzilopochtli e sua irmã Coyolxauhqui, entretanto, tem diferentes interpretações. Uma versão mostra que Coyolxauhqui está do lado de sua mãe Coatlicue, mas é enganada por seu irmão Huitzilopochtli; em outra versão, o Deus do Sol (Huitzilopochtli) vê a Deusa da Lua (Coyolxauhqui) como uma ameaça e a mata.[71] No entanto, a família Coatlicue representa o universo inteiro, sendo Coatlicue a terra, Huitzilopochtli o sol, Coyolxauhqui a lua e Centzonhuitznahuac as estrelas.[72] Coatlicue também é

---

68. Mignolo, "Philosophy and the Colonial Difference", p. 83.

69. León-Portilla, *La filosofia nahuatl*, p. 95.

70. Alfonso Caso, *El pueblo del sol* (México DF: Fondo de Cultura Económica, 1994), p. 23.

71. Ann Bingham, *South and MesoAmerican Mythology A to Z* (Nova York: Facts on File, 2004), p. 33.

72. Ibid., p. 26.

frequentemente mencionada como uma deusa-mãe primordial e tem o nome de Tonantzin, "Nossa Mãe Benevolente", que também é usado para se referir a Ometeotl-Omeci-huatl.[73]

Outro mito da criação retrata a batalha cósmica entre duas divindades frequentemente identificadas como masculinas, Quetzalcoatl e Tezcatlipoca, e a frequentemente (erroneamente) identificada como feminina Tlaltecuhtli, discutida no capítulo anterior. Ele conta que o cosmos ficou coberto de água após o quarto sol.[74] Tlaltecuhtli, que aparece nesse mito como um monstro, nada na água cósmica e come cadáveres humanos. Os dois deuses se transformam em duas cobras gigantes, mergulham no mar e cortam Tlaltecuhtli em dois. Com a parte superior, eles teriam criado os céus e as estrelas, e com a parte inferior, a terra.[75] A razão pela qual mencionamos Tlaltecuhtli, o Senhor da Terra, é que eles estão representados na parte inferior da estátua Coatlicue Mayor, escondidos dos espectadores não iniciados. Assim, os dois mitos da criação, aparentemente não relacionados, estão de fato sincronizados na estátua Coatlicue Mayor.[76]

## Manifestação de Ometeotl

Considerando que Huitzilopochtli nasce "duas vezes", tanto para Omecihuatl quanto para Coatlicue, e que tanto Coatlicue quanto Omecihuatl são chamados de Tonantzin, é razoável levantar a hipótese de que, se Omecihuatl e Coatlicue não são a mesma divindade, eles são pelo menos manifestações diferentes da mesma

---

73. León-Portilla, "Ometéotl".

74. Os nahuas designam eras cósmicas com o símbolo do "sol". De acordo com o calendário asteca, a era em que o Império asteca viveu é o "quinto sol" criado após a morte do quarto "sol" (Caso, El pueblo del sol).

75. Michael E. Smith, The Aztecs (Oxford: Blackwell, 1996); Caso, El pueblo del sol; Bingham, South and Meso-American Mythology A to Z.

76. Luis Roberto Vera, Coatlicue en Paz, la imagen sitiada: La diosa madre azteca como imago mundi y el concepto binario de analogía/ironía en el acto de ver: Un estudio de los textos de Octavio Paz sobre arte (Puebla: Benemérita Universidad Autónoma de Puebla, 2003); Fernández, Coatlicue; Iliana Godoy, "Coatlicue: Visión holográfica", Escritos: Revista del Centro de Ciencias del Lenguaje 33 (2006), p. 79-92; León-Portilla, La filosofia nahuatl.

divindade. Henry Nicholson afirma que a "grande legião de divindades foi organizada em torno de alguns temas fundamentais de culto [...]. [Eles] se sobrepunham muito e nenhuma linha clara pode ser traçada entre eles".[77] Omecihuatl deve ser entendido como o aspecto *feminino* que coexiste com a divindade dual Ometeotl, mas não é *derivado* dela, que não está fora dessas manifestações. O conceito nahua do divino, portanto, parece ser radicalmente diferente da doutrina cristã do monoteísmo, mas também do politeísmo. Hunt resume apropriadamente que os nahuas consideram a realidade, a natureza e a experiência como "nada além de múltiplas manifestações de *uma única unidade de ser*". Deus era *tanto* o único quanto os muitos. Assim, as divindades eram apenas suas múltiplas personificações, seus desdobramentos parciais em experiências perceptíveis".[78] Sylvia Marcos também explica essa presença divina generalizada na teologia nahua, diferente do "conceito de um mundo físico inerte governado por um *deus ex machina*", da seguinte forma:

> [Uma] interação permanente caracterizava as relações entre os nahuas e suas divindades. O domínio sagrado não era distante, era uma presença que impregnava cada elemento da natureza, cada atividade diária, cada ação cerimonial e cada ser físico: a flora e a fauna, o sol e a lua e as estrelas, as montanhas, a terra, a água e o fogo eram todas presenças divinas.[79]

Se aceitarmos isso, podemos afirmar que Omecihuatl é Ometeotl. Os nahuas se dirigem a Ometeotl como *tonantzin totohtzin* (nossa mãe benevolente, nosso pai benevolente). Ou seja, Coatlicue, o *tonantzin*, também é Ometeotl. Essas correlações ou desdobramentos em náuatle seriam expressos como *omecihuatl ometeotl* e *coatlicue ometeotl*. Além disso, Ometeotl (e *ometeotl*)

---

77. Nicholson, "Religion in Pre-Hispanic Mexico", p. 408.
78. Eva Hunt, *The Transformation of the Hummingbird: Cultural Roots of a Zainacantecan Mythical Poem* (Ithaca: Cornell University Press, 1977), p. 55.
79. Marcos, *Taken from the Lips*, p. 36.

se manifesta ou é manifestado no sistema de "escrita" pictórica nahua *tlacuilolli*.[80] Essa forma única de transmitir conhecimento desafia as ferramentas conceituais familiares, como a escrita e a pintura, com as quais nós, acadêmicos modernos, entendemos o mundo. Pertencente fortemente ao visual, o *tlacuilolli* não se limita à noção de arte, "como algo visual a ser apreciado e desfrutado, mas algo separado da comunicação".[81] Se seguirmos Elizabeth Boone, que argumenta que, no sistema de escrita pictórica nahua *tlacuilolli*, "as imagens *são* os textos", é possível ler não apenas os códices familiares semelhantes a livros, mas também as estátuas e as pedras do calendário como mais do que apenas representações artísticas, mas como "textos" ou meios que transmitem conhecimento.[82] O primeiro estudo sobre Coatlicue Mayor e a pedra do calendário na era moderna, realizado por Antonio León y Gama, de fato, já coloca Coatlicue Mayor no reino da escrita ao sugerir que "nos escritos desses índios [...] ainda existem algumas figuras cujos hieróglifos englobam em si muitos significados alegóricos a serem interpretados inteiramente".[83] Gordon Brotherston é um dos poucos que considera a pedra do calendário Piedra del Sol como *tlacuilolli*.[84] De fato, como mencionamos no capítulo anterior, *icuiloa,* a raiz verbal de *tlacuilolli*, conota uma ampla gama de atividades além de escre-

---

80. Richard Haly afirma que Ometeotl é uma invenção de etnógrafos como León-Portilla, que tem como objetivo fazer com que a cultura nahua se assemelhe à cristandade. Ele analisa como a chamada "tradição oral" dos indígenas nahuas só é conhecida por nós por meio de uma presença mediada dos livros de etnografia e história das religiões ("Bare Bones", p. 269). Ele afirma ainda que não existe nenhuma representação de Ometeotl (ibid., p. 278).

81. Boone, "Writing and Recording Knowledge", p. 3.

82. Ibid., p. 20.

83. Antonio de León y Gama, *Descripción histórica y cronológica de las dos piedras* (México DF: Imprenta de Don Felipe de Zúñiga y Ontiveros, 1792), p. 3.

84. Gordon Brotherston, "America and the Colonizer Question: Two Formative Statements from Early Mexico", in *Coloniality at Large: Latin America and the Postcolonial Debate,* orgs. Mabel Moraña, Enrique Dussel e Carlos A. Jáuregui (Durham: Duke University Press, 2008), p. 23-42.

ver e pintar.[85] De acordo com Marc Thouvenot, *icuiloa* também significa esculpir (em pedra ou madeira), e "a ação de esculpir – *icuiloa* – pedras não se limita a pequenos objetos, mas também é usada para se referir a grandes obras", como palácios chamados "*tlacuilolli* de pedras".[86]

Como estudiosos modernos, precisamos confiar em conceitos familiares, como escrita/texto e pintura/imagem, para dar sentido ao *tlacuilolli*. Essa forma única de conservar e transmitir conhecimento, no entanto, é muito diferente de uma mera combinação de "escrita/texto" e "pintura/imagem". É preciso ter em mente que falar sobre *tlacuilolli* como "escrita pictórica" ou "escrita/pintura" é uma forma de tradução e envolve um certo nível de colonialidade que esconde a "desigualdade conceitual" entre as duas cosmologias. Ao mesmo tempo, essa ênfase na desigualdade não significa que o *tlacuilolli* seja inescrutável.

O Coatlicue Mayor concebido em *tlacuilolli* é mais do que uma mera "representação" (textual e visual) de uma divindade cujo gênero é posteriormente fixado. De acordo com Roberto Vera, ela é "tanto a expressão sincrética do pensamento binário que é a base da metafísica asteca quanto as múltiplas manifestações de masculinidade e feminilidade".[87] Justino Fernández também chega à conclusão de que "a escultura Coatlicue se torna muito mais do que apenas a Deusa da Terra ou a Deusa da Saia da Serpente. De fato, ela simboliza a terra, mas também o sol, a lua, a primavera, a chuva, a luz, a vida, a morte [...] e o criador supremo: o princípio dual".[88] Ou seja, Ometeotl se manifesta e é manifestado em Coatlicue Mayor seguindo o princípio da dualidade.

---

85. Thouvenot, "Imágenes y escritura entre los Nahuas del inicio del XVI".
86. Ibid., p. 174: *La acción de esculpir – icuiloa – piedras no se limitaba a objectos pequeños, pues se emplea también para referirse a obras grandes, como las construcciones. Así a los palacios, tecpancalli, se designaba como tlacuilolli de piedras.*
87. Roberto Vera, *Coatlicue en Paz*, p. 12.
88. Fernández, *A Guide to Mexican Art*, p. 44.

De acordo com o *ometeotl* nahua, é altamente problemático pensar em qualquer "deusa da terra" ou "deus celestial" que exista independentemente, sem evocar quaisquer contrapartidas já existentes dentro "dele" ou "dela". Refiro-me especificamente à tradução feminina de Coatlicue em estudos que fixam a palavra nahua sem gênero como "Serpentes-Dela-Saia".[89] O sufixo possessivo sem gênero *-i* foi fixado como feminino nesta tradução. A identificação feminina de Coatlicue não está de forma alguma errada, já que *cueitl* (ou *cuetli*) é frequentemente usado para designar a feminilidade nos rituais *tlacuilolli* e nahua. O problema está na fixação do gênero na própria instância de equiparar *i-cue* a "saia dela" e, além disso, equiparar a estátua, um complexo sistema visual/textual/temporal irredutível a elementos textuais ou visuais ou à sua soma, com um conceito bastante singular e *direto* escrito em alfabetos: "Coatlicue – Serpentes-Dela-Saia".

## A múltipla dualidade/divindade

Agora, vamos ler a estátua como um símbolo não secular *tlacuilolli*.[90] A parte superior da estátua, assim como as outras partes, pode ser percebida de várias maneiras a partir de diferentes ângulos e perspectivas. O princípio dual, ou *ometeotl*, de acordo com Justino Fernández em sua monografia dedicada ao estudo de Coatlicue Mayor, está localizado na parte superior da estátua.[91] Esse é o Omeyocan, o "lugar da dualidade". De uma perspectiva holística, especialmente à distância, observa-se um rosto composto por dois olhos redondos, uma enorme boca dentada e uma língua serpentina dividida em duas metades que se estendem para fora da boca entreaberta. No entanto, se nos

---

89. Klein, "A New Interpretation of the Aztec Statue Called Coatlicue", p. 129.

90. Deliberadamente, não incluí nenhuma imagem neste livro. Isso convida os leitores a refletir sobre os limites do texto e sua temporalidade (linear), muito diferente do visual e do *tlacuilolli*, o meio além do texto e do visual que transmite conhecimento e cosmo-filosofia.

91. Fernández, *Coatlicue*, p. 265.

aproximarmos, surge outra imagem: duas cobras idênticas, vistas de perfil, uma de frente para a outra. A face frontal que vimos à primeira vista é composta de duas faces voltadas uma para a outra. Cada olho e cada metade da boca agora pertencem às duas cabeças de serpente diferentes que só podem ser vistas de perfil. Essa interpretação que vê duas em vez de uma cabeça torna-se mais convincente se formos até a parte de trás da escultura. Na parte de trás, podemos observar uma "face frontal" idêntica feita de duas faces opostas. Essa "face única" na parte de trás espelha a outra "face única" na frente.

A presença simultânea de dois aspectos generificados (Omecihuatl, Ometecuhtli) e um Ometeotl sem gênero está perfeitamente encarnada na parte superior da estátua. Argumentamos anteriormente que Ometeotl se manifesta nos dois aspectos separadamente e em conjunto. Cada serpente que forma a "cabeça" é distinta e, ao mesmo tempo, idêntica: distinta porque cada uma é uma serpente diferente ou uma manifestação de gênero de Ometeotl no mito, idêntica porque ambas são serpentes que se espelham e simulam uma à outra. O mais importante é que todas elas são (manifestações de) Ometeotl ou *ometeotl*. Também observamos que, no nível de Omeyocan (a parte superior de Coatlicue Mayor), os aspectos de gênero de Ometeotl não são discerníveis separadamente (se é que são discerníveis), porque nenhuma das duas cobras de frente pode ser considerada como o aspecto masculino ou feminino independentemente da outra, ou com gênero separado.

A sofisticada justaposição das duas cabeças de serpente vistas de perfil com as duas "faces únicas" formadas pelas duas serpentes dá ao princípio da dualidade uma quarta dimensão, coincidindo com o mito da criação dos quatro "filhos" de Omecihuatl e Ometecuhtli, os quatro pontos cardeais, o *nahui ollin* ("quatro movimentos") e as quatro eras cósmicas (anteriores mas coexistentes). As duas "faces únicas" estão em uma relação de espelhamento que pode ser reduzida a "um". Ou seja, as duas faces que podemos ver pela parte frontal e traseira da estátua estão se espelhando. Agora podemos começar a apreciar o movimento/*ollin* de Ometeotl. Ometeotl *inter*torna-se os dois aspectos Omecihuatl e Ometecuhtli, que então se desdobram em três/quatro e muitos que se dobram novamente, *simultaneamente* ao processo de desdobramento, em dois/um, não dando chance para polarizações permanentes.

Apesar de tudo isso, a diferenciação de como alguém pode perceber a escultura é certamente hipotética e temporal. O limite entre a perspectiva que vê a "face única" e a perspectiva que vê os "dois" perfis de frente é incerta. No entanto, sua presença mútua não sugere que sejamos capazes de ver *os dois* ao mesmo tempo.

O estudo clássico de Eric Gombrich *Art and Illusion* começa com o caso de um desenho que é tanto um coelho quanto um pato. Entretanto não importa a velocidade com que alternamos entre as duas alternativas, só podemos ver o coelho ou o pato de uma vez. Isso leva Gombrich a concluir que "não podemos experimentar leituras alternativas ao mesmo tempo".[92] Mais cedo, na mesma página em que discute o jogo de percepção pato-coelho, o historiador da arte acusa a arte egípcia de ter "adotado métodos infantis porque os artistas egípcios não conheciam nada melhor". Não é difícil imaginar Gombrich chamando os astecas de "primitivos", como ele faz com outros "índios" americanos.[93] Mas, de forma interessante e talvez não prevista por Gombrich, sua análise do pato-coelho encontra seu melhor exemplo no dualismo nahua. Ometeotl, que se

---

92. Eric H. Gombrich, *Art and Illusion: A Study in the Psychology of Pictorial Representation* (Londres: Phaidon Press, 1984), p. 5.

93. Ibid., p. 85-86.

manifesta em Coatlicue Mayor, vai além do confinamento da lógica do "ou... e" e sua suposta alternativa: "ambos... e", mas corporifica o que chamo em outro lugar de "transdualista ou... e".[94]

A face frontal, que é o conjunto de duas faces de serpente distintas porém idênticas, exemplifica essa complexidade. *Essa* que emerge de duas forças contraditórias porém complementares só é possível em uma cosmologia que não polariza o mundo em entidades separadas. Ainda existe a quarta dimensão, que é a face espelhada na parte de trás da estátua. É preciso mover-se no tempo e no espaço para que essa quarta dimensão surja e, ao mesmo tempo, se dobre de volta ao par dualista.

Se seguirmos a sugestão de Ann de León de que "a frente de Coatlicue representava o passado, e suas costas, o futuro", essa mudança física de olhar para o "passado" (frente), para o "futuro" (costas) e depois para o "passado" novamente endossa a temporalidade cíclica dos nahuas.[95] Esse movimento que invoca as quatro dimensões invoca a cosmogonia nahua registrada na pedra do calendário. Em Coatlicue Mayor, também vemos que cada "braço" é formado por uma serpente, idêntica às que formam a "cabeça" na parte superior. Sendo um corpo simétrico, se a estátua for dobrada noventa graus para dentro ao longo do eixo central, como se estivesse fechando um livro aberto, as duas serpentes que formam a "cabeça" se sobreporiam e se tornariam "uma". Os dois "braços" da cobra ficariam voltados um para o outro, formando exatamente as mesmas cabeças da parte superior. Iliana Godoy, adotando uma análise holográfica, sugere que Coatlicue Mayor coincide enigmaticamente com as teorias contemporâneas sobre o universo que se dobra e se desdobra simultaneamente, por meio do movimento que acabamos de imaginar ao dobrar ao longo do eixo central.[96]

---

94. Ver a parte I desse livro e também minha exploração de "ou... e": Zairong Xiang, "Transdualismo: em direção a uma corporificação material discursiva. São Paulo: n-1 edições, 2023.
95. De León, "Coatlicue or How to Write the Dismembered Body", p. 284.
96. Godoy, "Coatlicue", p. 85.

Ao girar noventa graus, gira-se um quarto de círculo. Juntamente com o ponto central, a estátua que se desdobra forma um quincunce. A Piedra del Sol, abrigada com a Coatlicue Mayor na Sala Mexica do Museo Nacional de Antropología, exemplifica a importância do quincunce na cosmologia nahua. A pedra do sol engloba quatro eras cósmicas anteriores ("sóis") e representa a Quinta Era como uma conglomeração desses quatro sóis. O Coatlicue Mayor, que se dobra e se desdobra ao longo do eixo central, está ligado à pedra do sol por meio da ideia do quincunce, que evoca o conceito de dualidade. A parte inferior da pedra do sol, com suas duas faces voltadas para a metade serpente e metade humana, também pode nos lembrar das cobras voltadas para a "cabeça" de Coatlicue Mayor.

O quinto "sol" que a Piedra del Sol registra "é a síntese e o centro' das quatro eras 'anteriores'. Cada um dos quatro primeiros sóis forma uma parte ou aspecto do sol contemporâneo".[97] Essa temporalidade é consideravelmente diferente do "tempo cíclico". A coexistência de eras "anteriores" no "sol" atual sugere a "presença contínua do passado no presente, não como seu precursor ou fonte, mas como uma parte que não pode ser erradicada e integral do presente".[98] O centro das quatro eras na pedra do sol, onde Tlatecuhtli, a divindade da terra, está presente, é também o local onde está Coatlicue Mayor.[99] Carlos Navarrete e Doris Heyden

97. Wayne Elzey, "The Nahua Myth of the Suns: History and Cosmology in Pre-Hispanic Mexican Religions", *Numen* 23, n. 2 (1976), p. 114-35, aqui p. 125

98. Mieke Bal, "Postmodern Theology as Cultural Analysis", in *A Mieke Bal Reader* (Chicago: University of Chicago Press, 2006), p. 391-414, aqui p. 392.

99. Convencionalmente, como mostra o nome da pedra do calendário, a divindade que aparece no centro foi identificada como Tonatiuh, (divindade do) sol, uma tese que desde então tem sido contestada. Klein, por exemplo, argumenta contra essa identificação, depois de mostrar as funções divinas e as representações artísticas relacionadas de Tonatiuh, que são incompatíveis com a que supostamente está presente no centro da pedra do sol. Assim como os outros quatro "sóis" representados ao seu redor, a quinta era cósmica ou "sol" também estaria "no umbigo da deusa feminina da terra [*sic*] Tlaltecuhtli". Ela argumenta que é mais apropriado identificar a divindade presente no centro como Tlaltecuhtli com suas "conotações de terra, morte, escuridão e conclusão cíclica" (Cecelia F. Klein, "The Identity of the Central Deity on the Aztec Calendar Stone", *The Art Bulletin* 58, n. 1 [1976], p. 1-12, aqui p. 2-3). Para obter uma visão geral do debate sobre a identificação da figura central

argumentam que a Piedra del Sol foi projetada voltada para cima e não para "nós", como está atualmente pendurada no museu, como uma pintura europeia.[100] A conexão entre o Coatlicue Mayor e a Piedra del Sol só é possível em um sentido não secular. O que precisamos lembrar é que essas "estátuas", às quais o vocabulário secular da pesquisa moderna se refere, não eram objetos de arte inertes para os nahuas contemplarem, e sua sincronicidade e multiplicidade não podem ser circunscritas (apenas) por uma visão "profana". O secularismo, afirma Nelson Maldonado-Torres, "como seu significado literal transmite, tornou-se [...] um chamado para deixar o passado para trás e se conformar com os novos padrões de significado e racionalidade". Ele também "inverte e depois moderniza adequadamente a dimensão imperial encontrada na dicotomia radical entre o sagrado e o profano".[101]

A presença divina e penetrante é exemplificada pela lógica interna entre as duas "pedras" aparentemente não relacionadas. A coerência abstrata entre a Coatlicue Mayor e a Piedra del Sol é mantida por meio da ideia do quincunce e do "tempo cíclico".[102] Se isso for aceito, Coatlicue Mayor não pode ser uma escultura inerte, uma representação artística ou um cordão "escrito/pintado" de uma figura mítica, mas algo que deve ser visto como uma presença divina vibrante que (des)fecha de maneira dinâmica uma ligação (secreta) que sincroniza todas as outras existências no cosmo nahua.[103]

da pedra do calendário, consulte David Stuart, "The Face of the Calendar Stone: A New Interpretation", *Maya Decipherment: Ideas on Ancient Maya Writing and and Iconography*, 13 jun. 2016, disponível online.

100. Carlos Navarrete and Doris Heyden, "La cara central de la Piedra del Sol: una hipotesis", *Estudios de Cultura Náhuatl* 11 (1974), p. 355-76, aqui p. 373-74.

101. Nelson Maldonado-Torres, "Secularism and Religion in the Modern/Colonial World--System: From Secular Postcoloniality to Postsecular Transmomdernity", in *Coloniality at Large: Latin America and the Postcolonial Debate* (Durham: Duke University Press, 2008), p. 360-87, aqui p. 362-69.

102. Pode-se também imaginar que Coatlicue Mayor está simbolicamente sobre a Pedra do Calendário Asteca, cuja divindade central, Tlaltecuhtli, é também o centro de Coatlicue Mayor escondido embaixo, voltado para a terra.

103. Também é possível encontrar nessa projeção uma semelhança com a ideia de foto-

No contexto da iconoclastia espanhola durante o período pós-*Conquista*, é precisamente a fotograficidade irreprimível da língua nahua que tanto assombrava a autoridade espanhola quanto possibilitava estratégias anticoloniais indígenas por meio da invocação de fantasmas.[104]

Em a *Vuelta a "El laberinto de la soledad"*, publicada no 25º aniversário da primeira publicação de *El laberinto de la soledad*, em 1950,[105] Octavio Paz revela os motivos por trás de seu influente ensaio: "Uma das ideias centrais do livro é que existe um México enterrado, mas vivo. É melhor dizer: dentro dos mexicanos, homens e mulheres, há um universo de imagens, desejos e impulsos ocultos".[106]

A *vuelta* ou retorno, o retorno dos "mortos", dos reprimidos ou dos enterrados, assombrou os espanhóis durante a *Conquista*. Os assim chamados "mortos" são os *enterrados pero vivos*, enterrados mas vivos, assim como o destino de Coatlicue Mayor. No entanto, o passado, invocado por meio da adoração oculta do inefável mundo indígena, está vivo até hoje. Voltando ao relato da testemunha de Bullock no início do capítulo, lemos seu lamento: "apesar da extrema diligência do clero espanhol por trezentos anos, ainda permanece alguma mancha de superstição pagã entre os descendentes dos habitantes originais".[107] Essa prática pagã contínua que Bullock condena paradoxalmente permite que

---

grafismo, um conceito sincrônico de leitura de estrelas, história, linguagem e tradução desenvolvido por Eduardo Cadava por meio de Walter Benjamin: "Benjamin não apenas associa as estrelas a uma linguagem fotográfica que se concentra nas relações entre luz e escuridão, passado e presente, vida e terra, leitura e escrita, e conhecimento e representação – motivos que pertencem à história dos fenômenos fotográficos –, mas também os vincula à possibilidade de mimese em geral". (Eduardo Cadava, *Words of Light: Theses on the Photography of History* [Princeton: Princeton University Press, 1997], p. 26).

104. Ver Rabasa, *Tell Me the Story of How I Conquered You*.

105. Cito a Colección Heteroclásica que publicou Octavio Paz, *El laberinto de la soledad, Postdata/Vuelta a "El laberinto de la soledad* (Madrid: Fondo de Cultura Económica, 2007). "Vuelta a 'El laberinto de la soledad' ", uma entrevista com Claude Fell, foi primeiramente publicada em *Plural* 50 (nov. 1975).

106. Octavio Paz, *El laberinto de la soledad*, p. 289: *una de las ideas ejes del libro es que hay un México enterrado pero vivo. Mejor dicho: hay en los mexicanos, hombres y mujeres, un universo de imágenes, deseos e impulsos sepultados*.

107. William Bullock, *Six Months' Residence and Travels in Mexico*, p. 341-42.

os nativos pagãos olhem para trás. Essa persistência prova precisamente que os povos indígenas "se recusam a reconhecer a conquista espanhola como a libertação da magia, da superstição e de Satanás".[108] Paz romantiza a *Conquista* e sugere que a chegada dos espanhóis parece ser uma libertação para o povo subjugado pelos astecas.[109] Mesmo que ele estivesse parcialmente certo, a chamada "libertação" era apenas uma ilusão temporária. Os *conquistadores* que impuseram as ideologias europeias não buscaram libertar os *pueblos* subalternos, mas subjugar a todos eles, tanto os astecas quanto seus rivais. Os povos indígenas sobreviventes não aceitaram essa imposição. "Ainda hoje, quando os povos indígenas no México exigem o reconhecimento de suas instituições jurídicas, o reconhecimento que buscam não é de como eles se aproximam dos sistemas jurídicos europeus".[110]

Em sua leitura minuciosa e perspicaz da relação entre *tlacuilolli* e a introdução do sistema de escrita alfabética no "Novo Mundo", José Rabasa complica a questão da "tirania do alfabeto".[111] Ele sugere, em vez disso, que a adoção da escrita alfabética com sua função mimética "não substitui a versão pictórica, mas reproduz a fala", pelo menos nos primeiros anos pós-*Conquista*.[112] O aspecto mais importante dessa função mimética do alfabeto é que ela é compatível com o *tlacuilolli* (foto)gráfico, como Cadava teorizou com a ajuda de Benjamin.[113] A escrita alfabética e o *tlacuilolli*, juntos, servem aos nativos como uma estratégia anticolonial que "inscreve os mortos para sua invocação como fantasmas, como vinganças que a leitura e o desempenho [de textos alfabéticos e

---

108. Rabasa, "Thinking Europe in Indian Categories", p. 68.
109. Paz, *El laberinto de la soledad*, p. 102: *la llegada de los españoles parece una liberación a los pueblos sometidos por los aztecas*.
110. Rabasa, "Thinking Europe in Indian Categories", p. 71.
111. Ibid., p. 65.
112. Ibid., p. 54.
113. Cadava, *Words of Light*.

pictóricos] provocam".[114] As autoridades religiosas e leigas espanholas "nunca puderam antecipar o entendimento dos índios sobre a escrita e a leitura para invocar os mortos".[115] Quando alguém começa a ler a estátua que volta para casa dos cemitérios da condenação eurocêntrica e da secularização da erudição moderna, deixa-se encantar pela coerência vibrante e sinfônica "dela", que dissolve temporariamente a vida e a morte, a masculinidade e a feminilidade, o futuro e o passado, mas ao mesmo tempo os mantém separados.

Se nossa análise estiver na direção certa, podemos dar uma última olhada em Coatlicue Mayor. Entretanto, esse é um "olhar" perpetuamente negado. Tlaltecuhtli, a divindade da terra, a mesma que habita o centro do quinto "sol" representado pela pedra do sol, é encontrada surpreendentemente na parte inferior da Coatlicue Mayor, um espaço misterioso que não concede acesso direto, pelo menos para os espectadores não iniciados, se é que são humanos. Se a estátua fosse apenas uma representação artística, por que o(s) artista(s) nahua se daria(m) ao trabalho de "representar" Tlaltecuhtli meticulosamente em um local que, na verdade, ninguém, exceto o(s) escultor(es), jamais veria?

Coatlicue Mayor está no centro do quincunce do universo, o umbigo da terra, onde Ometeotl *in tlalxicco ónoc* ("estende-se sobre o umbigo da terra"). Esse também é o lugar onde Tlaltecuhtli está. Abaixo de Coatlicue Mayor, "no peito [de Tlaltecuhtli], o quincunce está situado no centro dos centros, no cruzamento dos caminhos celestiais, os do submundo e os quatro polos do universo".[116] A "estátua" possibilita a ideia de uma terceira dimensão emergente a partir da justaposição dos duplos comple-

---

114. Rabasa, "Thinking Europe in Indian Categories", p. 54.

115. Ibid.

116. Matos Moctezuma, "Tlaltecuhtli", p. 23-24: *en el pecho el quincunce [...] se sitúa en el centro de centros, en el cruce de caminos celestes y del inframundo y de los cuatro rumbos del universo.*

mentares. Ela se multiplica simultaneamente para a quarta e a quinta possibilidades *ad infinitum* e está se (des)dobrando na unidade com Ometeotl e como *ometeotl*, situando-se no centro do universo, que também é onde Tlaltecuhtli habita.

Portanto, vamos parar aqui, onde toda uma dimensão de Coatlicue Mayor está literalmente escondida de nós. Essa fonte e origem inacessíveis guardam alguns segredos da cosmofilosofia nahua. *Tlacuilolli*, muito além de simplesmente "arte e escrita" ou "escrita pictórica" (embora transmita ambos os significados traduzíveis), é uma forma radicalmente diferente de conhecimento que mantém um espaço para a irredutível desigualdade conceitual[117] que resiste à imposição colonial e à universalização de sua cosmologia (incluindo seu dualismo hierárquico problemático). O desejo do acadêmico moderno de examinar tudo é negado, mesmo que simplesmente pela inacessibilidade material que o Museo Nacional de Antropología decide preservar. Em vez de expor a parte inferior da Coatlicue Mayor, o museu encontrou uma maneira especial de re(a)presentar Tlaltecuhtli sem apresentá-los: uma réplica. Embora fosse tecnicamente possível mostrar a parte inferior da estátua por meio de uma caixa de espelho, como o museu faz com outras estátuas, como a de Ehecatl, eles optaram por não fazer isso. Essa réplica é e não é Tlaltecuhtli. Da mesma forma que nos baseamos na "escrita pictórica" ou na "escrita/pintura" para entender o *tlacuilolli*, a réplica de Tlaltecuhtli ao lado de Coatlicue Mayor é uma forma de tradução. Ela desafia um relativismo cultural ingênuo que nega a possibilidade de tradução e, portanto, corre o risco de perpetuar um estereótipo colonialista

117. Em *Introduction to Classical Nahuatl*, Richard Andrews critica sucintamente a falácia da equivalência conceitual: "A incapacidade de reconhecer a diferença entre esses dois públicos (o do texto original e o da tradução) baseia-se em uma fé ingênua na 'equivalência' que sustenta que o significado e o pensamento são universais (ou quase) – o que é verdade se alguém entender por 'significado' e 'pensamento' os conceitos de alta generalidade, as abstrações de denominador comum compartilhadas por todos os Homo sapiens que usam a língua" (Richard Andrews, *Introduction to Classical Nahuatl* [Norman: University of Oklahoma Press, 2003], p. 18).

do outro inescrutável. Mas também marca o limite do que é traduzível e, portanto, do que o conhecimento colonial/moderno é capaz de compreender, destruir e se apropriar.

Tlaltecuhtli, que agora está no centro/origem do universo nahua, sob o *ometeotl* Coatlicue Mayor na forma de *tlacuilolli*, não pode ser incomodado com a validação do conhecimento colonial/moderno. Ele se abre continuamente para dimensões que permanecem fechadas para nós.

# Agradecimentos

Este livro nasceu da minha tese de doutorado e não teria sido possível sem o apoio, a ajuda e o amor de muitas pessoas. Em primeiro lugar, gostaria de agradecer às minhas supervisoras de doutorado, Pascale Amiot e Ingrid Hotz-Davies, por sua orientação intelectual e apoio incondicional nesse projeto não convencional. Minha maior gratidão vai para Ingrid, que continua a ser minha leitora atenta e crítica, além do programa de doutorado. Este livro foi escrito em trânsito graças à experiência totalmente não ortodoxa com o Doutorado Conjunto Erasmus Mundus (EMJD) *Cultural Studies in Literary Interzones*, que financiou minhas estadias de pesquisa em Bergamo, Perpignan, Cidade do México e Tübingen. Gostaria de expressar meus agradecimentos especiais a Didier Girard por me incentivar a ir além e explorar paisagens culturais mais amplas. Como sempre, compartilho todas as minhas conquistas triviais com Sun Jianqiu, que me incentivou e recomendou o programa EMJD. Sou grato a Liu Yiqing e Gao Feng-feng, que me permitiram participar de seus seminários de mestrado em literatura bíblica quando eu era estudante de bacharelado em Pequim.

Amigos e colegas leram e comentaram o manuscrito em diferentes ocasiões e formatos. Essas mentes críticas refinaram muito meus pensamentos e aguçaram minha mente: Delfina Cabrera, Karen Cordero, Rebecca Hahn, Milisava Petkovic, Christian Abes, Ann Heilmann e meus colegas da ICI Berlim de 2014 a 2016. Apesar das falhas e deficiências do livro, Caio Yurgel, Rosa Barotsi, Claire Nioche, James Burton, James Miller e Catherine

Keller me incentivaram incansavelmente a confiar em sua singularidade e deram a esse projeto uma atenção imerecida e uma contribuição indispensável.

O trabalho intelectual nunca é apenas uma questão de pensar. O cuidado emocional e a hospitalidade dos amigos me proporcionaram uma tranquilidade exuberante, e sua lealdade e confiança mantiveram minha sanidade: Gabriel Toro, He Ying, Zhang Xiao, Gero Bauer, Zheng Jingwei, Totzalan Lezama, Jordan Rodriguez, Walid El-Houri. Agradeço ao meu programa de mestrado e aos amigos do GEMMA-Woman's and Gender Studies por terem feito de mim um feminista. 謝謝爸爸媽媽愛護和支持我，從不給我施加任何壓力並任由我選擇自己不同的生活方式，做自己喜歡的事情。謝謝貴陽和蒙自的家人對我一如既往的關愛。 Debo muchas gracias a mi familia española, Toro, por darme un verdadero hogar en Europa. É impossível citar a multidão de mãos generosas ao longo do caminho. Compartilho este trabalho com eles, com todas essas graças nomeadas e não nomeadas.

Além disso, gostaria de acrescentar que esta tradução brasileira não teria sido possível sem a mediação generosa de Christine Greiner, a maravilhosa tradução de Paulo Faro e a confiança de Ricardo Muniz Fernandes, editor da n-1 edições. Vincent W.J. van Gerven Oei, das Edições Punctum, onde este livro foi publicado originalmente, também permitiu generosamente esta publicação no Brasil sem qualquer cobrança.

Estou endividado amorosamente com essas pessoas que trouxeram este livro para os leitores lusófonos. Meus profundos agradecimentos!

Shanghai
Março 2024

# Bibliografia

ALTER, Robert. *Genesis: Translation and Commentary*. Londres: W.W. Norton & Company Inc., 1996.

ALTHAUS-REID, Marcella. *Indecent Theology: Theological Perversions in Sex, Gender and Politics*. Londres: Routledge, 2000.

ANDERSON, Perry. *The Origins of Postmodernity*. Nova York: Verso, 1998.

ANDREWS, Richard. *Introduction to Classical Nahuatl*. Norman: University of Oklahoma Press, 2003.

AUERBACH, Eric. *Mimesis: The Representation of Reality in Western Literature*. Princeton: Princeton University Press, 2003.

BACHELARD, Gaston. *Le nouvel esprit scientifique*. Paris: PUF, 1995.

BAHRANI, Zainab. *Women of Babylon: Gender and Representation in Mesopotamia*. Londres: Routledge, 2001.

BAL, Mieke. "Postmodern Theology as Cultural Analysis". In *A Mieke Bal Reader*. Chicago: University of Chicago Press, 2006, p. 391-414.

BANDSTRA, Barry L. *Reading the Old Testament: An Introduction to the Hebrew Bible*. Belmont: Wadsworth Publishing Company, 1995.

BAQUEDANO, Elizabeth; GRAULICH, Michel. "Decapitation among the Aztecs: Mythology, Agriculture and Politics and Hunting". *Estudios de Cultura Náhuatl* 23 (1993), p. 163-77.

BARTON, George A. "Tiamat". *Journal of American Oriental Society* 15 (1893), p. 1-27.

BAUMAN, Whitney. *Theology, Creation, and Environmental Ethics: From Creatio Ex Nihilo to Terra Nullius*. Londres: Routledge, 2009.

BENJAMIN, Walter. "Theses on the Philosophy of History". In: ARENDT, Hannah, org. *Illuminations: Essays and Reflections*. Trad. Harry Zohn. Nova York: Schocken Books, 1969, p. 253-64.

BERSANI, Leo. "Is the Rectum a Grave?" In *Is the Rectum a Grave? And Other Essays*. Chicago: University of Chicago Press, 2010, p. 3-30.

BHABHA, Homi K. *O Local da Cultura*. Belo Horizonte: Editora da UFMG, 2018.

BIERHORST, John. *Cantares Mexicanos: Songs of the Aztecs*. Stanford: Stanford University Press, 1985.

BINGHAM, Ann. *South and Meso-American Mythology A to Z*. Nova York: Facts on File, 2004.

BLACK, Jeremy; GREEN, Anthony. *Gods, Demons and Symbols of Ancient Mesopotamia: An Illustrated Dictionary*. Londres: British Museum Press, 1992.

BOONE, Elizabeth Hill. "Aztec Pictorial Histories: Records without Words". In: BOONE, Elizabeth Hill e MIGNOLO, Walter, orgs. *Writing without Words: Alternative Literacies in Mesoamerica and the Andes*. Durham: Duke University Press, 1994, p. 50-76.

_____. "The 'Coatlicues' at the Templo Mayor". *Ancient Mesoamerica* 10, n. 2 (1999), p. 189-206.

_____. "Writing and Recording Knowledge". In: BOONE, Elizabeth Hill e MIGNOLO, Walter, orgs. *Writing without Words: Alternative Literacies in Mesoamerica and the Andes*. Durham: Duke University Press, 1994, p. 3-26.

BRAIDOTTI, Rosi. *Nomadic Subjects: Embodiment and Sexual Difference in Contemporary Feminist Theory*. Nova York: Columbia University Press, 1994.

BREDBECK, Gregory W. *Sodomy and Interpretation*. Ithaca: Cornell University Press, 1991.

BROTHERSTON, Gordon. "America and the Colonizer Question: Two Formative Statements from Early Mexico". In: MORAÑA, Mabel, DUSSEL, Enrique e JÁUREGUI, Carlos A., orgs. *Coloniality at Large: Latin America and the Postcolonial Debate*. Durham: Duke University Press, 2008, p. 23-42.

_____. "Towards a Grammatology of America: Lévi-Strauss, Derrida and the Native New World Text". In: BARKER, Francis, HULME, Peter, IVERSEN, Margaret e LOXLEY, Diana, orgs. *Literature, Politics and Theory: Papers from the Essex Conference, 1976-1984*. Londres: Methuen & Co. Ltd, 1986, p. 190-209.

BUDGE, E. A. Wallis. *The Babylonian Legends of the Creation and the Fight between Bel and the Dragon (As Told by Assyrian Tablets from Nineveh)*. Londres: The British Museum, 1921.

BULLOCK, William. *Six Months' Residence and Travels in Mexico*. Londres: John Murray, 1824.

BURKHART, Louise M. "Pious Performences: Christian Pageantry and Native Identity in Early Colonial Mexico". In: BOONE, Elizabeth Hill e CUMMINS, Tom, orgs. *Native Tradition in the Postconquest World*. Washington, DC: Dumbarton Oaks, 1998, p. 361-81.

BUTLER, Judith. "Against Proper Objects. Introduction". *differences: A Journal of Feminist Cultural Studies* 6, n. 2-3 (1994), p. 1-26.

_____. *Corpos que importam: os limites discursivos do "sexo"*. São Paulo: n-1 edições, 2019.

_____. *Problemas de gênero: feminismo e subversão da identidade*. Rio de Janeiro: Civilização Brasileira, 2018.

CADAVA, Eduardo. *Words of Light: Theses on the Photography of History*. Princeton: Princeton University Press, 1997.

CAMPOS, Haroldo de. *Galáxias* [1963-1976]. São Paulo: Editora 34, 2004.

_____. *Galáxias*. Trad. Odile Cisneros e Suzanne Jill Levine. Disponível online.

CASO, Alfonso. *El pueblo del sol*. México DF: Fondo de Cultura Económica, 1994.

_____. *The Aztecs: People of the Sun*. Trad. Lowell Dunham. Norman: University of Oklahoma Press, 1958.

CASTRO-KLÁREN, Sara. "Posting Letters: Writing in the Andes and the Paradoxes of the Postcolonial Debate". In: MORAÑA, Mabel, DUSSEL, Enrique e JÁUREGUI, Carlos A., orgs. *Coloniality at Large: Latin America and the Postcolonial Debate*. Durham: Duke University Press, 2008, p. 130-57.

CHERNOW, Barbara A.; VALLASI, George A., orgs. *The Columbia Encyclopedia*. 5. ed. Nova York: Columbia University Press, 1993.

CHOW, Rey. *The Protestant Ethnic and the Spirit of Capitalism*. Nova York: Columbia University Press, 2002.

_____. *Writing Diaspora: Tactics of Intervention in Contemporary Cultural Studies*. Bloomington: Indiana University Press, 1993.

CIXOUS, Hélène. "Castration or Decapitation?" Trad. Annette Kuhn. *Signs: Journal of Women in Culture and Society* 7, n. 1 (1981), p. 41-55. Disponível online.

_____. "Le sexe ou la tête". *Les Cahiers du GRIF* 13 (1976), p. 5-15.

CIXOUS, Hélène; CLÉMENT, Catherine. *La jeune née*. Paris: Union Générale d'Éditions, 1975.

COHEN, Jeffrey J. "Monster Culture (Seven Theses)". In: COHEN, Jeffrey J., org. *Monster Theory: Reading Culture*. Minneapolis: University of Minnesota Press, 1996, p. 3-25.

_____, org. *Monster Theory: Reading Culture*. Minneapolis: University of Minnesota Press, 1996.

COLLINS, Patricia H. *Pensamento feminista negro: conhecimento, consciência, e a política do empoderamento*. São Paulo: Boitempo, 2019.

"COMPARE the Two Speeches". *The Sojourner Truth Project*. Disponível online.

CORCORAN, Cecilia M. "Finding the Goddess in the Central Highlands of Me-xico". *Feminist Theology* 8, n. 24 (2000), p. 61-81.

CORONIL, Fernando. "Beyond Occidentalism towards Post-Imperial Geohistori-cal Categorie". *Transformations: Comparative Studies of Social Transformations,* Working Paper 72 (maio 1992), p. 1-29.

_____. "Elephants in the Americas? Latin American Postcolonial Studies and Global Decolonization". In: MORAÑA, Mabel, DUSSEL, Enrique e JÁUREGUI, Carlos A., orgs. *Coloniality at Large: Latin America and the Postcolonial Debate.* Durham: Duke University Press, 2008, p. 396-416.

CRAIS, Clifton; SCULLY, Pamela. *Sara Baartman and the Hottentot Venus: A Ghost Story and a Biography.* Princeton: Princeton University Press, 2009.

CRENSHAW, Kimberle. "Demarginalizing the Intersection of Race and Sex: A Black Feminist Critique of Antidiscrimination Doctrine, Feminist Theory and Antiracist Politics". *University of Chicago Legal Forum* (1989), art. 8. Disponível online.

_____. "Mapping the Margins: Intersectionality, Identity Politics, and Violence against Women of Color". *Stanford Law Review* 43, n. 6 (1991), p. 1241-99.

CUPITT, Don. *Creation Out of Nothing.* Londres: SCM Press, 1990.

CUSICANQUI, Silvia Rivera. *Ch'ixinakax utxiwa: uma reflexão sobre práticas e dis-cursos descolonizadores.* São Paulo: n-1 edições, 2021.

DALLEY, Stephanie. *Myths from Mesopotamia: Creation, The Flood, Gilgamesh, and Others.* Oxford: Oxford University Press, 2008.

DAY, John. *God's Conflict with the Dragon and the Sea.* Cambridge: University of Cambridge Oriental Publications, 1985.

DE FRANCIS, John. *The Chinese Language: Fact and Fantasy.* Honolulu: University of Hawai'i Press, 1984.

DELANY, Samuel R. *The Motion of Light in Water: Sex and Science Fiction Writing in the East Village.* Minneapolis: University of Minneapolis Press, 2004.

DERRIDA, Jacques. *Of Grammatology.* Trad. Gayatri Chakravorty Spivak. Balti-more: Johns Hopkins University Press, 1997.

DUCILLE, Ann. "On Canons: Anxious History and the Rise of Black Feminist Li-terary Studies". In: ROONEY, Ellen, org. *The Cambridge Companion to Feminist Literary Theory.* Cambridge: Cambridge University Press, 2006, p. 29-52.

DURÁN, Diego. *Historia de las Indias de Nueva España y Islas de Tierra Firme*, tomo I. 1867; rpt. Alicante: Biblioteca Virtual Miguel de Cervantes, 2005. Disponível online.

DUSSEL, Enrique. *Politics of Liberation: A Critical World History*. Trad. Thia Cooper. Londres: SCM Press, 2011.

ELZEY, Wayne. "The Nahua Myth of the Suns: History and Cosmology in Pre--Hispanic Mexican Religions". *Numen* 23, n. 2 (1976), p. 114-35.

ENG, David L. *The Feeling of Kinship: Queer Liberalism and the Racialization of Intimacy*. Durham: Duke University Press, 2010.

ÉTIEMBLE, René. *L'Europe chinoise I: De l'empire romain à Leibniz*. Paris: Gallimard, 1988.

EVANS, Paul S. "Creation, Progress and Calling: Genesis 1-11 as Social Commentary". *McMaster Journal of Theology and Ministry* 13 (2011), p. 67-100.

FAUSTO-STERLING, Anne. "The Five Sexes: Why Male and Female Are Not Enough". *The Sciences* (mar./abr. 1993), p. 20-25.

FENOLLOSA, Ernest. "Os caracteres da Escrita Chinesa como Instrumento para Poesia". In: CAMPOS, Haroldo de, org. *Ideograma: lógica, poesia, linguagem*. São Paulo: Editora da Universidade de São Paulo, 2000.

FERNÁNDEZ, Justino. *A Guide to Mexican Art: From Its Beginnings to the Present*. Trad. Joshua C. Taylor. Chicago: University of Chicago Press, 1969.

_____. *Coatlicue: Estética del arte indígena antiguo*. México DF: Instituto de Investigaciones Estéticas, Universidad Nacional Autónoma de México, 1959.

FEWELL, Danna Nolan; GUNN, David M. *Gender, Power & Promise: The Subject of the Bible's First Story*. Nashville: Abingdon, 1993.

FOUCAULT, Michel. "Le vrai sexe". In *Dits et écrits IV, 1980-1988*, texto n. 287. Paris: Gallimard, 1994.

FREEMAN, Elizabeth. *Time Binds: Queer Temporality, Queer Histories*. Durham: Duke University Press, 2010.

FRYMER-KENSKY, Tikva. *In the Wake of the Goddesses: Women, Culture and the Biblical Transformation of Pagan Myth*. Nova York: The Free Press, 1992.

GABILONDO, Joseba. "Introduction to 'The Hispanic Atlantic.'" *Arizona Journal of Hispanic Cultural Studies* 5 (2001), p. 91-113.

GALLOP, Jane. *The Daughter's Seduction: Feminism and Psychoanalysis*. Ithaca: Cornell University Press, 1982.

GELB, Ignace J. *A Study of Writing*. Chicago: University of Chicago Press, 1974.

GELB, Ignace J. et al., orgs. *The Assyrian Dictionary of the Oriental Institute of the University of Chicago, Volume 2: B.* Chicago: The Oriental Institute and J.J. Augustin Verlagsbuchhandlung, 1965.

GHOSE, Indira. *Women Travellers in Colonial India: The Power of the Female Gaze.* Delhi: Oxford University Press, 1998. "Goddess Tiamat". *Journeying to the Goddess.* 20 jul. 2012. Disponível online.

GODOY, Iliana. "Coatlicue: Visión holográfica". *Escritos: Revista del Centro de Ciencias del Lenguaje* 33 (2006), p. 79-92.

GOMBRICH, Eric H. *Art and Illusion: A Study in the Psychology of Pictorial Representation.* Londres: Phaidon Press, 1984.

GÓMEZ-BARRIS, Macarena. *The Extractive Zone: Social Ecologies and Decolonial Perspectives.* Durham: Duke University Press, 2017.

GRAULICH, Michel. "Aztec Human Sacrifice as Expiation". *History of Religions* 39, n. 4 (2000), p. 352-71. Disponível online.

GREENBERG, Julie. "Definitional Dilemmas: Male or Female? Black or White? The Law's Failure to Recognize Intersexuals and Multiracials". In: LESTER, Toni, org. *Gender Nonconformity, Race, and Sexuality: Charting the Connections.* Madison: University of Wisconsin Press, 2002, p. 102-24.

GRIFFIN, Susan. *Woman and Nature: The Roaring inside Her.* Nova York: Harper & Row, 1978.

GRUZINSKI, Serge. *La colonisation de l'imaginaire: Sociétés indigènes et occidentalisation dans le Mexique espagnol XVIe-XVIIIe siècle.* Paris: Éditions Gallimard, 1988.

HALBERSTAM, Judith. *Skin Shows: Gothic Horror and the Technology of Monsters.* Durham: Duke University Press, 1995.

HALY, Richard. "Bare Bones: Rethinking Mesoamerican Divinity". *History of Religions* 31, n. 3 (1992), p. 269-304. Disponível online.

HARITAWORN, Jin. *Queer Lovers and Hateful Others: Regenerating Violent Times and Places.* Londres: Pluto Press, 2015.

HARRIS, Rivkah. "The Conflict of Generations in Ancient Mesopotamian Myths". *Comparative Studies in Society and History* 34, n. 4 (1992), p. 621-35. Disponível online.

HEIDEL, Alexander. "The Meaning of *Mummu* in Akkadian Literature". *Journal of Near Eastern Studies* 7, n. 2 (1948), p. 98-105.

HERTZ, J.H., org. *The Pentateuch and Haftorahs: Hebrew Text with English Translation and Commentary.* Londres: Soncino Press, 1988.

HORNSBY, Teresa J.; STONE, Ken. *Bible Trouble: Queer Reading at the Boundaries of Biblical Scholarship*. Atlanta: Society of Biblical Literature, 2011.

HUDDART, David. *Homi K. Bhabha*. Londres: Routledge, 2006.

HUMBOLDT, Alexander von. *Vues de Cordillères et monuments des peuples indigènes de l'Amérique*. Paris: Librairie Grecque-Latine-Allemande, 1816.

HUNT, Eva. *The Transformation of the Hummingbird: Cultural Roots of a Zainacantecan Mythical Poem*. Ithaca: Cornell University Press, 1977.

HUROWITZ, Victor Avigdor. "Alliterative Allusions, Rebus Writing, and Paronomastic Punishment: Some Aspects of Word Play in Akkadian Literature". In: NOEGEL, Scott B., org. *Puns and Pundits: Word Play in the Hebrew Bible and Ancient Near Eastern Literature*. Bethesda: CDL Press, 2000, p. 63-113.

INSTITUTONacional de Antropología e Historia. "Se cumplen 10 años del descubirmiento del monolito de la diosa Tlaltecuhtli". 1º out. 2016. Disponível online.

IRIGARAY, Luce. "Ce sexe qui n'en est pas un". *Les Cahiers du GRIF* 5, n. 1 (1974), p. 54-58.

_____. *Speculum de l'autre femme*. Paris: Éditions de Minuit, 1974.

JACOBSEN, Thorkild. "Sumerian Mythology: A Review Article". *Journal of Near Eastern Studies* 5, n. 2 (1946), p. 128-52.

_____. *The Treasures of Darkness*. New Haven: Yale University Press, 1976.

JANKU, Andrea. " 'Gutenberg in Shanghai. Chinese Print Capitalism, 1876-1937' by Christopher A. Reed [Book Review]". *The China Quarterly* 182 (2005), p. 443-45. "Johannes Gutenberg". *Encyclopedia Brittanica*. Disponível online.

JONGHE, M. Édouard de, org. "Histoyre du Mechique, manuscrit français inédit du XVIe siècle". *Journal de la Société des Américanistes, nouvelle série* 2 (1905), p. 1-41.

KELLER, Catherine. *Face of the Deep: A Theology of Becoming*. Londres: Routledge, 2003.

KELLER, Catherine; SCHNEIDER, Laurel C., orgs. *Polydoxy: Theology of Multiplicity and Relation*. Nova York: Routledge, 2011.

KHEEL, Marti. "From Heroic to Holistic Ethics: The Ecofeminist Challenge". In: GAARD, Greta, org. *Ecofeminism: Women, Animals, Nature*. Filadélfia: Temple University Press, 1993, p. 243-71.

KIMMEL, Michael. "Toward a Pedagogy of the Oppressor". *Tikkun* 17, n. 6 (2002), p. 42. Disponível online.

KIMMICH, Dorothee. " 'Interzones': Spaces of a Fuzzy Cultural Logic", in *Charting the Interzone*, p. 42-49. EMJD Interzones Official Website, 2010. Disponível online.

KING, Leonard William. *The Seven Tablets of Creation*. Londres: Luzac and Co., 1902.

KLEIN, Cecelia F. "A New Interpretation of the Aztec Statue Called Coatlicue, 'Snakes-Her-Skirt' ". *Ethnohistory* 55, n. 2 (2008), p. 229-50.

_____. "None of the Above: Gender Ambiguity in Nahua Ideology". In: KLEIN, Cecelia F., org. *Gender in Pre-Hispanic America: A Symposium at Dumbarton Oaks*. Washington, DC: Dumbarton Oaks, 2001, p. 183-254.

_____. "The Identity of the Central Deity on the Aztec Calendar Stone". *The Art Bulletin* 58, n. 1 (1976), p. 1-12.

KNAPP, Bettina Liebowitz. *Women in Myth*. Nova York: State University of New York, 1997.

KOSOFSKY SEDGWICK, Eve. *Tendencies*. Londres: Routledge, 1994.

KRAMER, Samuel Noah. *Sumerian Mythology: A Study of Spiritual and Literary Achievement in the Third Millennium B.C.* Filadélfia: University of Pennsylvania Press, 1972.

_____. "The Babylonian Genesis; The Story of Creation by Alexander Heidel". *Journal of American Oriental Society* 63, n. 1 (1943), p. 69-73.

KRISTEVA, Julia. *Étrangers à nous-mêmes*. Paris: Librairie Arthème Fayard, 1988.

_____. *Pouvoirs de l'horreur: Essai sur l'abjection*. Paris: Seuil, 1980.

LACADENA, Alonso. "Regional Scribal Traditions: Methodological Implications for the Decipherment of Nahuatl Writing". *The PARI Journal* 8, n. 4 (2008), p. 1-22.

LAIOU, Angeliki E. "Many Faces of Medieval Colonization". In: BOONE, Elizabeth Hill e CUMMINS, Tom, orgs. *Native Traditions in the Postconquest World*. Washington, DC: Dumbarton Oaks, 1998, p. 13-30.

LAQUEUR, Thomas. *Making Sex: Body and Gender from the Greeks to Freud*. Cambridge: Harvard University Press, 1990.

LAS CASAS, Bartolomé de. *Historia de las Indias*, tomo I. Madrid: Imprenta de Miguel Ginesta, 1875. Disponível online.

LEICK, Gwendolyn. *A Dictionary of Ancient Near Eastern Mythology*. Londres: Routledge, 1991.

LEÓN, Ann de. "Coatlicue or How to Write the Dismembered Body". *Modern Language Notes* 125 (2010), p. 259-86.

LEÓN-PORTILLA, Miguel. *Aztec Thought and Culture: A Study of the Ancient Nahuatl Mind*. Trad. Jack Emory Davis. Norman: University of Oklahoma Press, 1963.

_____. "El destino de las lenguas indígenas de México". In: BETANCOURT, Ignacio Guzmán, MÁYNEZ, Pilar e LEÓN-PORTILLA, Ascensión H. de, orgs. *De historiografía lingüística e historia de las lenguas*. Mexico DF: Siglo XXI, 2004, p. 51-70.

_____. *La filosofia nahuatl: Estudiada en sus fuentes*. México DF: Universidad Nacional Autonoma de México, 1956.

_____. "Ometéotl, el supremo dios dual, y Tezcatlipoca 'dios principal.'" *Estudios de Cultura Náhuatl* 30 (1999), p. 133-52.

LEÓN Y GAMA, Antonio de. *Descripción histórica y cronológica de las dos piedras*. México DF: Imprenta de Don Felipe de Zúñiga y Ontiveros, 1792.

LEVENSON, Jon D. *Creation and the Persistence of Evil*. San Francisco: Harper & Row Publishers, 1988.

LEY General de Derechos Lingüísticos de Los Pueblos Indígenas, 2003. Disponível online.

LOCKHART, James. *Nahuatl as Written: Lessons in Older Written Nahuatl, with Copious Examples and Texts*. Stanford: Stanford University Press, 2001.

LOO, Peter L. van der. "Voicing the Painted Image: A Suggestion for Reading the Reverse of the Codex Cospi". In: BOONE, Elizabeth Hill e MIGNOLO, Walter, orgs. *Writing without Words: Alternative Literacies in Mesoamerica and the Andes*. Durham: Duke University Press, 1994, p. 77-86.

LÓPEZ AUSTIN, Alfredo. "La verticalidad del cosmos". *Estudios de Cultura Náhuatl* 52 (2016), p. 119-50.

LÓPEZ DE PALACIOS, Juan. *Requerimiento*. 1513. Disponível online.

LÓPEZ LUJÁN, Leonardo; MERCADO, Vida. "Dos esculturas de Mictlantecuhtli encontradas en el recinto sagrado de México-Tenochtilan". *Estudios de Cultura Náhuatl* 26 (1996), p. 41-68.

_____. "Los dioses de los Mexicas". ABC *Punto Radio*. 29 abr. 2012. Disponível online.

LU, Yan. *Re-Understanding Japan: Chinese Perspectives, 1895-1945*. Honolulu: University of Hawai'i Press, 2004.

LUGONES, María. "Heterosexualism and the Colonial/Modern Gender System". *Hypatia* 22, n. 1 (2007), p. 186-209.

_____. "Toward a Decolonial Feminism". *Hypatia* 25, n. 4 (2010), p. 742-59. Disponível online.

MALDONADO-TORRES, Nelson. "Secularism and Religion in the Modern/Colonial World-System: From Secular Postcoloniality to Postsecular Transmodernity". In: MORAÑA, Mabel, DUSSEL, Enrique e JÁUREGUI, Carlos A., orgs. *Coloniality at Large: Latin America and the Postcolonial Debate*. Durham: Duke University Press, 2008, p. 360-87.

MARCOS, Sylvia. "Mesoamerican Women's Indigenous Spirituality: Decolonizing Religious Beliefs". *Journal of Feminist Studies in Religion* 25, n. 2 (2009), p. 25-45.

_____. *Taken from the Lips: Gender and Eros in Mesoamerican Religions*. Leiden: Brill, 2006.

MARTINÉS, José Luis. *El "Códice florentino" y la "Historia general" de Sahagún*. México DF: Archivo General de la Nación, 1989.

MASSAD, Joseph Andoni, org. *Desiring Arabs*. Chicago: University of Chicago Press, 2008.

MATOS MOCTEZUMA, Eduardo. *Las piedras negadas: De la Coatlicue al Templo Mayor*. México DF: Consejo Nacional para la Cultura y las Artes, 1998.

_____. "Tlaltecuhtli: Señor de la tierra". *Estudios de Cultura Náhuatl* 27 (1997), p. 15-40.

_____. *Vida y muerte en el Templo Mayor*. México DF: Editorial Océano, 1986.

MATOS MOCTEZUMA, Eduardo; LUJÁN, Leonardo López. "La diosa Tlaltecuhtli de la Casa de las Ajaracas y el rey Ahuítzotl". *Arqueología Mexicana*. Disponível online.

MCCLINTOCK, Anne. *Imperial Leather: Race, Gender and Sexuality in the Colonial Contest*. Nova York: Routledge, 1995.

MEYERS, Carol. "Contesting the Notion of Patriarchy: Anthropology and the Theorizing of Gender in Ancient Israel". In: ROOKE, Deborah W., org. *A Question of Sex? Gender and Difference in the Hebrew Bible and Beyond*. Sheffield: Sheffield Phoenix Press, 2007, p. 84-105.

MICHALOWSKI, Piotr. "Presence at the Creation". In: STEINKELLER, P., org. *Lingering Over Words: Studies in Ancient Near Eastern Literature in Honor of William L. Moran*. Atlanta: Scholars Press, 1990, p. 381-96.

MIGNOLO, Walter. *The Darker Side of the Renaissance: Literacy, Territoriality and Colonization*. Ann Arbor: University of Michigan Press, 1995.

_____. *The Darker Side of Western Modernity: Global Futures, Decolonial Options*. Durham: Duke University Press, 2011.

_____. *The Idea of Latin America*. Oxford: Blackwell, 2005.

_____. "Philosophy and the Colonial Difference". In: MENDIETA, Eduardo, org. *Latin American Philosophy: Currents, Issues, Debates*. Bloomington: Indiana University Press, 2003, p. 80-86.

_____. "Writing and Recorded Knowledge in Colonial and Postcolonial Situations". In: BOONE, Elizabeth Hill e MIGNOLO, Walter, orgs. *Writing without Words: Alternative Literacies in Mesoamerica and the Andes*. Durham: Duke University Press, 1994, p. 293-313.

MIKULSKA DĄBROWSKA, Katarzyna. "El concepto de Ilhuicatl en la cosmovisión nahua". *Revista Española de Antropología Americana* 38, n. 2 (2008), p. 151-71.

MITTMAN, Asa Simon; DANDLE, Peter J., orgs. *The Ashgate Research Companion to Monsters and the Monstrous*. Londres: Routledge, 2012.

MOBLEY, Gregory. *The Return of the Chaos Monsters: And Other Backstories of the Bible*. Grand Rapids: Wm. B. Eerdmans Publishing Co., 2012.

MOI, Toril. *Sexual/Textual Politics: Feminist Literary Thought*. 2. ed. Londres: Routledge, 2002.

MORIN, Edgar. *Introduction à la pensée complexe*. Paris: ESF Editeur, 1990.

MUNITZ, Milton K., org. *Theories of the Universe: From Babylonian Myth to Modern Science*. Nova York: The Free Press, 1965.

MUÑOZ, José Esteban. *Cruising Utopia: The Then and There of Queer Futurity*. Nova York: New York University Press, 2009.

MURISON, Ross G. "The Serpent in the Old Testament". *The American Journal of Semitic Langauges and Literatures* 21, n. 2 (1905), p. 115-30.

MURTHY, K. Krishna. *A Dictionary of Buddhist Terms and Terminologies*. Nova Delhi: Sundeep Prakashan, 1999.

MUSS-ARNOLT, W. "The Babylonian Account of Creation". *The Biblical World* 3, n. 1 (1894), p. 17-27. Disponível online.

NANCY, Jean-Luc. *Être singulier pluriel*. Paris: Galilée, 1996.

NAVARRETE, Carlos; HEYDEN, Doris. "La cara central de la Piedra del Sol: una hipotesis". *Estudios de Cultura Náhuatl* 11 (1974), p. 355-76.

NGUYEN, Hoang Tan. *A View from the Bottom: Asian American Masculinity and Sexual Representation*. Durham: Duke University Press, 2014.

NICHOLSON, Henry B. "Religion in Pre-Hispanic Mexico". In: EKHOLM, Gordon F. e BERNAL, Ignacio, orgs. *Handbook of Middle American Indians, Volumes 10 and 11: Archaeology of Norhern Mesoamerica*. Austin: University of Texas Press, 1971, v. 10, p. 395-446.

NIETZSCHE, Friedrich. *Além do bem e do mal*. São Paulo: Companhia de Bolso, 2005.

NOEGEL, Scott B., org. *Puns and Pundits: Word Play in the Hebrew Bible and Ancient Near Eastern Literature*. Bethesda: CDL Press, 2000.

O'BRIEN, Julia M., org. *The Oxford Encyclopedia of the Bible and Gender Studies*. Oxford: Oxford University Press, 2014.

O'GORMAN, Edmundo. *La invención de América: El universalismo de la cultura occidental*. México DF: Universidad Nacional Autónoma de México, 1958.

ORTIZ DE MONTELLANO, Bernardo R.; SCHUSSHEIM, Victoria. *Medicina, salud y nutrición azteca*. México DF: Siglo Veintiuno, 2003.

OSHIMA, Takayoshi. "The Babylonian God Marduk". In: LEICK, Gwendolyn, org. *The Babylonian World*. Nova York: Routledge, 2007, p. 348-60.

OSTASIEN. *Gutenberg-Museum Mainz*. Disponível online.

OTZEN, Benedikt; GOTTLIEB, Hans; JEPPESEN, Knud. *Myths in the Old Testament*. Londres: SCM Press, 1980.

OYÈWÙMÍ, Oyèrónké. *A invenção das mulheres: Construindo um sentido africano para os discursos ocidentais de gênero*. Rio de Janeiro: Bazar do Tempo, 2021.

OXFORD *English Dictionary*. Disponível online.

PAINTER, Nell I. "Representing Truth: Sojourner Truth's Knowing and Becoming Known". *The Journal of American History* 81, n. 2 (1994), p. 461-92.

_____. "Sojourner Truth in Life and Memory: Writing the Biography of an American Exotic". *Gender & History* 2, n. 1 (1990), p. 3-16.

PANABIÈRE, Louis. *Cité aigle, ville serpent*. Perpignan: Presses Universitaires de Perpignan, 1993.

PAPPE, Ilan. *The Ethnic Cleansing of Palestine*. Londres: Oneworld Publications, 2006.

PAZ, Octavio. "Diosa, demonia, obra maestra". In *México en la obra de Octavio Paz III: Los privilegios de la vista*, p. 39-58. México DF: Fondo de Cultura Económica, 1977.

_____. *El laberinto de la soledad, Postdata/Vuelta a "El laberinto de la soledad"*. Madrid: Fondo de Cultura Económica, 2007.

PRECIADO, Beatriz. "Terror anal". In *El deseo homosexual de Guy Hocquenghem*. Santa Cruz de Tenerife: Editorial Melusina, 2009, p. 133-72.

PUAR, Jasbir K. " 'I Would Rather Be a Cyborg than a Goddess': Intersectionality, Assemblage, and Affective Politics". *Transversal Texts by Eipcp – European Institute for Progressive Cultural Policies*, jan. 2011. Disponível online.

QIAN, Zhongshu. *Limited Views: Essays on Ideas and Letters*. Trad. Ronald Egan. Cambridge: Harvard University Asia Center/University Press, 1998.

_____. 管錐編 [*Limited Views*]. Vol. 1. Beijing: Sanlian Shudian Press, 2007.

QUIJANO, Aníbal. "Colonialidad del poder y clasificación social". *Journal of World--Systems Research* 6, n. 2 (2000), p. 342-86.

_____. "Coloniality and Modernity/Rationality". *Cultural Studies* 21, n. 2-3 (2007), p. 168-78.

RABASA, José. *Tell Me the Story of How I Conquered You: Elsewheres and Ethnosuicide in the Colonial Mesoamerican World*. Austin: University of Texas Press, 2011.

_____. "Thinking Europe in Indian Categories, Or, 'Tell Me the Story of How I Conquered You.' " In: MORAÑA, Mabel, DUSSEL, Enrique e JÁUREGUI, Carlos A., orgs. *Coloniality at Large: Latin America and the Postcolonial Debate*. Durham: Duke University Press, 2008, p. 43-76.

_____. *Without History: Subaltern Studies, the Zapatista Insurgency, and the Specter of History*. Pittsburgh: University of Pittsburgh Press, 2010.

RAITT, Jill. " 'Vagina Dentata' and the 'Immaculatus Uterus Divini Fontis". *Journal of the American Academy of Religion* 48, n. 3 (2011), p. 415-31. Disponível online.

RICH, Adrienne. "Disloyal to Civilization: Feminism, Racism, Gynephobia". In *On Lies, Secrets, and Silence*, p. 275-310. Nova York: W.W. Norton & Company Inc., 1978.

RICOEUR, Paul. *Philosophie de la volonté: Finitude et culpabilité 2,2: La symbolique du mal*. Paris: Aubier, 1960.

ROBERTO VERA, Luis. *Coatlicue en Paz, la imagen sitiada: La diosa madre azteca como imago mundi y el concepto binario de analogía/ironía en el acto de ver: Un estudio de los textos de Octavio Paz sobre arte*. Puebla: Benemérita Universidad Autónoma de Puebla, 2003.

RODRÍGUEZ, Ana Mónica. "El hueco central de Tlaltecuhtli, misterio a debatir cuando se muestre al público". *La Jornada*. 23 mar. 2010. Disponível online.

ROHRLICH, Ruby. "State Formation in Sumer and the Subjugation of Women". *Feminist Studies* 6, n. 1 (1980), p. 76-102.

RORTY, Richard. *Consequences of Pragmatism*. Minneapolis: University of Minnesota Press, 1982.

ROTH, Martha T. *Law Collections from Mesopotamia and Asia Minor*. Atlanta: Scholars Press, 1995.

RUBIN, Gayle. "Thinking Sex: Notes for a Radical Theory of the Politics of Sexuality". In: VANCE, Carole S., org. *Pleasure and Danger: Exploring Female Sexuality*. Boston: Routledge & Kegan Paul, 1984, p. 276-319.

SAHAGÚN, Bernardino de. *Historia general de las cosas de Nueva España*. México DF: Imprenta del Ciudadano Alejandro Valdés, 1829.

SAID, Edward W. *Orientalismo*. São Paulo: Companhia de Bolso, 2007.

SANTOS, Boaventura de Sousa. *Epistemologies of the South: Justice against Epistemicide*. Nova York: Routledge, 2016.

SHANG, Wei. "Writing and Speech: Rethinking the Issue of Vernaculars in Early Modern China". In: ELMAN, Benjamin A., org. *Rethinking East Asian Languages, Vernaculars, and Literacies, 1000-1919*. Leiden; Boston: Brill, 2014, p. 254-301.

SHARP, Christina. *Monstrous Intimacies: Making Post-Slavery Subjects*. Durham: Duke University Press, 2010.

SHOWALTER, Elaine. *Sexual Anarchy: Gender and Culture at the Fin de Siècle*. Londres: Bloomsbury, 1991.

SIGAL, Pete. "Imagining Cihuacoatl: Masculine Rituals, Nahua Goddesses and the Texts of the Tlacuilos". *Gender & History* 22, n. 3 (2010), p. 538-63.

_____. "Latin America and the Challenge of Globalizing the History of Sexuality". *American Historical Review* 114 (2009), p. 1340-53.

_____. "Queer Nahuatl: Sahagún's Faggots and Sodomites, Lesbians and Hermaphrodites". *Ethnohistory* 54, n. 1 (2007), p. 9-34.

_____. *The Flower and the Scorpion: Sexuality and Ritual in Early Nahua Culture*. Durham: Duke University Press, 2011.

SMITH, Dinitia. "Has History Been Too Generous to Gutenberg?" *New York Times*. 27 jan. 2001. Disponível online.

SMITH, Michael E. *The Aztecs*. Oxford: Blackwell, 1996. "Sojourner Truth: 'Ain't I a Woman?' December 1851". *Modern History Sourcebook*. Disponível online.

SPELMAN, Elizabeth V. *Inessential Woman: Problems of Exclusion in Feminist Thought*. Londres: The Women's Press, 1988.

SPIELREIN, Sabrina. "Destruction as the Cause of Coming into Being". *Journal of Analytical Psychology* 39, n. 2 (1994), p. 155-86.

SPIVAK, Gayatri Chakravorty. *Outside in the Teaching Machine*. Nova York: Routledge, 1993.

_____. "Translator's Preface". In: DERRIDA, Jacques, *Of Grammatology*, ix-lxxxvii. Baltimore: Johns Hopkins University Press, 1997.

STEPHEN, Arata. "The Occidental Tourist: *Dracula* and the Anxiety of Reverse Colonization". *Victorian Studies* 33, n. 4 (1990), p. 621-46. Disponível online.

STRYKER, Susan; WHITTLE, Stephen, orgs. *The Transgender Studies Reader*. Londres: Routledge, 2006.

STUART, David. "The Face of the Calendar Stone: A New Interpretation". *Maya Decipherment: Ideas on Ancient Maya Writing and and Iconography*. 13 jun. 2016. Disponível online.

TALON, Philippe. *The Standard Babylonian Creation Myth Enūma Eliš*. Helsinki: Neo-Assyrian Text Corpus Project, 2005.

TAYLOR, Mark C. *Erring: A Postmodern A/Theology*. Chicago: University of Chicago Press, 1984. "The Complete Jewish Bible with Rashi Commentary". *Chabad*. Disponível online.

THOMAS, Calvin. *Straight with a Twist: Queer Theory and the Subject of Heterosexuality*. Chicago: University of Illinois Press, 2000.

THOMAS, Nicholas. *Colonialism's Culture: Anthropology, Travel and Government*. Princeton: Princeton University Press, 1994.

THOUVENOT, Marc. "Imágenes y escritura entre los nahuas del inicio del XVI". *Estudios de Cultura Náhuatl* 41 (2010), p. 169-77.

_____. "Tiamat: Lady of Primeval Chaos, the Great Mother of the Gods of Babylon". *Gateways to Babylon*. Disponível online.

TLOSTANOVA, Madina; MIGNOLO, Walter. *Learning to Unlearn: Decolonial Reflections from Eurasia and the Americas*. Columbus: Ohio State University Press, 2012.

TODOROV, Tzvetan. *A Conquista da América e outros ensaios*. São Paulo: WMF Martins Fontes, 2019.

TONG, Rosemarie. *Feminist Thought: A More Comprehensive Introduction*. 3 ed. Boulder: Westview Press, 2009.

TRUTH, Sojourner. "Ain't I a Woman?" *Sojourner Truth*. Disponível online.

TSUMURA, David Toshio. *The Earth and the Waters in Genesis 1 and 2: A Linguistic Investigation*. Sheffield: Sheffield Academic Press, 1989.

UDOFIA, O.E. "Imperialism in Africa: A Case of Multinational Corporations". *Journal of Black Studies* 14, n. 3 (1984), p. 353-68.

WARLOCK ASYLUM. "The Worship of Tiamat in Ancient History". *Warlock Asylum International News*. 17 set. 2010. Disponível online.

WATNEY, Simon. *Policing Desire: Pornography, AIDS and the Media*. Londres: Comedia, 1987.

WITTIG, Monique. "Não se nasce mulher". *A mente hetero e outros ensaios*. São Paulo: Autêntica, 2022.

_____. "A mente hetero". em *A mente hetero e outros ensaios*. São Paulo: Autêntica, 2022.

XIANG, Zairong. "'*adam* Is Not Man': Queer Body before Genesis 2:22 (and After)". In: BAUMAN, Whitney e STENMARK, Lisa, orgs. *Unsettling Scienceand Religion: Contributions and Questions from Queer Studies*. Lanham: Lexington Books, 2018, p. 183-97.

_____. "Transdualismo: em direção a uma corporificação material-discursiva. São Paulo: n-1 edições, 2023.

ZHANG, Longxi. *The Tao and the Logos: Literary Hermeneutics, East and West*. Durham: Duke University Press, 1992.

ZSOLNAY, Ilona, org. *Being a Man: Negotiating Ancient Constructs of Masculinity*. Londres; Nova York: Routledge, 2017.

## Manuscritos

CÓDICE FLORENTINO, disponível online.

## Filmes

ALMODÓVAR, Pedro, dir. *Maus hábitos*. 1988.

LEE, Ang, dir. *As aventuras de Pi*. 2012.

**Dados Internacionais de Catalogação na Publicação (CIP)**
**(Câmara Brasileira do Livro: SP, Brasil)**

X6a    Xiang, Zairong

*Antigos caminhos queer: Uma exploração decolonial.* Zairong Xiang. Tradução de Paula Faro com a colaboração de Gil Vicente Lourenção. São Paulo: n-1 edições, 2024.

270 páginas; 14 cm x 21 cm.

ISBN: 978-65-6119-011-4

1. Filosofia e disciplinas relacionadas. 2. Queer. 3. Cosmologia. 4. Transdualismo. I. Título.

CDD: 100

2024-395

CDU: 1

**Elaborado por Odilio Hilario Moreira Junior (CRB–8/ 9949)**

**Índices para catálogo sistemático:**
1. Filosofia 100
2. Filosofia 1

# n-1

O livro como imagem do mundo é de toda maneira uma ideia insípida. Na verdade não basta dizer Viva o múltiplo, grito de resto difícil de emitir. Nenhuma habilidade tipográfica, lexical ou mesmo sintática será suficiente para fazê-lo ouvir. É preciso fazer o múltiplo, não acrescentando sempre uma dimensão superior, mas, ao contrário, da maneira mais simples, com força de sobriedade, no nível das dimensões de que se dispõe, sempre n-1 (é somente assim que o uno faz parte do múltiplo, estando sempre subtraído dele). Subtrair o único da multiplicidade a ser constituída; escrever a n-1.

Gilles Deleuze e Félix Guattari

n-1edicoes.org

v. 505914d